Bill Nasson
Das britische Empire

Bill Nasson

DAS BRITISCHE
EMPIRE

Ein Weltreich unterm Union Jack

Aus dem Englischen von
Mira C. Arora

Magnus Verlag

Die Originalausgabe erschien 2006 unter dem Titel
»Britannia's Empire. Making a British World«
bei Tempus Publishing Ltd., Stroud.

Für die deutsche Ausgabe:
© Magnus Verlag, Essen 2007

Redaktion: Mira C. Arora
Layout: Hans Winkens, Wegberg
Schutzumschlag: Norbert Günzel, Bottrop
ISBN 978-3-88400-443-2

INHALT

Unsere Gedanken wandern über das Meer, hin zu den vielen
Gemeinschaften, in denen unsere Leute ihre Pflicht erfüllen,
in jedem Winkel der Erde. Dies sind unsere Familienbande.
Ohne sie wären wir nichts weiter als einige Millionen Menschen,
die auf einer Insel vor der Küste Europas leben, an der niemand
irgendein besonderes Interesse fände.

SIR ANTHONY EDEN, Außenminister (1952)

Einige Bauern schrieben »Hoch dem Papst! Nieder mit dem König!«,
aber das war alles, was sie damals taten. Ich glaube, wir nahmen
es unhinterfragt hin, britisch zu sein. Allein, wie man seinen Pass
vorzeigte und »britisch« sagte und eine Behandlung erster Klasse
erwartete – die man auch bekam.

DEREK WATSON, bei seiner Versetzung nach Londonderry, Irland,
als 22-jähriger Leutnant des Leicestershire Regiment. Christopher Sommerville:
Our war: How the British Commonwealth Fought the Second World War.
(London, 1998)

VORWORT

Die Anfänge des britischen Empire gehen auf die Regierungszeit von Königin Elizabeth I. zurück, als Seefahrer und Haudegen wie Francis Drake die spanische Vormacht im Südatlantik bekämpften. Fast vierhundert Jahre später zerfiel dieses Weltreich während der Amtszeit von Königin Elizabeth II. in eine Gruppe neuer Nationalstaaten, die nun durch ein »Commonwealth« zusammengehalten wurden. Wollte man das britische Empire in seiner langen und höchst unterschiedlichen Geschichte mit einem Wort charakterisieren, so wäre es »Flexibilität«. Aus der geschmeidigen Reaktion auf lokal unterschiedliche Herausforderungen und Ansprüche, die sich in unterschiedlichen Formen der Herrschaft niederschlugen, erklärt sich das sehr farbige und changierende Bild des Empire. Diese Uneinheitlichkeit bietet ihrerseits reichhaltigen Stoff für Diskussionen der Historiker, die in ihren Bewertungen sehr divergieren. Nicht zuletzt der langen Existenz des Empire ist es geschuldet, dass seine Geschichte in Großbritannien viel aktueller und stärker im Bewusstsein ist als etwa die dreißigjährige Kolonialgeschichte in Deutschland. Darüber hinaus tragen die Einwanderer aus all den Regionen, die einst von London aus beherrscht wurden, das ihre dazu bei, dass die Briten tagtäglich mit ihrer Vergangenheit konfrontiert werden. Umgekehrt ist Großbritannien durch die Institutionen und Ideologien, durch seine Sprache, Sitten und sogar seine Küche nach wie vor im ehemaligen Empire präsent.

Viel aufmerksamer als in Deutschland werden in Großbritannien Beiträge von Historikern aus den ehemaligen Kolonien zur Kenntnis genommen und als Bereicherung der Diskussion begrüßt. Es ist darum ein lobenswertes Unterfangen, dass der Magnus-Verlag Bill Nassons Überblick über die Geschichte des Empire in einer deutschen Übersetzung veröffentlicht. Bill Nasson, Historiker an der Universität Kapstadt, ist ein ausgewiesener Experte der Militärgeschichte und besonders des Burenkrieges (1899-1902) in Südafrika. Mit diesem Buch hat er einen sehr lesenswerten, teilweise ironisch gehaltenen Überblick über die Geschichte des größten Kolonialreiches der bisherigen Geschichte, des britischen Empire, vorgelegt, der sich bewusst an ein breiteres Publikum richtet, ohne dabei den Anspruch der Wissenschaftlichkeit zurückzustellen. Es ist ihm gelungen, die notwendige Distanz des Wissenschaftlers zu seinem Gegenstand mit einem eingängigen Erzählstil zu verbinden. Auf diese Weise gibt sein Buch einen instruktiven Überblick über die Geschichte des einstmals größten Weltreichs der Geschichte.

Christoph Marx
Professor für außereuropäische Geschichte am
Historischen Institut der Universität Duisburg-Essen

VORREDE

Noch heute weiden Schafe auf den Falkland-Inseln, und ein Postschiff der Royal Mail zuckelt zwischen Southampton und St. Helena hin und her, aber letztendlich gehört Britanniens Empire der Vergangenheit an. In den Worten verächtlich schnaubender Amerikaner: Es ist Geschichte. Was einst so üppig und pulsierend war, gibt nur noch wenig mehr her, als gelegentliche Geschäfte für Bestattungsunternehmer. Der Tod Königin Elizabeths der Königinmutter im März 2002 war auch das Hinscheiden eines Mitglieds der Königsfamilie, das einmal die letzte Kaiserin Indiens gewesen war. Aber zu diesem Zeitpunkt hatte die Flagge in Delhi schon lange aufgehört, über dem Juwel in der Krone zu wehen. Oder, um sich einem etwas gegenwärtigeren Umstand zuzuwenden: Entgegen allem feierlichen Säbelgerassel des Präsidenten von Zimbabwe über britische Pläne, Rhodesien zu rekolonisieren, wird sich der autoritäre Robert Mugabe wohl eher Oxfam-Mitarbeitern gegenübersehen, als einem neuen Feldmarschall Lord Roberts.

Denn die Wahrheit ist, dass der Geist des britischen Empire in keinen kräftigen neuen Körper hineinfahren wird. Was sichtbar bleibt, ist keine ernsthafte Nationalmacht, sondern der lebendige und oft eigenartige Nachlass von Sprache, Kultur und Institutionen, die von einem einst vorherrschenden britischen Einfluss rund um die moderne Welt verbreitet wurden. Abhängig davon, wo man lebt, gehören dazu so lebensnotwendige Dinge wie Scotch, Tweed, Fußball, das unvermeidliche Royal Hotel und das, was manche scharfen Beobachter britischen Kitsch getauft haben, wie die Pub-Kette *Fass und Moorhuhn* in Südafrika – eine Gegend, nicht unbedingt berühmt für ihre feuchten Moore und königlichen Jagdgesellschaften am Wochenende.

Auf der anderen Seite des Nordatlantik leben die schickeren unter den Einwohnern Washington DCs an einem Ort namens Somerset, und einige Mittelamerikaner residieren auf der Albemarle Street. So hinterlässt der

Herzog von Albemarle, im 17. Jahrhundert Herr und Besitzer von British Carolina, seine bedeutende Spur inmitten der Koniferenparade amerikanischer Vorstädte. In Sambia und Malawi heißen Tabak- und Teeplantagen noch heute Inverness oder Cornwall, nur erwarten sie nicht mehr die Inspektionstour eines Distriktsoffiziers von Nordrhodesien oder Njassaland. Die Straßen indischer Städte sind überflutet von lokalen Versionen von Austin-Morris-Limousinen, lebende Dinosaurier und ein leises Requiem auf die untergegangene britische Automobil-Industrie.

Dabei ist diese Art von Transfer keineswegs nur in eine Richtung verlaufen. Das Paisley-Muster auf britischen Tüchern und Krawatten verdankt seine Ursprünge indischen Kaschmir-Schals. Und selbst wenn er vor allem von Speck träumte, mindert dies doch nicht die Tatsache, dass Sir Walter Raleigh die Kartoffel mit nach Hause brachte. In der lebendigen Spracheinheit des Englischen zeigen Begriffe wie Veranda, Bungalow, Treck, Caddy, Kedgeree, Veld und zahllose andere Wörter die kulturelle Verbreitung einer imperialen Vergangenheit. Es ist im Grunde überflüssig zu erwähnen, dass diese Liste quasi von jedem, der hinreichend mit der zeitgenössischen Englisch sprechenden Welt vertraut ist, noch endlos fortgesetzt werden könnte.

Sicher halten sich in einem kleinen europäischen Inselstaat, der einst über viele Jahrhunderte das besaß, was gebietsmäßig das größte Weltreich der Geschichte war, einige hochfliegende Phantasien, man bestimme den Lauf der Welt, und sei es nur als Illusionen. Betrachtet man das unverwüstliche Erbe des selbstgefälligen britischen Einflusses in Übersee, darunter eine ganz besondere Fähigkeit, Länder zu teilen, nationale Grenzen zu ziehen und Gesellschaften neu zu formen – von der Verbreitung der Idee, rechteckige Ziegelbauten seien ovalen Lehmhäusern kulturell weit überlegen, ganz zu schweigen –, so war es wohl unvermeidlich, dass ein Gefühl, Retter und Verbesserer zu sein, jene Vorstellung von imperialen Errungenschaften, zu einem besonderen Merkmal der britischen Identität wurde. Zu Zeiten, wenn auch zunehmend zurückhaltender, bezieht man aus der Idee von Britanniens Empire als historischer Mission vielleicht noch immer einen gewissen Stolz. In dieser sonnigen Sicht der Dinge war Londons Imperialismus im Grunde ein wohlmeinender Impuls, unterentwickelten Völkern in schlummernden Teilen der Welt die Vorzüge einer guten Regierung, zivilisierter Maßstäbe, ethischer Pflichten und der Rationalität des modernen Marktes zu bringen. Und als ob die Einführung eines liberalen parlamentarischen Credos nicht genug gewesen wäre, legte man in Indien und Afrika auch noch schöne Brücken und Eisenbahnen obendrauf.

In der Unordnung der derzeitigen internationalen Beziehungen überrascht es vielleicht nicht völlig, ein wiederentstandenes Interesse an fortschrittlichen britisch-imperialen Leistungen vorzufinden. Als Beispiel können die Pamphlete eines Robert Cooper gelten, Tony Blairs Berater in außenpolitischen Fragen, seit 1997 Labour-Premierminister Großbritanniens. In einer Veröffentlichung des Londoner Zentrums für Außenpolitik aus dem Jahr 2002 führte Cooper aus, dass Großbritannien wieder Stabilität und Ordnung in das wacklige internationale System bringen könne, indem es die etwas brüskeren Methoden einer früheren Epoche, nämlich des 19. Jahrhunderts mit seiner Expansion der Großmächte, entstaube. Wie er es ausdrückte – und zwar ganz, ohne rot zu werden –, gehörten dazu die sorgfältige Führung von Expeditionskorps und der raffinierte Einsatz von Täuschung und präventiven Feldzügen, um unruhige und weniger entwickelte Teile der Welt an die Kandare zu nehmen. Denn die antiwestliche Unordnung des frühen 21. Jahrhunderts, so Cooper, sei nicht die Zeit für Tatenlosigkeit. Wenn sie überhaupt etwas brächte, so sei es die Möglichkeit, ja sogar das Muss für eine schleichende Kolonisierung, ebenso einladend wie im 19. Jahrhundert.

Da der wahre Nutzen jeden Imperialismus darin liege, Ordnung und Organisation zu schenken, im Notfall auch mit wohl kalkulierter Gewalt, brauche man idealerweise eine versöhnliche Großmachtpolitik mit moralischer Note, basierend auf freiwilliger Akzeptanz ihrer ordnungbringenden Früchte und ihres friedlichen Nutzens. Das einzige, was noch nötig wäre, um Coopers verschrobene Beschwörung britischer Weltmacht zu komplettieren, wäre ein protestantisches Britannia, das noch immer über die sieben Weltmeere herrscht und dessen Marine Sklavenhändler im Südatlantik zur Strecke bringt, Handelszentren an der chinesischen Küste zerschlägt oder sicher an einem liberalen Kap der guten Hoffnung vor Anker geht.

Ansonsten läuft die Sicht des Zentrums für Außenpolitik auf wenig anderes hinaus als die Ansprache leicht moderig wirkender imperialer Whitehall-Instinkte, für eine habgierige anglo-amerikanische Weltordnung den Laufburschen zu spielen. Wenn Großbritannien einst fähig war, den Ring weit über seiner eigenen Gewichtsklasse zu halten, so sind seitdem viele Jahre vergangen, trotz aller Bemühungen der konservativen Premierministerin Margaret Thatcher, die in den 80er Jahren versprach, dass

Britannien die Fesseln sprengen würde, um wieder »Groß« zu werden. Immerhin, 1982 mögen solche Versprechen ihre Wirkung auf das Selbstvertrauen des konservativen Abgeordneten Alan Clark nicht verfehlt haben. Als er von der argentinischen Invasion auf den Malvinas hörte, hatte er verzweifelt ausgerufen: »Wir haben die Falklands verloren. Es ist alles vorbei. Wir sind ein Dritte-Welt-Land, zu nichts mehr zu gebrauchen!« Jeder Verweis auf »Groß«-Britannien trägt einen Subtext, der einen Rückbezug auf ein reales oder möglicherweise auch eingebildetes Imperium in sich birgt. Tatsächlich gibt es sogar die ikonoklastische Sichtweise, dass ein richtiges britisches Empire niemals existiert haben könnte, in dem Sinne, dass Britanniens Kontrolle über seine buntscheckigen überseeischen Besitzungen unweigerlich zu provisorisch oder zu diffus war, um die windigeren Doktrinen imperialer Macht mit Substanz zu versehen. Die Eroberungen waren stets größer als die Ressourcen, die für ihre anständige Verwaltung zur Verfügung standen, und der lange Arm der Briten blieb immer im Gewirr loser und unordentlicher Orte stecken.

Selbst die Reichweite eines britischen Imperiums zu definieren, ist nicht ganz einfach. So war Argentinien, niemals britisches Kolonialgebiet, zeitweise mehr oder weniger ebenso abhängig von britischem Kapital wie Neuseeland, vielleicht das am enthusiastischsten »britische« aller Siedlergebiete, die auf jenen alten Karten des Empire verzeichnet wurden. Das spanisch geprägte Buenos Aires hatte sogar sein steifes anglo-argentinisches Viertel Ranelagh, gegründet 1913 und einer der wenigen Orte in Argentinien, wo man erwarten kann, dass die Malvinas Falkland-Inseln genannt werden.

Wenn man all diese losen Stücke addiert, so zeigt sich, dass das Empire sogar noch größer war, als die Summe der formalen Territorien, auf die die Briten irgendeine Form von Besitzanspruch erhoben. Wenn man sich ihr auf diese Weise nähert, so erscheint die Idee von einem zusammenhängenden britischen Weltreich plötzlich schwer fassbar, und ihre Einzelteile wirken viel zu ordnungslos, um ein sinnvolles Puzzle zu ergeben. Gleichermaßen kann es aber wenig Zweifel geben, was den besonderen Platz dieses Weltreiches in Großbritanniens historischem Anspruch auf einen nationalen Platz an der Sonne betrifft. Es füllte Gedanken ebenso wie Landkarten, auch wenn sein Raum in der Imagination der Menschen manchmal über die geschäftigen Beziehungen in der Europäischen Union vergessen wird.

Dennoch braucht es das ein oder andere, um diese Hülle von Welteinfluss in einen Bezugspunkt für die britische Gesellschaft zu verwandeln, sei es als Nostalgie über die vergangene Größe bei den aufrichtigeren Einwohnern der Home Counties oder als Gefühl der Sorge über Menschenrechtsverletzungen im Commonwealth. In den 1970ern waren dies britische Waffenlieferungen an das Apartheid-Regime in Südafrika. In den 80ern war es der Falkland-Krieg. Neueren Datums war der humanitäre Aufschrei über die grausigen Exzesse in Sierra Leone, die Land-Krise in Zimbabwe und die Unstimmigkeit über Großbritanniens schwankende Teilnahme an der amerikanischen Invasion und Okkupation des Irak.

Diese katastrophalen Episoden erinnern uns daran, dass die britische Insel ihren Höhepunkt als Groß-Britannien nur aufgrund der Reichweite ihres maritimen und territorialen Imperiums erreichte. In jeder Langzeitsicht auf dieses Gebilde wird es schwierig, nicht den klassischen Rufen eines viktorianischen Panoptikums-Impressarios zu erliegen: »Unglaublich, aber wahr! Kommen Sie und staunen Sie!« Ein kleiner Inselstaat, der zu keiner Zeit mehr als ungefähr zwei Prozent der Weltbevölkerung beherbergte, schuf einst ein riesiges überseeisches Weltreich, das sich über diverse Länder erstreckte und auf globaler Ebene Einfluss, Bedeutung und Wohlstand mit sich brachte, die ihresgleichen suchten. Ein Jahrhundert früher umfasste seine Flotte 40 Prozent der weltweiten Schiffsladekapazitäten und beförderte 50 Prozent des Gesamtwertes allen Seehandels. Dieser Staat pflanzte seine erste dauerhafte Kolonie im Jahre 1607 in Virginia, Nordamerika. In den 50er Jahren des 20. Jahrhunderts war er immer noch dabei und annektierte ein kleines, abgeschiedenes Stückchen Insel im Nordatlantik als weiterer Standort für einen Leuchtturm der Krone. Erst 1997 gab er Hongkong auf, ein Territorium, das China im vorangegangenen Jahrhundert abgerungen worden war. Gibraltar bleibt britisch, zur fortgesetzten Irritation Madrids.

Noch in den frühen Jahrzehnten des 20. Jahrhunderts, einer Ära, die allgemein mit Großbritanniens Niedergang assoziiert wird, war sein Empire oberflächlich betrachtet alles andere als kleiner geworden. Stattdessen schien es in der Blüte seiner Jahre zu stehen, während es nie da gewesene Kapitalerträge aus London empfing, über ein Viertel der Landmasse der Erde umfasste und von Ideen zu Reformen und Entwicklung nur so brummte.

Kaum weniger erstaunlich war die kleine Anzahl britischer Insulaner, die die gesamte Bürde des weißen Mannes (und der weißen Frau) schulterte. Am Beginn des 20. Jahrhunderts hatte Großbritannien eine Bevölkerung von nur etwa 40 Millionen Menschen, während sein Imperialge-

Sie sind da, weil sie da sind: Das East Lancashire Regiment bei der Verteidigung des britischen Handels jenseits von Gibraltar. *Navy and Army Illustrated, Mai 1897.*

biet von mehr als 500 Millionen Menschen bewohnt wurde. Das offizielle Empire war in Teilen ein erstaunliches Phänomen. So wenige Menschen, die für so lange Zeit Autorität über so viele ausübten. Ende des 19. Jahrhunderts waren »so wenige« in Uganda ungefähr zwei Dutzend dort wohnende Beamte, die die verwaltungsmäßigen Angelegenheiten von etwa 3 Millionen Ostafrikanern regelten. Die Zahl solcher Gleichungen scheint endlos. In den frühen 40er Jahren des 20. Jahrhunderts gab es im britischen Teil des tropischen Afrika (südlich der Sahara und nördlich von Südafrika) ungefähr 1000 britische Verwaltungsbeamte. Das sind weniger als die gegenwärtige Anzahl skandinavischer Entwicklungshelfer in derselben Region des unabhängigen Afrika. Der einsame Beamte des Empire mit seiner Schnupftabakdose war die menschliche Währung kolonialer Zuständigkeit.

Was die Existenz des Empire in der Neuzeit betrifft, so waren die einzigen anderen, aufsteigenden Mächte mit dem Ehrgeiz und dem Potential, Rivalen um die Weltmacht zu sein, Russland und die Vereinigten Staaten: Massive kontinentale Einheiten, die versuchten, die britische Imperialmacht abzulösen, aber ihren festen Zugriff auf weit entfernte Orte nicht lockern konnten. Als es den furchtbaren Ersten Weltkrieg auslöste, versuchte Deutschland, ein europäisch-kontinentales Sprungbrett zur Weltmacht zu bauen, schaffte es aber lediglich, auch noch der billigen kolonialen Überreste beraubt zu werden, die es ergattert hatte. Da das japanische Reich auf Asien begrenzt war, blieb als einziger Staat mit wahrhaft globalen Interessen Frankreich. Tatsächlich nahm das französische Weltreich Anfang des 20. Jahrhundert die zweite Stelle hinter dem britischen ein. Dennoch lag es mit weniger als einem Zehntel der Welt unter seiner Herrschaft und nur ungefähr 100 Millionen Menschen weit dahinter.

Das Weltreich, das das expansionistische Albion des elisabethanischen Zeitalters in die führende Insel der Welt verwandelte, war zudem eine eigenartig zusammengesetzte Kreation, fast zufällig zusammengeflickt aus weit auseinanderliegenden Stücken des Globus. Dieser Umstand ist zum Teil verantwortlich für die populäre Illusion, der J.R. Seeley in seinem bekannten Werk von 1880, *The Expansion of England*, erlag, als er schrieb, das Empire sei irgendwie in »einem Anfall von geistiger Abwesenheit« gewonnen worden, eine beiläufige Unternehmung, etwas, das sich quasi auf der Seite angesammelt hatte, während man in die andere Richtung schaute. In gewisser Weise hatte Steeley recht. Anders als die zusammenhängende Landmasse des Rivalen Russland waren Großbritanniens imperiale Ressourcen ungleichmäßig in Kolonien und anderen Außenposten rund um die Welt verstreut, die sowohl gemeinsamer Merkmale als auch einer natürlichen Einheit entbehrten. Dies war ein Reich, das nicht durch eine einzige Sprache, ein einziges religiöses System oder eine einzige rechtliche Struktur zusammengehalten wurde. Es wurde auch nie, um dies auch noch zu erwähnen, mit der effizienten Gründlichkeit des englischen Grafschaftssystems verwaltet, oder allgemeiner, mit der milden, englisch-liberalen Tradition autonomer lokaler Körperschaften. Noch gab es jemals, tief in der britischen Gesellschaft selbst, so etwas wie ein universelles Interesse oder eine Begeisterung für die weit entfernten Leistungen des Empire. Was diese kolonialen Besitzungen betraf, so waren nicht nur sie höchst ungleich, sondern auch die Methoden, mit denen sie angehäuft worden waren, waren unregelmäßig und wiesen kein konsequentes Muster des koordinierten Aufbaus eines Weltreiches auf. Im Westafrika des frühen 17. Jahrhunderts wurde das sondierende britische Interesse nicht von einer Kolonisierungspolitik angetrieben. Im Falle Kanadas im Jahrhundert danach lagen die Dinge im Grunde so, dass das Gebiet als Gegenwert für die vertraglichen Segnungen eines erfolgreichen Kriegs gegen einen europäischen Feind entgegengenommen wurde. Dann wieder, im 19. Jahrhundert, begannen die Briten damit, Gebiete formal zu besetzen, bei denen sie sich zuvor damit zufriedengegeben hatten, sie als Subjekte ihres Einflusses zu betrachten. Die Form der britischen Regierung oder Herrschaft war ebenfalls irgendwie undurchsichtig, von dem kostengünstigen Modell, lediglich die überlegene Macht in einer anderen Gesellschaft darzustellen bis hin zu der teureren und komplizierteren Durchsetzung direkter Kontrolle, voll verantwortlich und mit allen Ausgaben. So wurden der strategisch lebenswichtigen Festung Gibraltar stets so feste Daumenschrauben angelegt, dass sogar die Affen der Krone die Treue kratzten. Vielleicht tun sie dies immer noch und schnattern über das regelmäßige englisch-spanische Gerede von einem britischen Abzug. Auf der anderen Seite wurden letztlich alle weißen Siedlerkolonien in Australien im späteren 19. Jahrhundert nicht mehr von London aus regiert oder kontrolliert.

Es überrascht nicht vollkommen, dass skeptischere europäische Beobachter des 19. Jahrhunderts die britische Weltmacht als Heuchelei bezeichneten und das Empire als deren leuchtende Verzierung. Es war viel zu maritim und musste anfällige territoriale Verbindungen von Hafen zu Hafen unterhalten. Dies machte die imperiale Unternehmung viel zu verwundbar, da ihre Bande vollständig von der Royal Navy abhingen, die an ihren Kanonen klebte. Sollte diese Marine jemals in Schwierigkeiten geraten, konnte die Macht der Briten die Weltmeere nicht länger beherrschen, und das Empire konnte ihnen ganz einfach entgleiten.

Französische und deutsche Hoffnungen von einem britischen Weltreich, das plötzlich unterging, wurden zum Teil durch die Größe der britischen Flotte getrübt, zu der zu dieser Zeit mindestens die Hälfte aller größeren Kriegsschiffe der Welt gehörten und die Zugang zu den kolonialen Hoheitsgewässern zahlloser Inselstandorte hatte. Der andere entscheidende Faktor war die Tatsache, dass das Empire keineswegs durch Waffengewalt allein zusammengehalten wurde. Was es über Wasser hielt, war ein dichtes Geflecht von Bindungen und Interessen, das auf einer komplizierten Balance aus Zwang, Überzeugung, Unterwerfung, Anpassung und Nachgiebigkeit zwischen Großbritannien und den ihm untergeordneten Gesellschaften beruhte. Abgesehen von dieser alltäglichen Schmiere war die Verteidigung des Empire nicht sehr kostspielig, wenn die Dinge gut liefen. Trotz allen viktorianischen Murrens über die finanziellen Belastungen der Kolonialverteidigung betrugen die Kosten für die Verteidigung eines der größten Imperien der Weltgeschichte auf dem Höhepunkt seines Wohlstandes kaum jemals mehr als ungefähr ein bis zwei Prozent des nationalen Einkommens.

Dieses Buch versucht, eine präzise, erzählerische Darstellung des britischen Empire zu schaffen, von seinen frühen Anfängen im Aufstieg eines expansionistischen England bis zur post-kolonialen Gegenwart, in der das Empire zum Commonwealth zusammengeschrumpft ist, einem großenteils dösenden Körper, der heute in einem großen Weltmeer nicht der Panzerkreuzer und der Sterling-Präferenz, sondern der Sprachvarietäten des Englischen herumdümpelt. Natürlich kann ein Buch von diesem Umfang nicht vorgeben, all das abzudecken, was es in einer chronologischen Übersicht über die Geschichte des britischen Empire abzudecken gäbe. Dies würde die gleiche Aufmerksamkeit für jeden Ort, jede wirtschaftliche, politische, soziale und institutionelle Struktur erfordern, und die gleiche Aufmerksamkeit für die Wirkung jeder religiösen, bildungsmäßigen, künstlerischen und intellektuellen Erfahrung des Empire auf Gesellschaften und Individuen. Hier liegt ein undurchdringliches Labyrinth oder das schier Unmögliche.

Behält man dies im Kopf, so muss fast nicht erwähnt werden, dass jeder, der versucht, ausführlich über das Empire und den britischen Imperialismus zu schreiben, kaum vermeiden kann, bei vielen allgemeinen Fragestellungen anzuecken. Einige sind offensichtlich alt, andere neuer. Warum machte sich England auf zu seinen überseeischen Unternehmungen? Welcher Faktor oder welche Faktoren trieben den Aufbau eines Weltreiches an? Was waren die Erträge und Gewinne? War es jemals eine Bürde? Wie wurden andere Gesellschaften und Kulturen durch die Wirkung des Empire verändert? Oder, umgekehrt gefragt: Auf welche Weise wurden die Briten selbst durch ihr Weltreich verändert? Sollte Großbritannien heute moralisch verantwortlich gemacht werden für die bewegte Geschichte seiner Weltreichspolitik?

Solche Sorgen waren lange Zeit der Grundstock altgedienter Historiker des britischen Weltreiches, von neueren Gelehrten und ihren Werken zu Menschentypen, Gender und Kultur innerhalb der imperialistischen Erfahrung ganz zu schweigen. Deshalb kann sich niemand, der einen Überblick versucht, der ungemütlichen Vorstellung erwehren, das eigene Kanonenboot durch fremde Gewässer zu steuern. Denn ganz gleich, auf welche Weise man sich letztlich an das britische Empire erinnern wird, so werden dazu seine zahlreichen großen Historiker gehören. Ihrer soliden Forschungsarbeit fühle ich mich selbstverständlich zutiefst verpflichtet.

Um mit dem Anfang zu beginnen, war das graduelle Hervortreten des britischen Weltreiches die Folge des Wachstums Englands zu dem, was Shakespeare »an Empery« nannte, und der lang andauernden Expansion des britischen Staates über die britischen Inseln hinaus in die Neue Welt. Was steckte hinter diesem ersten Impuls?

1 · PROLOG

Wenn man die gegenwärtige Debatte über die Bedeutung einer britischen Identität betrachtet oder die nationalen Konsequenzen einer Vertiefung der britischen Integration in einen einzigen europäischen Markt, so sollte man sich daran erinnern, dass in der frühen britischen Geschichte nur sehr wenig auf die massive globale Ausrichtung schließen ließ, die noch kommen sollte. Schließlich war England als römisches Britannia nie mehr als eine kleinere Kolonie des Römischen Reiches gewesen, deren herrschende Eliten sich der europäischen Ausprägung von Aristokraten und Adligen angepasst hatten und wie diese einer kontinentalen Welt der Basiliken und Villen verhaftet waren.

Später, im Mittelalter, als kleines europäisches Königreich, traten die britischen Inseln Wasser am Rande Europas und wurden in seine Netzwerke von Handel, Politik und Kultur mit hineingezogen. Damals hieß Wollhandel nicht Adelaide, sondern Calais, und die Plantagenets machten ihr Vermögen mit dem Handel von Bordeauxwein anstatt durch die Goldgewinne von Witwatersrand. Als es Teil der wikingischen Welt war, wurden auf den westlichen Seehandelsrouten Britanniens Holz aus dem Ostseeraum oder asketische Mönche befördert, anstatt Kautschuk aus Malaya oder das Expeditionskorps von Hicks Pascha. Das Mittelalter definierte Britannien als europäisch, mit seinen zänkischen Königen, die im Schatten europäischer Interessen ihre dynastischen Ambitionen verfolgten.

Gleichzeitig saßen die Briten in ihrer Inselfestung auch am Rand des europäischen Lebens fest. Eine entscheidende Barriere war hier die Geographie, mit einer tiefen See, die gleichermaßen als physische wie psychische Grenze gegen eine echte Nähe zu Kontinentaleuropa fungierte. Nah, und doch eindeutig getrennt, eigneten sich britische Gesellschaften von ihrem Wesen her weder für europäische Wege des Handelns und Denkens, noch schmiedeten sie Europas kulturelle oder gar emotionale Gerüste des Bewusstseins. Seiner Lage nach vielleicht europäisch, half Britanniens maritime Natur, das Wachstum einer unabhängigen, endemischen Form der Inselidentität zu nähren.

Die Geographie verschaffte den Briten in Form des englischen Kanals zudem den Vorteil einer kaum bezwingbaren Grenze. Kein anderer Staat Europas hatte eine so sichere und geschützte territoriale Basis, behütet durch das Meer und nicht belastet durch weitläufige unruhige Grenzen. Es gab natürlich gelegentliche Ängste wegen dieser oder jener bedrohlichen Invasion von See aus, aber Britannien erwies sich als erstaunlich uneinnehmbar gegenüber allen feindlichen Übergriffen. Die traditionelle Bedeutung des Kanals als Verteidigungslinie war noch in der Debatte der 70er Jahre des 20. Jahrhunderts über den Kanaltunnel spürbar, als einige Parlamentsmitglieder die Kammer davor warnten, den Hauptschutz des Landes vor einer Invasion anzutasten. Dazu gehörte die Forderung des Abgeordneten für den Wahlkreis Plymouth Sutton nach einem Zerstörungsplan, der einen sofortigen Einsturz des Tunnels im Falle eines feindlichen Übergriffes ermöglichen sollte.

Dieser dicke Sicherheitsgürtel hatte zwei strategische Konsequenzen. Zunächst war Britannien, anders als die großen Mächte auf dem Kontinent, frei von der kostspieligen Last, stehende Massenheere auszuheben und zu unterhalten. Selbstredend verfügte es stets über starke Armeen, die es auf das europäische Festland schicken konnte, wenn größere Kriege dies erforderten, und es ist eine historische Tatsache, dass es sich an diesen im Laufe des 18. Jahrhunderts durchaus beteiligte. Aber die Briten mussten sich nie mit solchen das Land ausdorrenden Staatsproblemen wie das Frankreich Ludwigs XIV. herumschlagen. Stattdessen konnte Britannien einen größeren Anteil seiner Ressourcen in die Jagd nach Macht und Wohlstand in Übersee stecken. In einer eindeutig maritimen Epoche versorgten eine große Flotte und der Kanal die Briten mit überlegener Sicherheit auf hoher See zu geringeren Kosten als alles, was ihre Rivalen erreichen konnten.

Zweitens war da das Schiff selbst, Britanniens überlegene Form der Verbindung und Kommunikation und das Mittel, die Grenzen gegen jede fremde Armee zu halten. Im 15. und 16. Jahrhundert waren die Royal Navy und ihre Hafenanlagen wie die in Chapham straff nach einem professionellen Seefahrerethos organisiert – sie glichen einem finanziell gutgehenden, technisch weit entwickelten Konzern. Einem Staat, der durch die Möglichkeiten seiner Flotte florierte, kam auf der anderen Seite die Schwächung von Gegnern wie Spanien entgegen, dessen maritime Kraft bis zum frühen 17. Jahrhundert in einem immer schneller werdenden Niedergang begriffen war.

Als Insel, die immer abhängiger von Importen wurde, musste Britannien einen starken Seehandel aufbauen und diesen vor Schaden durch Krieg, Freibeuterei oder Piraterie beschützen. Hier stellte die Schaffung eines guten Standard-Kriegsschiffs eine der deutlichsten Formen britischer Expansion dar. Private und Militärwerften bauten recht große Schiffe, jedes bemannt mit Hunderten von Matrosen. Als Arbeiter ohne feste Tarife waren die Seeleute gezwungen, lange Dienste anzunehmen, bei denen sie zu einer fast unerträglichen Disziplin gezwungen waren und kaum das Existenzminimum verdienten. Der Bedarf an Besatzungen für britische Schiffe zog Männer aus der ganzen Welt an, und zwar in einem solchen Ausmaß, dass am Ende des 17. Jahrhunderts eine Lockerung des *Navigation Act* es zuließ, dass nicht weniger als drei Viertel aller Besatzungsmitglieder in der Handelsmarine ausländische Matrosen waren.

Das Schiffsmilieu schien den Aufbau einer britischen Imperialökonomie schon eindeutig vorzugeben. Weit vor seiner vollen Industrialisierung und dem Wachstum zum klassischen Fabrikstandort der Welt im 19. Jahrhundert war ein grundlegendes Merkmal der Manufaktur- und Fabrikarbeit auf britischen Schiffen bereits Realität: Strikte Arbeitskontrolle und zeitliche Disziplin. Lange bevor die Idee von einem Weltreich irgendeine Substanz aufwies, waren britische Schiffe bereits multi-ethnische Arbeitsstätten, auf denen diejenigen, die nicht gerade auf der Brücke standen, längst nicht mehr nur Englisch sprachen.

Maßgeblich für die Frühgeschichte dieses maritimen Unternehmens war außerdem die Art, in der sich die Weltwirtschaft herausbildete. Sie brandete quer über Ozeane und schwappte auf weitentfernte Märkte, sodass die Umstände solche Staaten begünstigten, die in der Lage waren, eine starke und flexible Seemacht zu entwickeln. Als Teil einer Inselkultur mit Handelsadern, die sich um Wasserwege auf Flüssen, an Mündungen, auf Kanälen und mit dem Sog der benachbarten offenen Meere herausgebildet hatten, waren die Anteile britischer Kaufleute glücklich positioniert, um vom Wachstum eines offenen, über den Ozean abgewickelten Weltmarktes zu profitieren. Über Hunderte von Jahren waren Händler, fast instinktiv, auch Seeleute gewesen, die auf dem Wasser sehr viel leichter herumkamen als über Land. Im Falle des frühneuzeitlichen England oder Wales war der Atlantik und sein Handel die Backbordseite, die sich hinter der Irischen

See erstreckte. Nachdem es einige Zeit gedauert hatte, bis sich ein ernsthaftes Interesse daran entwickelt hatte, sich über die europäischen Gewässer hinauszubewegen, waren im 16. Jahrhundert alle Möglichkeiten da, eine mächtige Strategie für einen Imperialismus zur See zu entwickeln, bei dem sich Britannien auf neue Handels- und Kolonialentwicklungen konzentrieren konnte, um seine ehrwürdige Tradition des Seekriegs und der Plünderzüge noch zu bereichern. Selbstredend erforderten maritime Überlegenheit und eine effektive Expansion nach Übersee den standhaften Rückhalt des Staates. Dieser konnte nur gewährleistet bleiben durch die Bildung eines soliden Staatswesens, das über territoriale Sicherheit und innere Einheit verfügte und in der Lage war, eine gemeinsame Identität zu behaupten, basierend auf einer stabilen politischen Ordnung, der allgemeine Legitimität zuerkannt wurde. Kurz: Jedes tragfähige imperiale Unterfangen musste durch eine systematische Politik genährt werden, die erkannte, wie sie es stärken konnte.

In dieser Hinsicht ist die Entwicklung eines großbritischen Weltreiches untrennbar mit der vorhergehenden Bildung eines Groß-Britannien verknüpft. Dies wiederum ist verbunden mit der Umwandlung Englands in einen geeinten englischen Staat innerhalb der Grenzen der britischen Inseln. Im Laufe der Zeit wurde dieser Staat zum Motor einer Assimilation und Integration, die es schaffte, durch die militärische Eroberung von Wales und eine forcierte Vereinigung mit Schottland ihre vollständige Vorherrschaft zu erzwingen. Für die Befürworter der Einheit war der geographische Determinismus der britischen Insaneridentität entscheidend für das Wachstum einer einzigen, nationalen Identität.

Diese wurde durch Jahrhunderte innerenglischer Expansion erreicht, deren Geschwindigkeit seit dem Mittelalter zunahm, als die Normannen und ihre Nachfolger die Bewohner von Wales und Irland mit einer drückend brutalen internen Kolonialherrschaft und einem arroganten Imperialismus über die Grenze hinweg bekannt machten. Bis zum 16. Jahrhundert, dem Zeitalter der Tudors, waren diese schwächeren Nationen unter die Autorität der englischen Krone gezerrt worden. Indem es die Macht zentralisierte, festigte England seinen Griff um Wales und Irland, um die territoriale Einheit durch eine vollständige Kontrolle über die britischen Inseln durchzusetzen.

Die Verfestigung der königlich-englischen Autorität im Kielwasser der entscheidenden, sogenannten Rosenkriege und der englischen Reformation erhöhte die öffentliche Autorität des dominanten Staates weiter und stärkte seine Fähigkeit, Gesetze und Maßnahmen innerhalb des ihm untergeordneten Territoriums durchzusetzen.

In der Zwischenzeit wurden 1603 durch die *Union of the Crowns*, die Vereinigung der Kronen, der englische und der schottische Thron verbunden, obgleich Schottland selbst bis zum Ende des Jahrhunderts eine separate nationale Einheit blieb. Diese Ellbogenfreiheit wurde durch den *Act of Union* von 1707 beendet, der eine Vereinigung der englischen und schottischen Parlamente besiegelte und seinen beherzteren und begüterteren Klassen den freien Warenaustausch und unbeschränkten Zugang zu einem aufstrebenden englischen Handelsimperium verschaffte.

Nach der Union und einer umfassenden Verlagerung der Macht nach Süden wurde »Britannien« zum nationalistischen Inbegriff, der die eine neue englische, walisische und schottische Fusion bezeichnete. Worauf das Ganze tatsächlich hinauslief, war die Entwicklung des englischen Staat zu einem imperialistischen »Großbritannien«, das im Grunde in London beheimatet war, einer Stadt auf dem besten Wege, zur größten Metropole der westlichen Hemisphäre zu werden. Eine frühere Idee von einem englischen Empire, die etwas mit der Vorherrschaft über die Inseln und einer Art Wächterfunktion zu tun hatte, wurde abgelöst von größeren Vorstellungen von einem Weltreich der überseeischen Besitzungen. Positiv ausgedrückt öffnete sich England in dieser Unternehmung für Waliser und Schotten, die als kleinere anglo-walisische oder anglo-schottische Partner einstiegen und vom Konsumdenken und den Handelsnetzwerken einer anschwellenden merkantil-kapitalistischen Wirtschaft ernährt wurden. Schnelles nationales Wachstum und zunehmende Expansion in Übersee zogen alle, die regional gesehen Briten waren, im 17. Jahrhundert in einen vereinten nationalen Markt und einen gemeinsamen, wachsenden Weltmarkt hinein.

Ein weiterer Faktor war die Erreichung eines erstaunlichen Grades an allgemeiner britischer Einheitlichkeit. Das soll nicht heißen, dass es die ökonomischen Unterschiede und sozialen Brüche, die die nationale Zusammengehörigkeit vieler anderer Staaten ausgehöhlt haben, in Britannien nie gegeben hat. Es soll vielmehr heißen, dass allumfassende kulturelle, religiöse oder andere Spaltungen sehr viel weniger ausgeprägt gewesen sind. Gerade so, wie ein unbeirrter Protestantismus zu alles beherrschender Dominanz gelangte, versammelten die neue britische Wirtschaft und der Staat die Menschen um die englische Sprache als Standard der Kommunikation, selbst wenn der Thron zeitweise von entschieden un-englischen Herrschern besetzt war. Mit einem alten sozialen Schaltkreis gegenseitiger Interaktion zwischen den verschiedenen britischen Gesellschaften konnte der Aufbau einer gemeinsamen imperialen Nation nach der Beilegung von anglo-walisischen und anglo-schottischen Grenzkonflikten bemerkenswerte Resonanz bei vielen integrierten Walisern oder Schotten entfalten. Nicht ohne Grund haben einige Autoren seit dem 16. Jahrhundert eine Verbindung zwischen einem einheimischen englischen Kolonialismus, der seine keltischen Randgebiete aufrollte, und der darauffolgenden imperialen Eroberung in Übersee gesehen.

Bis zum Ende des 17. Jahrhunderts hatte das britische Vorgehen eine solide Zivilgesellschaft hervorgebracht, religiöse Toleranz eingeführt, eine rücksichtslose Verteidigung von Eigentum und der Rechte der Oligarchie aufgebaut und ein schweres Netz der liberalistischen Traditionen und der gewinnsüchtigen Mentalitäten gespannt. Es hatte außerdem einen habgierigen Herrschaftsadel geschaffen, davon besessen, den Staat unter Vorgabe eines politischen Selbstbildes von protestantischen Briten, durch und durch maritim, kaufmännisch und frei durch Geburt, hin zu merkantilen Zielen zu führen.

Die dornige Ausnahme von diesem festen Muster war Irland. Obwohl Henry VIII. und alle seine Nachfolger die irische Königsschaft beanspruchten, war Irland von Anfang an entfremdet und wurde als Selbstbedienungs-Kolonie behandelt, nachdem seine gewaltsame Eroberung unter den Tudors unter Dach und Fach gebracht worden war. Man unternahm einige Anstrengungen, dort protestantische Siedler sesshaft zu machen, was zumeist denselben invasorischen Charakter hatte wie die spätere Verpflanzung protestantischer Kolonisten in die Neue Welt. Dieser Zustrom von Siedlern, die in ihrer Religion und Kultur anders waren, vertiefte die feindlichen anglo-irischen Differenzen. Die irische Unterstützung für die glücklosen Katholiken Charles I. und James II. im englischen Bürgerkrieg zog eine brutale Rückeroberung durch Oliver Cromwell nach sich, die die Basis für eine unterdrückerische koloniale Teilung Irlands legte. Dieser Angriff brachte riesige Konfiszierungen von Land und die Bildung einer protestantischen, anglo-irischen Grundherren-Klasse mit sich, die sich auf dem Rücken einer geknechteten katholischen Bauernschaft niederließ. Zerschmettert und ausgeschlossen, wurde Irland der freie Handel verwehrt, und es wurde wirtschaftlich gehemmt.

Außerhalb seines besser ausgestatteten industriellen Nordens, dem Konzentrationszentrum dieser protestantischen Siedlerminderheit mit Macht und Ressourcen, tat viel grünes Gras wenig für die Entwicklung Irlands im 17. Jahrhundert und danach. Als kolonialer Hinterhof der britischen Inseln blieb der Großteil seiner Einwohner verarmt, regelmäßig Opfer von vernichtenden Hungersnöten und ausgelaugt von Pachten und Tributen, die jährlich von einem parasitären britischen Staat eingefordert wurden. Die Verarmung auf dem Lande führte zu einem Strom verzweifelter irischer Migranten, der sich im Laufe der Zeit in eine wahre Flut verwandeln sollte. Für England stellte die Erfahrung imperialer Eroberung und Besiedlung über die irische See hinweg ein grobes Vorbild und eine frühe Blaupause des Imperialismus für seinen kommenden Vorstoß nach Nordamerika und in die Karibik dar.

Der Anteil von Schotten, Walisern und auch irischen Migranten an kolonialen Unterfangen bedeutete, dass es bis zu der Zeit, als im frühen 18. Jahrhundert der Begriff ‚britisch' geprägt wurde, bereits ein reifendes, molekulares Wachstum einer Hingabe an das Empire als nationales Interesse gab. Unter diesem Aspekt war die Wirkung immer deutlicherer Bekundungen eines britischen Willens oder einer britischen Macht in der Welt eine doppelte. Sie konnte als der Leim fungieren, der die Menschen in britischen See-, Handels- und Expeditionsaktivitäten jenseits von Europa verband, und sie konnte das, was es bedeutete »britisch« zu sein, über kriegerisches Können hinaus auf gänzlich erhabenere Ebenen hieven.

Der äußere Gewinn dieses Unternehmens Weltreich jedoch – wie unklar und unbeständig sein Sinn für viele Zeitgenossen auch immer gewesen sein mag – war ebenso glorios wie die schneidigen Leistungen knurriger elisabethanischer Seebären bei ihren Plünderungen spanischer oder französischer Schatzschiffe. Der Stolz der Insulaner auf ihre maritime Überlegenheit über großspurige Ausländer verfehlte seine Wirkung nicht und stockte den Ideenvorrat der »Britishness«, des britischen Volkscharakters, auf, so dass man seine historischen Grenzen immer weiter über die einer bescheidenen Insel-Identität hinaus ausdehnen konnte.

Trotz alledem konnte eine imperiale Identität nicht als selbstverständlich vorausgesetzt werden. Sie musste eine angemessene Vaterschaft nachweisen, damit sich das Blatt zu ihren Gunsten wandte. Hinter dem imperialistischen Impuls eines freien, protestantischen Britannien stand die atavistische Vorstellung von einem stolzen, unabhängigen Albion, befreit von jedwedem schädlichen Romanismus in seiner fernen Vergangenheit und von der Vorsehung zur Expansion bestimmt. Besonders die Tudors erwärmten sich für diese neblige Version einer Insel-Historie, schleppten imposante Genealogien herbei und verließen sich auf ihre Renaissance-Schulen von Illustratoren, Geographen und anderen Gelehrten, vertieft in ihre Studien der Antike und der Geschichte der grauen Vorzeit, wie William Camden, Autor des Werkes *Britannia*.

Ein großer Teil dieses mit glänzenden Augen angefertigten Geschreibsels wandte sich gegen Überzeugungen in einem Land, das nicht viel prächtiger aussah als in seiner britannisch-arthurischen Vergangenheit. Durch die hohe Gelehrsamkeit, die Dichtkunst und das Theater sickerten urtümliche Visionen von einem erobernden arthurischen Staat und gaben dem aufstrebenden britischen Imperialismus eine ausdrücklich intellektuelle und moralische Verantwortung. Die neuen britischen Ambitionen wurden zur Erfüllung des *Morte d'Arthur*, indem sie protestantische Energie und Ritterlichkeit im Dienste eines luftigen maritimen Weltreiches freier Menschen einforderten und das offene Meer um eines rechtmäßigen Lohnes willen kartographierten. Derartige literarische Gelehrte dieses national-imperialen Schlages wie Thomas Malory, Edmund Spenser und Philip Sidney waren ebenso sehr Teil der späteren Übersee-Expansion des 16. Jahrhunderts wie Francis Drake oder Walter Raleigh. Im Kern sich verschlechternder anglo-spanischer Beziehungen Ende des 16. Jahrhunderts und schließlich einer kriegerischen Krise standen ihre jeweiligen ideologischen Beteuerungen und Bemühungen in jenem Kampf, für das England der elisabethanischen Epoche die höchsten Gewinne im imperialen Wettstreit um Reichtum und Territorium in der Neuen Welt zu sichern. Was diese Art der Arbeit betraf, gab es nur wenige, die besonders einem Mann das Wasser reichen konnten. Dies war der ekstatische anglo-walisische Mathematiker Dr. John Dee, Mitgründer des Trinity College in Cambridge und ein führender Gelehrter, für den das elisabethanische Zeitalter gleichbedeutend war mit einer grenzenlosen Sicht auf die große weite Welt.

Dem allgemeinen Vernehmen nach der Erste, dem die Verwendung des Begriffes *Brytish Empire* zuzuschreiben war, fand Dee einen angenehmen Hafen als passionierter Verfechter der maritimen Unternehmungen, angestachelt von den geschäftigen Kaufleuten und Reisenden, die sich in seiner Gesellschaft aufhielten, und diente der Company of Cathay und der Muscovy Company als wissenschaftlicher Berater. Von dem vorangegangenen

Aufstieg der niederländischen Seemacht fasziniert, baute Dee Verbindungen zu Niederländern auf, darunter die Kartographen Mercator und Ortelius, und tat sich zu Hause mit den Seefahrern Martin Gilbert und Humphrey Frobisher zusammen, um Karten und Verträge aufzusetzen, die die Briten im Atlantik nach vorn bringen sollten. Passenderweise erhielt die Zusammenfassung, die er selbst von seinem umfangreichen Werk erstellte, den Titel *The Perfect Arte of Navigation*. Mehr oder weniger per Du mit den Tudors, erlangte Dee die persönliche Anerkennung als Hofphilosoph Elizabeths I., und er war es, der die Königin mit ihrem königlichen Anspruch auf den Nordatlantik bekannt machte, ebenso wie mit »Atlantis«, seinem Phantasienamen für Amerika. Historiker der walisischen Geschichte waren lange Zeit zudem auf der Hut wegen der schrägen Bedeutung der Spuren, die Dee in den ursprünglichen Sagen von einem walisischen Wanderer namens Madoc hinterlassen hatte, und ihrer Umwandlung in das Märchen von einer walisischen Entdeckung und Kolonisierung Amerikas mindestens dreihundert Jahre vor Kolumbus. Vielleicht eine bizarre Geschichte, war der Madoc-Mythos von einem ersten christlichen Fußabdruck im unzivilisierten Amerika immerhin als britische Propaganda nützlich, die man Ende des 16. Jahrhunderts gegen die Spanier in Stellung bringen konnte.

John Dee war so betörend, dass George Peckham, ein führender englischer Bewunderer seiner walisischen Märchen, seine Entdeckungen 1583 als Inspiration für den brillanten Plan anführte, England von der Pestilenz des Katholizismus zu befreien, indem man dessen Anhänger über den Atlantik verfrachtete. Diese Art innovativen Nachdenkens darüber, unerwünschte Elemente an ferne Orte abzutransportieren, sollte von späteren Imperialisten als praktisches Mittel wieder aufgenommen werden, politische Dissidenten und verurteilte Verbrecher los zu werden und mit den Massen der Arbeitslosen aufzuräumen. Schließlich wurde Dees Madoc – kaum weniger edel und ritterlich – in die erhabene Liste englischer Entdeckungen aufgenommen, die Richard Hakluyt 1589 in sein vielgerühmtes Lobgedicht auf eine wachsende Macht zur See, *Principal Navigations, Traffiques and Discoveries of the English Nation*, aufnahm. Ein Jahrhundert später wurde die Idee, dass die Seefahrt Freiheit und Weltreich bedeutete, von Zeloten der maritimen Expansion wie William Petty in *Dominion of the Sea* noch immer in aller Breite dargelegt.

Während Fernhandel und Kolonisierung begannen, Britanniens Position in der Welt im Laufe des 17. Jahrhunderts zu verwandeln, war es keineswegs der erste europäische Staat, der ferne Gewässer erkundete. Konkurrierende Seefahrernationen waren die Pioniere der Expansion, die danach strebten, Legenden wahr zu machen. Im 15. Jahrhundert, als das Hissen englischer Segel noch unmaßgeblich war, war es Portugal, das die Entwicklung hin zu einer neuen, transatlantischen Weltwirtschaft anführte. Zu dieser Zeit waren Trupps englischer Seeleute und Abenteurer noch damit zufrieden, sich langen portugiesischen Fahrten anzuschließen, die Westküste Afrikas hinunter und in Teile Asiens und Südamerikas, und von iberischen Subventionen der Kosten und Risiken transozeanischer Erkundungen zu profitieren.

Im 16. Jahrhundert war auch Spanien als mächtiger katholischer Imperialstaat hervorgetreten, der sowohl in Zentral- als auch in Südamerika riesige koloniale Eroberungen besaß. Indem es Portugal und seine imperialen Interessen im Laufe des 16. Jahrhunderts verschlang, sicherte sich Spanien zwei Stücke vom Kuchen der Neuen Welt. Portugals alte Vorherrschaft über den Sklavenhandel zwischen Südafrika und Spanisch Amerika brach zusammen, und seine westafrikanischen Posten sahen einem ungewissen Schicksal entgegen. Außerdem gab es nun einen weiteren imperialen Eindringling, der zufriedengestellt werden wollte. Neben dem iberischen Wachstum stand Holland, noch eine kraftvolle, protestantische Seemacht, die in Südostasien rapide eine starke Handelspräsenz aufbaute. Bereits an der Spitze des ostindischen Gewürzhandels, verdrängten die Niederländer die Portugiesen von ihren mageren westafrikanischen Küstenposten.

Britische Bestrebungen in Welthandel und Kolonisierung mussten unweigerlich kommerzielle und strategische Feindschaften mit den etablierten europäischen Imperialmächten mit sich bringen, die sich der frontalen Herausforderung stellten. Auch nachdem Portugal bereits im frühen 17. Jahrhundert überholt worden war, musste die britische Expansion ein militantes Unterfangen bleiben, zu der ein erbittertes Gerangel um einen entscheidenden Mehrheitsanteil an den Ressourcen der Neuen Welt gehörte. Um schließlich als Sieger hervorzugehen, musste Britannien 150 Jahre lang imperialistische Kriege führen, die alle von schieren kommerziellen Notwendigkeiten angetrieben wurden. Die britische Überlegenheit zur See musste in mehreren Anläufen gegen den allseitigen Widerstand großer Rivalen aufgebaut werden, gegen die katholischen Mächte Portugal, Spanien und Frankreich und gegen die protestantischen Niederlande.

John Dee, der in den 70er Jahren des 16. Jahrhunderts schrieb, war es, der begriff, was die Briten brauchten, eine Balance zwischen einem Kreuzfahrerglauben an überseeischen Einfluss und einem praktischen Credo des Handelns. In seiner Empfehlung an Elizabeth, eine nordatlantische Besitzung zu fordern, argumentierte er für eine Mobilisierung aller britischen Ressourcen, kühnes Planen und für die Schaffung einer *Pety Navy Royall,* einer königlichen Flotte von mindestens 60 großen Schiffen, finanziert durch Steuereinnahmen.

2 · EIN WELTREICH ENTSTEHT
1500 – 1700

Die Anfänge der imperialen Expansion waren nicht besonders ziel-gerichtet. Von Henry VII. beauftragt, brach der unstete Venezianer Giovanni Caboto (John Cabot) 1497 von Bristol aus in den Atlantik auf, um nach einer Nordwest-Passage nach Asien zu suchen. Abgesehen von einem kurzen Blick auf einen Küstenstreifen Nordamerikas brachte die-ser Ausflug wenig mehr als die Beobachtung, dass die Tiden um Labrador anders verliefen als alles, was man am Severn erleben konnte. Auf seiner Rückreise fand Cabot außerdem genügend Fisch, um auch den ängstlichs-ten seiner Jünger zu beruhigen.

Bis zur Mitte des 16. Jahrhunderts hatten Gruppen von englischen Fi-schern genau wie ihre portugiesischen, spanischen und französischen Konkurrenten unzählige saisonale Siedlungen in den Buchten Neuschott-lands und Neufundlands errichtet. Aber die Fischerei an den großen Sand-bänken des Ostatlantiks und das Geplätscher des unbedeutenden Handels mit den amerikanischen Ureinwohnern hatte mit einer Invasion noch nicht viel zu tun. Zunächst schienen die Engländer mehr mit Kabeljau be-schäftigt zu sein als mit einer Kolonisierung.

Cabot war einer von einer Handvoll subventionierter Seefahrer und Kundschafter, die prinzipiell auf der Suche nach einer Route nach Asien waren, eine geschäftige Clique, zu der auch die kaum abzuschüttelnden Berühmtheiten Raleigh und Drake mit ihren lukrativen Freibeuterzügen auf spanische Handelsschiffe gehörten. Dennoch hatte vor dem Ende des 16. Jahrhunderts nur eine winzige Minderheit englischer Kaufleute ein ernsthaftes Interesse an den überseeischen Unternehmungen. Die zuneh-mende königliche Förderung half dabei, das öffentliche Ansehen ehrgeizi-ger maritimer Unternehmungen zu verbessern, aber im Allgemeinen kam bei den gewöhnlichen Untertanen nur wenig Begeisterung dafür auf.

Das Interesse an einer Ausbeutung ferner Gegenden wurde mit dem Duft unmittelbarer Gelegenheiten stetig schmackhafter. In den 80er Jahren des 16. Jahrhunderts wurde Beamten und Kaufleuten immer deutlicher bewusst, was Spanien aus seinen Besitzungen in der Neuen Welt herauspresste. Als die anglo-spanische Feindschaft in einen offenen Krieg ausartete, verfestigte sich eine imperiale britische Identität. Es stand dem aufgeklärten, protestantischen Britannien zu, um sein Überleben zu kämpfen und für sein Recht, seine eigenen kommerziellen Möglichkeiten in Amerika und Asien gegen das verabscheute habsburgische Spanien und seine despotische katholische Monopolstellung in der Neuen Welt auszuschöpfen. In dieser Mission vereinigte sich arthurisches Durchhaltevermögen aufs Beste mit den Ansprüche der englischen Nation und ihrem protestantischen Anti-Katholizismus.

Kriegslustige englische Stimmen erhielten durch die Niederlage der spanischen Armada 1588 und die wiederholten kühnen Kaperschläge gegen eine geschwächte spanische Flotte neue Kraft. Sie wurden durch die öffentliche Verehrung von Piraten wie Drake noch verstärkt, die zu Volkshelden des elisabethanischen Zeitalters wurden, weil sie die Spanier aus dem Geschäft drängten, oder, besser, weil sie den Engländern dabei behilflich waren, in ebendieses Geschäft einzusteigen. Fast ebenso sehr wie Shakespeare wurde Drake zu einer faszinierenden Ikone der elisabethanischen Ära, wenngleich vielleicht mit einer etwas anderen moralischen Haltung.

Das Vorgehen gegen Spanien bestand darin, die iberisch-atlantische Welt anzunagen; die Entzweiungen mit den Spaniern waren bis zum 17. Jahrhundert immer weniger überbrückbar. Den Vorteil der Schwäche Portugals an der Westküste Afrikas ausnutzend machten die Engländer dort in der ersten Hälfte des 17. Jahrhundert kommerziell und maritim Druck, während ein Ausfall in den afrikanischen Handel bis zur Mitte des 17. Jahrhunderts auch zu Reibereien mit den Niederländern führte. In den 60er Jahren des Jahrhunderts entriss man den europäischen Rivalen verstreute Handelsposten und Befestigungen, wenngleich die neuen englischen Handelsinteressen sich an das afrikanische Terrain anpassen mussten. An Orten wie Sierra Leone und Guinea verlief die Ausfuhr von Häuten, Redwood, Gummiarabikum und Gold auch weiterhin durch etablierte afro-portugiesische Kanäle des Handels.

Dieser erste Ausflug in den westafrikanischen Warenstrom war begrenzt; weder der Goldhandel hatte viel mehr Bedeutung für den englischen Staatsschatz als die eines flüchtigen Blicks, noch gab es eine ernsthafte Ausbeute aus dem afrikanischen Sklavenhandel. Mit ein paar stümperhaften Sklavendiebstählen und vereinzelten Experimenten mit dem Sklavenhandel im Inland schien es unwahrscheinlich, dass die Engländer jenen bei-spielhaften Vertretern der schwarzen Versklavung, Spanien, Portugal, Holland und Frankreich, je das Wasser reichen würden. Tatsächlich spielte den größten Teil des 17. Jahrhunderts der Sklavenhandel im Westafrikageschäft keine wichtige Rolle, von der Beteiligung einiger dazu befugter Kompanien und einzelner Händler an der Verschiffung von ein paar Schwüngen Sklavenarbeitern in die Kolonien Spanisch Amerikas einmal abgesehen. Gleichzeitig hatte diese allgemeine Reserviertheit gegenüber dem afrikanischen Menschenhandel nur wenig mit irgendeiner moralischen Zimperlichkeit zu tun. Bei der gegebenen Unbedeutendheit des englischen Zugriffs auf Afrika und dem langsamen Vorankommen bei der Besiedlung der Karibik sprach nur wenig dafür, in großem Stil ins Sklavengeschäft einzusteigen.

Wenn überhaupt, so ließ in den ersten einhundert Jahren, in denen man sich mit dem afrikanischen Handel beschäftigte – von den ersten Reisen ab 1540 bis ungefähr 1640 – nur Wenig imperiale Absichten erkennen. Die Durchdringung des Kaufmanns-Kapitalismus blieb oberflächlich und unregelmäßig, und die kümmerlichen Siedlungen, aus denen später die Kolonien der Goldküste, von Sierra Leone und Gambia werden sollten, verdienten kaum die Bezeichnung englisch. In diesen einfachen Handelsposten mit ihren Landeköpfen und ihrer Nachfrage nach Arbeitskräften, um Güter von einem Fleck zum anderen zu schleppen, gab es praktisch keinerlei Fortschritt im Anbau von Getreide oder ein Bemühen, irgendeine andere Form kommerzieller Landwirtschaft zu entwickeln. Ebenso wenig bot sich in dieser Anfangsphase viel Spielraum, die Bedingungen im Grunde einer Besatzung zu diktieren. Es stimmte zwar, dass der Afrika-Handel mit der Idee von einem selbstherrlichen englischen See-Imperium verbunden war, das monopolistische Handelsrechte vor all seinen europäischen Rivalen, darunter die Schotten, einforderte – und ein solches Streben nach Exklusivität und Protektionismus war ein unabdingbares Merkmal des frühen Handelsimperialismus. Aber in diesem Fall lief die Forderung auf nicht viel mehr hinaus, als die in der zweiten Hälfte des 17. Jahrhunderts schwelenden Streitereien der Handelskompanien zwischen Holländern und Engländern noch anzuheizen.

In jedem Falle war es schwierig, die eigene territoriale Präsenz glaubwürdig aussehen zu lassen, wenn England nicht in der Lage war, in seinen festen Siedlungen irgendeine Form von Herrschaftsanspruch durchzusetzen. Inbesitznahme war unweigerlich davon abhängig, mit der einen oder anderen afrikanischen Autorität zu einer Einigung zu gelangen, beeindruckt von Pacht- oder Tributübereinkünften mit königlichen Herrschern. Die Vertreter englischer Interessen mussten sich außerdem davor hüten, in den Beziehungen mit umliegenden afrikanischen Gesellschaften falsche Töne anzuschlagen, denn einsame Posten waren verwundbar und konnten von entschlossenen Gegnern ungeachtet aller Kanonen durchaus überrannt werden. Die Sicherheit wurde durch diese oft ohnehin nicht gerade erhöht, weil sie unpraktisch positioniert seewärts zeigten – auf die europäischen Feinde, die man vom Meer her erwartete.

Dennoch riskierten die Engländer im Großen und Ganzen keine lokalen Kriege, um ihre politische Autorität in Westafrika zu erhöhen. Sie waren eher damit zufrieden, Einigungen und Vorteile zu erzielen, indem sie der einen oder anderen Seite bei internen afrikanischen Zusammenstößen im Interesse der eigenen Gier Feuerwaffen und Finanzierung beschafften oder afrikanischen Armeen dabei behilflich waren, andere europäische Eindringlinge abzuwehren. Zeitweise schwang die politische Balance zwischen englischen Schutzherren und ihren verbündeten afrikanischen Völkern konstant hin und her, während einige Gruppen ihre Stellung dadurch erhöhten, Ressourcen von Beamten der Handelskompanie anzuzapfen. Andere nutzten die Feindschaft zwischen Niederländern und Engländern zu ihrem Vorteil aus, indem sie sich bei den einen Liebkind machten und gleichzeitig die Hand in die andere Richtung ausstreckten. Insgesamt war der Einfluss Englands während dieser frühen afrikanischen Phase lange Zeit auf einen schleppenden Einstieg an der Küste beschränkt. Auch wenn eine Handvoll Kaufleute dem Handel mit Sklaven und anderen Waren nachgingen, die aus dem Inland herangeschleppt worden waren, war kein Bedürfnis vorhanden, die Nase in dieses Innere zu stecken.

Es war die Invasion Nordamerikas, die die erste geplante koloniale Besitzung mit sich brachte. Denn hier war die Zielsetzung auf lange Sicht ganz klar die Kolonisierung. Angefacht von einflussreichen Verfechtern wie Drake, Hakluyt und ähnlichen Gestalten kamen Vorschläge auf, robuste Plantagensiedlungen zu gründen, die der spanischen Vormachtstellung in Amerika als Modelle eines erfolgreichen protestantischen Wirkens entgegentreten sollten. Hier zeigte sich die zunehmende Schwächung Madrids als führende Kraft in der Neuen Welt, an deren weniger umkämpften imperialen Peripherie man zu nagen begann.

Nach zahlreichen unüberlegten und gescheiterten Unternehmungen konnte man 1607 eine erste dauerhafte Siedlung am James River, Virginia, etablieren. Diese Kolonie, Chesapeake, kann als Gründungsmoment eines überseeischen Siedlungs- und Handelsimperiums betrachtet werden. Sie war zudem die perfekte Verkörperung der herrschenden Rhetorik der Kolonisierung, gewürzt mit dem Versprechen fetter Gewinne für Investoren in koloniale Projekte, reicher landwirtschaftlicher Innovation und Nachschub an billigen und eifrig nachgefragten Importgütern für Abnehmer in England. Unter der Protektion der Krone als erste überseeische Kolonie außer Irland geschaffen, stand Virginia beispielhaft für das feste Band zwischen royaler Sanktionierung, Seehandel und dem Wachstum eines Weltreiches jenseits des Ozeans. Eine lästige Schar drängender Cliquen – halb-kapitalistische Adlige, Höflinge, Kaufleute, führende Kapitäne und mittelmäßige Landaristokratie –, die sich stets um den königlichen Haushalt aufhielten, schwärmte hinein, um von der Krone Landzuweisungen zu bekommen und unternehmungslustige Kolonisten für die Plantagenarbeit anzusiedeln.

Eine Art natürliches Vorbild oder Modell für das Vorgehen in Amerika waren die Projekte zur Kolonisierung und Anlage von Pflanzungen, die früher im 16. Jahrhundert in Irland mit der Zielsetzung durchgeführt worden waren, eine »barbarische« und sture katholisch-gälische Bevölkerung zu »zivilisieren« und zu beugen. In diesem Licht, abgesichert durch verlässliche Siedler, neue Getreidesorten und Branchen, wurde Virginia nicht nur als Ort für Investitionen in einem dynamischen neuen, kolonialen Handel gesehen. Es war auch der erste Grund und Boden für eine protestantisch-englische Kolonisierung der Neuen Welt, ein Kanaan, das nur auf eine respektable christliche Besiedlung durch die durchnässten Israeliten Elizabeths I. wartete.

Die Werbung für die nordamerikanische Ostküste knauserte nicht mit Versprechungen. Durch Verbesserungen und Angebotserweiterungen, so wurde potentiellen Siedlern versichert, würden zukünftige Vermögen aus Tabak, Seide, Hanf und Obst entstehen. Der Heimatmarkt konnte ebenfalls erwarten, mit Reichtum überhäuft zu werden, da Waren wie Zucker und Pflanzenöl, die normalerweise aus Kontinentaleuropa und Asien importiert wurden, nun zu sehr viel geringeren Kosten aus Englisch-Amerika bezogen werden konnten.

Trotz all dieser Erwartungen eines Goldenen Zeitalters jedoch waren die ersten Jahrzehnte der Besiedlung eine Zeit der Instabilität und der Unsicherheit. Die Kolonisten mussten mit Krankheit, Knappheit des Lebensnotwendigsten und Zeiten des Hungers kämpfen. Gleichzeitig konnte wäh-

EIN WELTREICH ENTSTEHT

rend / ‎ken niedriger Einnahmen aus dem Export kaum ge-
nü‎ ‎erwirtschaftet werden, um die laufenden Kosten einer
P‎ ‎onie zu decken. Heimgesucht von steigenden Verlusten, bra-
‎ unter den herrschenden Autoritäten Streitereien aus, und auch einzelne Gruppen unter den Londoner Finanziers bekamen langsam kalte
Füße. Um die Kopfschmerzen der Verantwortlichen in der Virginia Company of London noch zu verstärken, förderten ihre Kolonisten kaum Gold,
Silber oder andere wertvolle Metalle zutage. Und die sie umgebenden indianischen Gesellschaften produzierten keine wertvollen Exportgüter, die
man ihnen hätte wegnehmen können.

Da Virginia nicht wirklich »jungfräuliches« Land war, war die frühe Besiedlung durch die Company gekennzeichnet von einer heiklen und angespannten Beziehung zu den eingeborenen amerikanischen Völkern, die
die Region von Chesapeake in einer beträchtlichen Zahl säumten. Für
diese Einwohner war ein europäischer Handelsposten eine Sache, da er
ihren Lebensunterhalt und ihre Gesellschaft nicht bedrohte. Die Errichtung einer weißen Kolonie von Einwanderern, in der ihnen Land und
Feldfrüchte von Engländern gestohlen wurden, war eine vollkommen andere. Dennoch standen die amerikanischen Ureinwohner der bescheidenen englischen Existenz auf ihrem Land zunächst tolerant – wenn auch
misstrauisch – gegenüber.

Und auch einige Anführer der neuen transatlantischen Besiedlung waren nicht unbedingt auf eine Orgie der Beschlagnahme von Land aus. So
gesehen war die Schokoladenseite, die man der Einnahme von Chesapeake
abgewann, vages Pflichtgefühl, die Aufgabe moralisierender englischer
Siedler, zu versuchen, das Los eines weniger glücklichen Heiden zu verbessern. Dies führte zu dem Versuch, eine fürsorgliche Grundlage zu schaffen,
auf der man die Assimilation der indianischen Völker durch die sich aus-
breitende Kolonie blasser Christenmenschen schrittweise vorantreiben
konnte. Mit dieser gütigen Intention machte die Kolonie ihre gottgegebene
Herrschaft eher dadurch deutlich, ihre moralische Überlegenheit und
Macht zu demonstrieren, als dadurch, einen Krieg vom Zaun zu brechen.

Zunächst herrschte kein Mangel an unerforschlichen Zeremonien und
Ritualen, um Rechte festzulegen, was Befehle, Unterordnung und Verpflichtung betraf. Die kolonialen Autoritäten empfahlen romantisch, dass
den Indianern jedes Land für die Besiedlung nicht weggenommen, sondern von ihnen erworben werden sollte. Man erwartete sogar in gütiger
Freundlichkeit, dass die Häuptlinge der Algonkin, der Irokesen und ande-

rer Stämme sich der Krone als tributpflichtige Untertanen unterwerfen und dass ihre Stämme sich ihnen treu und ergeben als anerkannte Vasallen anschließen würden. Durch Huldigung, so war man überzeugt, konnten Stammesführer, die sich respektvoll zeigten, einen offiziell bestätigten, wenn auch untergeordneten Platz in der neuen kolonialen Ordnung einnehmen, und wilde oder heidnische indianische Gesellschaften konnten entlang des langsamen Pfades der zivilisierenden christlichen Reform und Assimilation eingewickelt werden.

Darum herum bildete sich bei den Engländern eine dünne Kruste positiver, ja sogar romantischer Gefühle gegenüber den Kulturen der amerikanischen Indianer. In den ersten Jahren bewunderten gutherzige Siedler sogar ihre landwirtschaftlichen Projekte und ihre Effektivität und verglichen die Produktivität der Maiskultivierung liebenswürdig mit der englischer Freibauern. Es gab auch Lob für die Qualitäten der Einheimischen bei Jagd und Fischfang, ihre Fähigkeiten beim Werkzeugmachen und ihre Technik beim Bogenschießen. Andere Expeditionsleiter erkannten die Existenz rudimentärer Herrschaftsstrukturen einer lokalen Zivilisation an, die, weit davon entfernt, eine uniforme Masse zu sein, die man einfach als Heiden oder Barbaren stigmatisieren konnte, eine reiche Vielfalt an Stämmen, Kulturen und Sprachen zu umfassen schien. Und obwohl Elemente von Opferungsritualen irokesische und andere Religionen dunkel und satanisch erscheinen ließen, erspürten sensiblere Beobachter eine Intensität der Religiosität oder eine Art spirituellen Instinkt, den sie als vielversprechende Eigenschaft ansahen, die nur noch in evangelikale Bahnen gelenkt werden musste.

Damit es einfacher wurde, Handelsabkommen zu schließen, versuchten die Kolonisten, freundliche Austauschbeziehungen zu schmieden. Solche Transaktionen schlossen auch eine Handvoll strategischer Heiratsbündnisse ein, um diese Verbindungen durch Verwandtschaftsbeziehungen zu stabilisieren. Die bekannteste darunter war das Band, das 1614 zwischen Pocahontas, der Tochter von Häuptling Powatan, und dem Anführer der Siedler, John Rolfe, geschlossen wurde. Aber es gab noch mehr. Einige gebildete, wenngleich spleenige Einwanderer glaubten sogar, örtlich oral tradierte Spuren des Lateinischen, Griechischen und sogar Walisischen gefunden zu haben, was sie dazu veranlasste zu überlegen, ob die Indianer in Wahrheit nicht alte Europäer waren, die lediglich eine etwas seltsame Vorliebe für Federn entwickelt hatten. Im primitiven Chesapeake auf mysteriöse Weise zu kastanienroter Haut gekommen, waren eigentlich weiße amerikanische Indianer die verloren gegangenen Abkömmlinge umherziehender Trojaner, die sehnsüchtig auf ihre Wiedererweckung als gewöhnliche Briten warteten.

Koloniale Dolmetscher wurden eingesetzt, um die kommerziellen Belange der Engländer vorwärts zu bringen, als politische Unterhändler zu dienen und sich als Träger der zivilisierenden Reform in Stammesgemeinschaften einzuschleichen. Dort sollten sie die Dörfler zu einer festen, produktiven Lebensweise bekehren, die die Handelsprofite und den sozialen Frieden zu englischen Bedingungen am besten sicherstellen würde. Eine Taktik war es, fähige junge Engländer fort zu schicken, um unter den Ureinwohnern zu leben und Algonkin und andere Sprachen zu lernen. Zur gleichen Zeit wurden einige jüngere Indianer dazu gebracht, unter den Kolonisten zu leben, um Englisch und englische Sitten zu lernen, in manchen Fällen sogar, nach England zu reisen. Es war voraussehbar, dass die Zukunft für jeden, der dort endete, ob nun genötigt oder schlicht entführt, nicht das Studium der Sprache und der Literatur bereithielt, sondern von herzlosen Londoner Halsabschneidern als menschliche Missgeburt oder Kuriosität ausgestellt zu werden.

Aus Geschäftssinn und religiöser Sorge entstanden zudem Wortlisten, Kompilationen und Übersetzungen, um die örtliche Kommunikation zu erweitern und zu versuchen, die christliche Bekehrung zu erleichtern. Auf der anderen Seite waren die kolonialen Autoritäten wiederholt entsetzt über die moralische Zuchtlosigkeit, die sie bei den ärmeren, derberen Siedlern feststellten. Wenn die Dinge schlecht liefen, fanden einige abtrünnige Weiße nichts dabei, sich aus ihrem respektablen Engländertum fortzustehlen, um ihr zweifelhaftes Los mit ihren Nachbarn, den Algonkin, gemein zu machen oder, zu anderen Zeiten, erbittert um das kleinste Stückchen Besitz zu kämpfen und damit den Frieden zu untergraben und die ordentliche Basis für eine christliche Kolonisierung zu durchkreuzen.

In einem kurzen Augenblick in den anglo-amerikanisch-indianischen Beziehungen ruhten die englischen Erwartungen von einem aufgeklärten Handel und einer friedlichen Nutzung der Erde auf einer Besiedlung in Harmonie und Fortschrittlichkeit. Die Kolonisierung sollte keine Vertreibung und willkürliche Zerstörung einheimischer Existenzen und Kulturen bringen, sondern die Verwandlung im Aberglauben gefangener Gesellschaften durch eine nutzbringende protestantische Bekehrung und englische Zivilisiertheit. Der Optimismus besagte, dass die Kulturen der Wilden im Angesicht eines überzeugenden christlichen Voranschreitens und einer innovativen Plantagenwirtschaft in sich zusammenfallen und dass die amerikanischen Indianer herbeikommen würden, um das unverhoffte Glück eines überlegenen kommerziellen Systems und spirituellen Einflusses anzuerkennen.

Dennoch gab es immer auch andere Meinungen. Brüsker und in völliger Ablehnung gegenüber jedem Platz der amerikanischen Indianer in dem sich abzeichnenden System zogen sie eine harte Bilanz. Der eindeutige koloniale Wert Nordamerikas war der einer rasant ausbeutbaren Ressource, um zum Aufbau einer von England dominierten atlantischen Wirtschaft beizutragen, ein Kapitalwert mit genug Potential, um Spanien Beine zu machen. Die einheimischen Völker waren dazu verurteilt, in dieser von England beherrschten Welt nur von marginaler Bedeutung zu sein. Sie konnten versuchen, darin als arbeitsame protestantische Konvertiten Schritt zu halten, oder sie konnten ihr Land an Siedler verlieren, die aus ihm besseren kommerziellen Nutzen zogen und seine ehemaligen Herren in Knechtschaft hielten.

Die immer aufdringlicheren und einschüchternderen Forderungen der Kolonisten nach Land und Erträgen schufen bald explosive Bedingungen. Bei einer Reihe von Aufständen und Rebellionen der »Wilden« in den ersten zwei Jahrzehnten des 17. Jahrhunderts wurde Virginia von grausamen Feindseligkeiten erschüttert. Strafkampagnen vonseiten der Engländer führten zum wahllosen Abschlachten ganzer Dörfer, mit blutigen Zwischenfällen, die 1622 in eine massive, vereinigte Erhebung der amerikanischen Indianer mündeten, ein schonungsloser Überraschungsangriff auf die kleine Kolonie, der sie beinahe vollständig zerstört hätte. Der fortgesetzte erbitterte Kampf bestätigte arrogante englische Beschreibungen der Indianer als unverbesserlich barbarisch und von unchristlichen Abscheulichkeiten nur so strotzend, die jeden noch verbliebenen Optimismus bezüglich einer integrativen kolonialen Ordnung beseitigten. Zudem waren Mitte der 20er Jahre desselben Jahrhunderts die regelmäßig wiederkehrenden englischen Warnungen in Hinblick auf die Lebensfähigkeit der Chesapeake langsam verstummt. Obwohl sie die Nerven behalten hatten und wieder und wieder bis an ihre Grenzen gegangen waren, war es Widerstand leistenden Stämmen nicht gelungen, ihre Felder und ihr Getreide dem Griff der englischen Siedler wieder zu entwinden. Die englische Militärkraft hatte ihre Macht demonstriert, eine permanente koloniale Besiedlung absichern und durch offensive Kampagnen rücksichtslos losschlagen zu können, verstimmte amerikanische Indianer zu vertreiben und andere in die Knie zu zwingen.

Nachdem der Widerstand gebrochen war, vervielfachte sich die Zahl der Einwanderer im Laufe des 17. Jahrhunderts, als eine sich ausweitende Plantagenwirtschaft das Notwendigste an Getreide für die billigen Arbeitskräfte erbrachte, als die die meisten gekommen waren. Das Haupterzeugnis war Tabak. Eingeführt aus der Karibik, ermöglichte der anglo-amerikanische Tabak eine Massenproduktion zu extrem geringen Kosten und brachte den Gewinn eines boomenden europäischen Marktes. Schließlich konnte selbst das streng regulierte französische Tabakmonopol nicht verhindern, schwer abhängig von einem verlässlichen Fluss englischer Importe zu werden. Im Vergleich zum Tabak und seinen Riesengewinnen waren Cabots Fischschwärme gar nichts. Dieser Erfolg verwandelte die abgelegene Chesapeakegegend von Virginia und auch das benachbarte Maryland, gegründet 1634, bald in einen blühenden englischen Außenposten am Atlantik.

Die Zehntausenden junger männlicher und weiblicher Kolonisten, die nach Chesapeake aufbrachen, stammten zum Großteil aus einer Schicht von armen städtischen und ländlichen Arbeitern. Durch die Blockierung von Gemeindeland entwurzelt, wurden sie zum Futter der kolonialen Expansion, als sie als unabhängige Arbeitskräfte aus Süd-, Mittel- und Westengland in der Hoffnung auf ein besseres Leben jenseits des Atlantiks eintrafen. Dieses stellte sich meist als beschwerliche Existenz als Wanderarbeiter in der von Plantagenbesitzern und Händlern beherrschten Tabakwirtschaft heraus, wo sie die Kosten einer vorfinanzierten Schiffspassage abarbeiten mussten.

Seit dem frühen 17. Jahrhundert verbreiteten sich die Siedler auch über diverse andere nord-östliche Außenposten und trieben die Gründung eines kolonialen Nordamerika weiter voran. Neben dem kurzlebigen Neufundland, das nur in der Fisch-Saison bewohnt wurde, entwickelten puritanische Niederlassungen wie Plymouth und Massachusetts Leben unter dem diffusen ideologischen Einfluss von religiösen Richtungen, die an eine Emigration unter göttlicher Vorsehung und die Pflichten einer gottesfürchtigen Gemeinschaft rechtschaffener Pilger auf Erden glaubten. Die Quäker wanderten auch über Pennsylvania ein, und die englische Neue Welt erwies sich als ausreichend durchlässig, um sogar katholische Strömungen aufzunehmen.

Bis zum Ende des 17. Jahrhunderts gab es bereits fast ein Dutzend stabiler Küstenkolonien. Sie profitierten von den Vorteilen eines regelmäßigen Einwandererstroms und hohen Geburtenraten. Durch die extreme Sterblichkeit der entwurzelten einheimischen Bevölkerung, die von europäischen Krankheiten wie Masern und Pocken immer schneller dahingerafft wurde und immer weniger in der Lage war, den Verlusten von Land- und Nahrungsmitteln an die schier unersättlichen Eindringlinge Einhalt zu gebieten, wurde deren Position noch weiter gestärkt.

In der Zwischenzeit trugen die Bewegungen englischen Kapitals und der Export von Menschen und Technologie zum Aufbau einer maritimen Industrie bei und machten die Landwirtschaft immer vielseitiger, deren Wachstum durch einen riesigen Bestand an Wald, die unerschöpflichen Fischreserven des Nordatlantiks und vor allem einen Überfluss an gutem Grund und Boden angeheizt wurde. Bis zum frühen 19. Jahrhundert blühten diese Kolonien als Exporteure von Tabak, Korn, Reis, Fleisch, Fisch und Holz nach ganz England, mit festen Ladungen nach Südeuropa und in die Karibik. Nach dem Prinzip einer Gegentaktpumpe flossen die Gewinne aus den Exporten dann in den Import immer größerer Mengen englischer Manufakturerzeugnisse. Das Ganze bildete einen klassischen, merkantil-imperialen Handelskreislauf.

Innerhalb der kolonialen Gesellschaft des Handels bildeten die armen, weißen Landarbeiter von Chesapeake fast eine englische Arbeiterklasse jenseits des Meeres, mit einem hoffnungslosen Männerüberschuss und mehr oder weniger chronisch ordnungslos. Hier und anderswo im Nordamerika des späteren 17. Jahrhunderts kamen Schiffsladungen schwarzer Sklaven hinzu, die sowohl direkt aus Afrika importiert wurden als auch über die Karibik. An Land humpelnd, um in das Joch der Plantagenarbeit gespannt zu werden, stießen Schwarze zu Weißen in einem multi-ethnischen Arbeitstrupp.

Gleichzeitig hatte Englands koloniale Angriffsspitze auch eine strategische Grenze. Als entlegene transatlantische Bastionen des englischen Imperialismus waren die Kolonien als eine Art Ringwall der »Englishness« angeordnet und sahen sich im Süden mit spanischen Territorien und im Inland nach Norden mit den französischen Ansprüchen von Neufrankreich und Akadien konfrontiert. Der weit ausgreifende Anspruch der Engländer war auch ein Kontrollgriff auf die Niederländer im Osten, deren Unternehmung Neuniederlande am Hudson River sich geradewegs durch Land fraß, das England als Schwachstelle in seinem kommerziellen Einflussgebiet be-

EIN WELTREICH ENTSTEHT

trachtete. Im Laufe der stoßweisen Kriege zwischen London und Amsterdam schnappte sich eine englische Flotte 1664 die Stadt Nieuw Amsterdam. In New York umgetauft verschaffte ihre Einnahme den Engländern die uneingeschränkte territoriale Kontrolle der gesamten Nordostküste.

Der Behauptung gewisser Rechte folgte in den 60er und 70er Jahren des 17. Jahrhunderts die schrittweise kommerzielle Entwicklung von New Jersey und Pennsylvania unter der Autorität verschiedener mit Chartas ausgestatteter Grundherren. Diese Kolonien im Besitz von Eignergesellschaften waren durch den großen Einfluss von Farmerfamilien, eine bemerkenswerte religiöse Toleranz, heterogene Gemeinschaften von Siedlern und eine Fülle von komplexen und sich ändernden Allianzen zwischen Kolonisten und einheimischen Völkern wie den Mohawk gekennzeichnet. Indem sie meist einen dumpfen Frieden aufrecht erhielten, konnten präkoloniale Gesellschaften und englische Siedler durch diese Bündnisse zumindest das schlimmste Blutvergießen und das brutale Trauma umgehen, das die Beziehungen in Virginia und Maryland so sehr entstellte.

Dies bedeutete jedoch nicht, dass New York und Pennsylvania paradiesische Orte für die dortigen Irokesen, Delawaren und Susquehanna waren. Die Kombination der Folgen von weißem Hunger nach Land und kolonialem Bevölkerungswachstum, eingeschleppten Epidemien und der Verbreitung von Alkohol besiegelten das Schicksal der Stammesangehörigen. Es ist klar, dass die Pilger des Jahres 1620 in der Kolonie Plymouth ohne die brüderliche Hilfe der Küstenbewohner und den Handel mit ihnen elendig zugrunde gegangen wären. Doch bis zum Ende des Jahrhunderts hatten sich die Bande der Dankbarkeit aufgelöst und das gegenseitige leben und leben lassen war im Grunde ganz verschwunden.

Auf den ersten Blick sahen die Westindischen Inseln nicht wie die Sorte von Ort aus, an dem man eine neue koloniale Ordnung schaffen konnte, ein warmes Fleckchen, wo englische Werte von Landbesitz, Familie und Unabhängigkeit Wurzeln schlagen konnten. Im späteren 16. und frühen 17. Jahrhundert wurden Ausflüge in die Karibik vor allem von bewaffneten Piratenflotten unternommen, als halbseidene Kaufleute vielversprechende Gelegenheiten ergriffen. Sie konzentrierten sich darauf, durch dreisten Raub und Plünderung Reichtum anzuhäufen, indem sie Freibeuter finanzierten, damit diese als Schlägertrupps kümmerliche spanische Siedlungen aufmischten und nach schwach verteidigten spanischen Handelsrouten griffen.

Die Gewinne aus den Prisen vagabundierender Kriegsabenteurer waren gut, und die insgeheim beteiligte elisabethanische Regierung drückte beide Augen zu, damit zufrieden, ihre diplomatische Distanz zu solchen blutigen Seeräuberzügen zu bewahren. Doch noch während dieses »Schnapp' dir den Schatz und renn'«-Geschäft im 17. Jahrhundert weiterging, begannen sich zögerliche Pläne für Besiedlung und Handel in der Karibik zu formen. Wenn sich auch abstruse Visionen von den Westindischen Inseln als einem märchenhaften El Dorado voll Gold und Silber schnell als Hirngespinste erwiesen, so hielt doch die Tabak- und Baumwollproduktion realistischere Aussichten für die Ausbeutung einzelner Inseln bereit. Hier jedoch gab es Probleme. Ein erster Versuch englischer Siedlerexpeditionen an der Küste Guayanas erwies sich als fruchtlos, und auch auf den Kleinen Antillen geriet die Kolonisierung ins Stolpern, wo der organisierte und entschlossene Widerstand der Kalinago-Insulaner die Invasion von leichteren Militärlandungen unter Kontrolle halten konnte.

Aber diese frühen Rückschläge schienen die Absichten derjenigen, die die Karibik zur Kolonie machen wollten, um Territorien für eine kommerzielle Besiedlung durch die Engländer zu öffnen, nur noch zu bestärken. Einzelne Magnaten, Aktiengesellschaften und dynamische Syndikate – sie alle strömten herbei, um unter dem Schirm der Krone landwirtschaftliche Siedlungen zu finanzieren und Interessenten und Unterstützer zusammenzutrommeln. Wie nicht anders zu erwarten, versah das Porträt der Kolonisierung der Karibik diese Anstrengungen mit dem Hochglanz einer edlen englischen Mission, mit der ein unkultiviertes und despotisches Spanien unterworfen werden sollte. Hier lag eine lockende tropische Region, bereit für die Vorteile einer fortgeschrittenen landwirtschaftlichen Spezialisierung und die Segnungen eines harmonischen Handels durch die hingebungsvollen Bemühungen freier und verlässlicher Männer von Wohlstand. In Wahrheit beruhte der Wettlauf um die Kontrolle der Westindischen Inseln vor allem auf blinder Gier. Die Förderung von Siedlungen auf den Inseln war ein außerordentlich umkämpftes und schmutziges Geschäft, zerrissen von unbarmherzigen Fehden zwischen elitären Gruppen, die im Wettstreit um die heißbegehrte königliche Patronage lagen, und verfolgt von zänkischen Haufen kleinadeliger Finanziers und reicher Aristokraten, die nach königlichen Schutzbriefen gierten, um Anspruch auf die Inseln zu erheben.

Im Laufe der 20er und 30er Jahre des 17. Jahrhunderts grub England diverse Inseln um, darunter Barbados, und die unvermindert weitergeführten Überfälle von Seeleuten brachten ihm Mitte des Jahrhunderts die spanische Kolonie Jamaika ein. Das Potential der Karibik und ihres tropischen Kapitals übertraf das jeder englischen Kolonie auf dem Festland bei weitem, und in der Mitte des 17. Jahrhunderts zogen die Inseln einen höheren Anteil an Auswanderern und Investitionen an, als irgendein anderer Ort in Englands transatlantischer Welt.

Kleine Gruppen von Ureinwohnern konnte man zwangsumsiedeln und ihnen unter der Peitsche englischer Arbeitsdisziplin die Regeln von Fleiß und Gehorsam eintrichtern. Aber sie waren zu schwächlich, um für die großangelegte kommerzielle Landwirtschaft effiziente Arbeitskräfte darzustellen. So wurde die frühe Produktion der Hauptexportgüter wie Tabak und Baumwolle wie im nordamerikanischen Chesapeake abhängig von einem gesunden Abfluss ausgebildeter Arbeitskräfte aus Britannien. Arme Leibeigene machten im Laufe des 17. Jahrhunderts hier ungefähr die Hälfte aller Einwanderer aus, und sogar die völlig Mittellosen verpfändeten ihre Arbeit, um für ein besseres Leben ihr Glück auf den Westindischen Inseln zu versuchen. Während diese Fachkräfte es verstanden, Tabak, Baumwolle, Kakao, Indigo und andere Pflanzen auf kleineren, gemischten Farmen richtig zu kultivieren, wurde der Nachschub knapp, als man sich auf den Westindischen Inseln dem Zuckeranbau zuwandte. Ab der Mitte des Jahrhunderts schwenkten von englischen Pflanzern besetzte Inseln, verlockt von einer profitablen Lücke auf dem international wichtiger werdenden Zuckermarkt, auf die Produktion von Zucker in großem Stil um, der von seinem boomenden Kernland auf Barbados auf die Perlenschnur der Inseln über dem Winde wie Antigua und Montserrat und weiter nach Jamaika übergriff.

Als inflationäre Preise in der Landwirtschaft kleinere Farmer ausschalteten, schlossen sich suchende Pächter, dürre Besitzer freien Landes und reiche Grundherren zusammen, um eine über allem thronende Elite oder »Plantokratie« zu schaffen, die sehr viel besser dastand, als Kolonisten irgendwo sonst in der englischen Neuen Welt. Diese Gruppe wohlhabender Männer versah größere Zuckerinseln mit einem importierten Überzug englischen Landadels, der die schwarze und ärmere weiße Kolonialgesellschaft von ihren verschwenderischen Herrenhäusern in den Hügeln und ihren Clubs in den Hafenstädten aus beherrschte.

Mit mühelos erwirtschafteten Profite aus der extensiven Zuckerproduktion fielen die Kosten für Arbeitskräfte für große Plantagenbesitzer nicht unbedingt groß ins Gewicht. Das wahre Problem auf den englischen West Indies war die Frage, wie man eine ganze Masse muskulöser Arbeiter bekommen und behalten konnte. In dieser Hinsicht hatten die brasilianischen Portugiesen lange vor der Ankunft englischer Plantagenwirtschaft gelernt, dass die ermüdende Härte und Intensität der Plantagenarbeit kaum Horden freier Arbeiter anziehen würde. Genau wie die Zuckerrohrfelder und die Arbeitsgeräte würde man die landwirtschaftliche Arbeitskraft besitzen und einsperren müssen.

Beginnend in den 40er Jahren des 17. Jahrhunderts verwandelten Barbados, Jamaika und die Inseln über dem Winde die Westindischen Inseln ins Steuerhaus der englisch-kolonialen Sklaverei, als Zehntausende Sklaven in der Zuckerwirtschaft untergebracht wurden. Hohen Sterblichkeitsraten durch Erschöpfung, Mangelernährung und die Vergeltungsmaßnahmen für Versuche des Widerstands und der Desertion ausgesetzt, musste die schwarzafrikanische Sklavenarbeiterschaft ständig durch frische Schiffsladungen wieder aufgefüllt werden. Die Vorstellungen der Menschen in Westafrika, dass die Sklaven von den weißen Käufern fortgebracht wurden, um gegessen zu werden, waren in gewisser Weise also nicht gänzlich verkehrt.

Die drückende Zermürbung und der dringende Bedarf der Zuckerproduzenten an Arbeitskräften waren ein starker Anreiz für englische Finanz- und Handelskompanien, den Afrikahandel kurzerhand auf das Sklavengeschäft zu verlagern. In der zweiten Hälfte des 17. Jahrhunderts beschleunigte der Bedarf allein für Barbados bereits den Gang der Sklavenbeschaffung entlang eines ausgedehnten Küstenstreifens im Westen. Für in Käfige gesperrte Exportarbeiter ging die Reise außerdem in Richtung der Chesapeake-Kolonien, als auch diesen die ausgebildeten Arbeitskräfte langsam ausgingen. Afrikanische Sklaven fielen meist als eine Art frei verfügbares menschliches Nebenprodukt aus örtlichen Kriegs- und Überfallaktivitäten ab, von der siegreichen Seite als versklavte Gefangene beschlagnahmt und dann auf den wachsenden Exportmarkt für unfreie Arbeit geworfen. Englische Händler kauften sie normalerweise von afrikanischen Händlern oder von an den Küsten umherziehenden Mittelsmännern von Stammesführern aus dem Hinterland. Bis zum Ende des 17. Jahrhunderts verschiffte England regelmäßig viele tausend afrikanische Sklaven und festigte seine Markführerschaft in Übersee gegenüber Konkurrenten in diesem Geschäft wie z. B. den Niederlanden. Es war bereits auf dem besten Wege, die führende Sklavenhandelsnation der westlichen Welt zu werden.

Diese späteren Jahrzehnte waren von riesigen Wellen kaufmännischen Ehrgeizes gekennzeichnet, von denen nur wenige weiter nach Afrika hi-

Als der Westafrikahandel noch
mehr in Fellen steckte als
in menschlichen Körpern:
Wappen der African Company
im 16. Jahrhundert.
Jonathan Reeve.

neinbrachen als die von Körperschaften wie der Company of Royal Adventurers, gegründet nach 1660 vom Bruder des Königs, James, Herzog
von York. Die Royal Adventurers hatten keine Hemmungen, das Rennen
zu machen, nachdem ihnen Handelsmonopole für Westafrika zugesprochen worden waren, tausendjährige Rechte für den Gold- und den Sklavenhandel in die Karibik. Obgleich sich das Yorksche Unternehmen nicht
als reine Butterfahrt herausstellte, wurden viele Anstrengungen unternommen, um den frühen Erfolg seiner Handelsaktivitäten an Orten zu
fördern, die man unter den Namen Goldküste und Sklavenküste kannte.
Sklaven, die von den Schiffen der Royal Adventurers gelöscht wurden,
wurden weitblickend mit den Buchstaben DY wie »Duke of York« gebrandmarkt, während die Kompanie für sich warb, indem sie neue Guinea-Münzen in Umlauf brachte, geschlagen aus purem afrikanischem
Gold und mit ihrem Symbol geprägt – einem Elefanten. Böse Zungen in
der Londoner Arbeiterklasse nannten die Goldguineen der Kompanie angeblich Old Mr Gory, »alter Blutsäufer«, eine sardonische Anerkennung
der erbarmungslosen Natur ihrer Herkunft.

Für die englische Herrschaftsklasse war die Festigung der kolonialen Beziehungen auf den Westindischen Inseln allerdings ein weitaus ernsteres
Ärgernis als das freche Echo, das das entstehende Empire in ihrer Hauptstadt auslöste. Wütende Arbeitskräfte, großenteils jung, aber keineswegs

Anfänger darin, Ärger zu machen, waren unerfreulicherweise nur allzu leicht willens, ihre Lehrzeit abzubrechen, sich vor der Arbeit zu drücken und sogar, sich auf eine gefährliche Aufsässigkeit zu verlagern. Und mürrische Sklaven waren höchstens noch schlimmer. In ihrer verborgenen, nachtgleichen Welt völlig undurchdringlicher Gesänge, Riten und Schwarzer Künste lauernd schienen sie ständig irgendeine Verschwörung zu planen, mögliche Aufstände oder Sabotageakte auszuhecken oder irgendwie sonst im Sinn zu haben, sich in Ausreißerbanden zusammenzurotten.

Ab der zweiten Hälfte des 17. Jahrhunderts griffen die großen Interessensgruppen von Plantagenbesitzern, die auf vielen Inseln Recht und Gesetz bestimmten, hart durch, um mit strengen Sklaven- und Arbeitergesetzen die Beziehungen zwischen Untergebenen und Herrn zu regeln. In ihrem Kern stand die absolute Durchsetzung von Besitzrechten in der sozialen Ordnung. Unfreie Arbeit gehörte als Investition zu den Besitztümern, fast so wie ein Stück tropischen Landes oder eine Zuckermühle. So war der unfreie irische Arbeiter im Grunde genommen ebenso das Hab und Gut seines englischen Masters wie ein Afrikaner von der Sklavenküste und hatte lediglich den armseligen Rechtsanspruch auf Nahrung und Schutz vor extremem persönlichem Missbrauch. Unterstützt von Truppenverbänden der Regierung und wild zusammengesetzten, brutalen Milizkontingenten töteten die Plantagenbesitzer jeden Sklaven, der das Besitzrecht verletzte, einen Kolonisten bedrohte oder der es versäumte, sich zahm den Befehlen zu fügen. Verstreute Sklavengemeinden lebten unter dem schweren Joch der Gesetzgebung und der Waffen und der extremsten Anwendung aller Möglichkeiten, die wachsamen Kolonisten und Verwaltern zu Gebote standen. Da sie von der etablierten Kirche darüber hinaus als unverschämte und unverbesserliche Heiden angesehen wurden, berührten die erbärmlichen Bedingungen der Sklaven auf den Inseln kaum die Gemüter philantroper Engländer. Gegen Ende des 17. Jahrhunderts war nur eine Handvoll milchgesichtiger Quäker der Ansicht, dass sie das grundsätzliche Recht auf eine Behandlung und Anerkennung als Menschen besaßen.

An anderen Orten wurde unter den weißen Fachkräften ein großes Kontingent irischer Arbeiter ausgesondert, dem die Daumenschrauben noch fester angezogen wurden. Die Gründe hierfür waren vielfältig: Zum einen misstraute man ihnen, weil man sie für unzuverlässige Papisten hielt, man verdächtigte sie, aufrührerische Absichten zu hegen, mit denen sie die

EIN WELTREICH ENTSTEHT

Sklaven infizieren könnten; zum anderen waren unter ihnen viele tausend politische Gefangene, besiegte Gegner der Landbesetzungen im Irland der Jahrhundertmitte. Der bequeme politische Zugang zu kolonialem Territorium erlaubte dem englischen Staat nun den Abtransport bekannter Störenfriede an weit entfernte Orte der sozialen Intoleranz, wo sogar elementare Rechte oder Freiheiten ohne großen Aufwand verweigert werden konnten.

Alles in allem warf die Erfahrung von Barbados und Jamaika ihren langen Schatten bis weit über die Mitte des 17. Jahrhunderts voraus. Nach der leichten Eroberung von Jamaika, die die zunehmende Schwäche der Spanier zu bestätigen schien, sah die weite Region Carolina, die an der Südostküste Nordamerikas zwischen Virginia und Spanisch Florida lag, genau wie eine Freikarte für eine weitere Ausbeutung des amerikanischen Kontinents aus.

Eine hübsch inzestuöse atlantische Fraktion royalistischer Plantagenbesitzer von den West Indies, Landmagnaten aus Südengland und hohe Tiere aus London marschierten als Herrn und Besitzer Carolinas auf und steigerten um das von der Krone übertragene Besiedlungsrecht. Möglichkeiten, seine chronische Verschuldung loszuwerden, ließen den ansonsten wenig intelligenten Charles II. üblicherweise aufhorchen, und 1663 konnten die zahlenden Herrschaften ihre königliche Urkunde in Empfang nehmen, um das aufzubauen, was ihr Prospekt als makelloses und profitables koloniales Unternehmen beschrieb, gestützt auf die allgemeine Attraktivität riesiger Flächen fruchtbaren Landes.

Der Hauptantrieb für die Entwicklung Carolinas war die Zuckerwirtschaft von Barbados, die die Preise für Land in schwindelerregende Höhen trieb und weniger einträgliche Getreidesorten wie Reis und Korn mehr oder weniger verdrängte.

Für ihre ehrgeizigen Eigentümer stellten die Carolinas eine angenehme Alternative zu dem donnernden Plantagenboom auf den Inseln dar, in deren warmem Malariaklima sich die dienstbaren afrikanischen Handlanger so richtig wie zu Hause fühlen konnten. Die Sklaverei wurde vom Beginn der Kolonisierung an institutionalisiert, und die Niederlassung entwickelte in rasantem Tempo eine straff hierarchische Kolonialgesellschaft.

Natürlich konnte es in einer weiteren Siedlung, die sich auf die Enteignung von Land und die Entwicklung der kommerziellen Landwirtschaft gründete, keine Rechte auf Gemeindeland geben, das die dortigen Stämme traditionell durchzogen, um zu jagen und Nahrung zu finden. In dem

Geist des Zeitalters, das nun angebrochen war, drückte sich die einzige legitime Halterschaft im baren Wert festen Eigentums aus, mit einer disziplinierten und ausgefeilten Kultivierung des Landes für individuellen Gewinn als Markenzeichen eines zivilisierten Standes. Das Land der Ureinwohner wurde geschluckt, und bis zum Ende des Jahrhunderts war das freie Leben seiner nomadischen Bewohner vollständig dahin, die in vergeblichen Widerstandsgefechten geschwächt und getötet oder von den ländlichen Kolonisten schlicht und einfach versklavt wurden.

Auf der anderen Seite wuchs der Bevölkerungsanteil von eingeführten Sklaven aufgrund des Bedarfs in der Landwirtschaft immer schneller, sodass im frühen 18. Jahrhundert die Hälfte der kolonialen Bevölkerung aus unfreien Arbeitskräften bestand. Die freien Einwanderer, die seit den 70er Jahren des 17. Jahrhunderts einströmten, waren ein gemischter Haufen aus Kaufleuten, kleineren Plantagenbesitzern, Farmern und Facharbeitern, von denen wiederum eine ansehnlicher Zahl von Barbados aus herüberkam. Sie fügten der englischen Kette aus Migration und Handel auf dem Atlantik ein weiteres Glied hinzu und machten ihren Weg innerhalb einer Vorposten-Gesellschaft. Diese wurde von einer winzigen Oberschicht fettleibiger Kaufleute und schwerreicher Familien beherrscht, die ihre Macht durch örtlich gewählte Versammlungen freier Männer ausübte. Siedler fanden sowohl in North als auch South Carolina den Schutz und Schirm einer aufgeschlossenen Gemeinschaft; dort hielt man eine liberale religiöse Toleranz aufrecht und nährte ein kleinbäuerliches Ethos von milimeterweiser Verbesserung aus eigener Kraft. Dennoch entwickelte sich auch in den »weißen« Carolinas eine Verdichtung der scharf eingeteilten Sozialordnung nach karibischem Vorbild: Für große Landbesitzer mit Sklaven bargen sie einen augenfälligen Reichtum, für arme Weiße und Sklaven hingegen hielten sie ein Leben der Entmutigung und Enteignung bereit.

Im Gegensatz zur obsessiven Jagd der Zuckerindustrie nach kommerziellen Ernten war das Wachstum der Wirtschaft in den Carolinas genügsamer und vielfältiger. Das anfängliche Interesse von Spekulanten an dieser Region lag in ihrem Potential als gesunder Basis für die Nahrungsproduktion, begründet in der Verdrängung von Getreide, Gemüse und Vieh auf den Westindischen Inseln. Man wandte sich außerdem der Erzeugung von Holz für den Export zu, und ein kleiner Handel mit den amerikanischen Indianern warf beachtliche Mengen an Häuten ab, die der europäischen Gier nach Leder entgegenkamen. Die Jahrhundertwende brachte

EIN WELTREICH ENTSTEHT

weiteren Auftrieb durch die Ausweitung eines intensiven Reisanbaus und die strategisch wichtige Versorgung von Geschäften der Militär- und Handelsmarine mit Schiffsbedarfsgütern wie Pech und Teer.

Wie in anderen Kolonien, die auf schnelles Wachstum und Freibeuterei gegründet waren, waren auch in den Carolinas viele habgierige Siedler äußerst rücksichtslos, was den Handel betraf. Diese skrupellosen Subjekte taten sich selbst vor allem dadurch hervor, die Vergünstigungen der Regierung auszunutzen, sich an den schmutzigen Geschäften karibischer Piraten und Filibuster zu beteiligen und aus der Versklavung ganzer Indianerfamilien für den örtlichen Arbeitsmarkt oder die Verschickung auf eine westindische Plantage Profit zu schlagen. Womöglich waren die Biber die einzigen, die noch einmal Glück hatten: Sie wurden von der Ausrottung verschont, weil ihre Anzahl zu gering war, um ernsthafte kommerzielle Anstrengungen zu rechtfertigen, sie allesamt in einträgliche Felle zu verwandeln.

Der Gang nach Asien wurde von vollkommen anderen Notwendigkeiten und Wandlungsprozessen geprägt. Schon weit vor dem 16. Jahrhundert hatten die Engländer asiatische Waren wie Gewürze und Baumwolle importiert, die über den portugiesischen Handel oder den Landweg durch den Mittleren Osten bis zum östlichen Mittelmeer und dann weiter auf die britischen Inseln gelangt waren. Als die Nachfrage wuchs, begannen gierige Kaufmannsgilden sich als direkte maritime Präsenz Englands in Asien festzusetzen. Dies verfestigte sich zunächst um ausgedehnte Verbindungen in der Handelsschifffahrt mit den Osmanen. Hierüber wurden Seide, Gewürze und andere Güter verschifft, die nicht unter das Monopol des portugiesischen Handels auf dem Indischen Ozean und um das Kap der Guten Hoffnung fielen. Bis zum Ende des 16. Jahrhunderts hatte der Türkei-Handel sich selbst in die übliche merkantil-imperiale Vorhut verwandelt, eine verwegene Handelsgesellschaft mit Freibrief. Als Vorreiter in der Levante verfügte eine Kompanie Nordlondoner Kaufleute sowohl über das Kapital als auch den unternehmerischen Instinkt, sich auf die Ergreifung größerer kommerzieller Gelegenheiten einzulassen. Diese führenden kaufmännischen Abenteurer engagierten sich daraufhin explosionsartig in einer kombinierten Erkundung von Land und See, festigten ihre Handelsverbindungen mit Persien und Indien und durchsetzten vielversprechende Handelsplätze wie Malakka. Aber mit einem Wald niederländischer Masten auf der Seeroute um das Kap herum und der Aussicht, dass die

Holländer den Seehandel mit Asien für sich behaupten würden, bröckelten die Bemühungen des Levantehandels.

Nichtsdestoweniger brachte die kommerzielle Bedrohung durch die Niederländer einen anderen mächtigen englischen Rivalen hervor. Genau am Endes des 16. Jahrhunderts schuf die übliche habsüchtige Ansammlung reicher Männer, die spekulieren und ihren Einfluss spielen lassen wollten, eine Aktienkapitalgesellschaft, die um einen königlichen Freibrief über das Monopol auf den Asienhandel vorsprach, der ihr 1600 zugebilligt wurde: die East India Company.

Als die Karten verteilt wurden, brauchte das Ostindienunternehmen ein gutes Blatt. Denn die Risiken des Geschäfts waren hoch, angefangen bei riesigen Transportentfernungen, schwierigen Bedingungen auf See, verderblichen Gütern und einer unsicheren politischen Lage in vielen asiatischen Gesellschaften, die alle Transaktionen zunichte machen konnte.

So überrascht es kaum, dass die Ostindiengesellschaft, die bald die mächtigste aller englischen Handelskompanien im Überseegeschäft werden sollte, in ihren frühen Jahren nicht direkt ein Erfolg war und ihren entmutigten Londoner Finanziers nur schrittweise Gewinne einbrachte. Knapp an Langzeitinvestitionen, machte ihr die finstere Konkurrenz ihrer Rivalen schwer zu schaffen, die eifersüchtig auf das königliche Privileg waren. Außerdem musste sie sich mit der Entschlossenheit der Portugiesen und der Niederländer herumschlagen, ihren etablierten Zugriff auf asiatische Güter zu behalten. Der frühe Ostindienhandel wurde durch seine enge Verknüpfung mit royaler Autorität und seinen lauthals verkündeten Anspruch, ehrliche kommerzielle Praktiken in nationalem Interesse anzuwenden, genährt. Aber seine Unternehmer hatten eine schlechte Zeit, als sie versuchten, Wolle und Kleidung aus englischer Herstellung auf den asiatischen Markt zu bringen.

Die wahre Direktive jedoch war nicht englischer Export, sondern aus Asien etwas heraus zu holen, die Jagd nach riesigen Mengen an Gewürzen und Pfeffer aus den Küstenregionen Indiens und anderer Gegenden wie Borneo, Java und den Molukken. Das Interesse der Kompanie schlüpfte rasch über die Inselwelt Indonesiens mit ihren knallharten Mittelsmännern und Händlern hinaus und geriet in ein dichtes Netz des Asienhandels, gesponnen um den Handel mit Edelmetallen und Tauschaktionen und eine ausgefeilte Diversifikation über die alten Ausgangspunkte wie Pfeffer und Gewürze hinaus. Wie die Portugiesen vor ihnen ergriffen auch englische Kaufleute die Vorteile, die man dadurch erlangen konnte, Waren für wohlhabende asiatische Händler zu transportieren, indem man zusätzliche Fahrten englischer Schiffe in einen profitablen innerasiatischen Handel umlenkte.

Das Ostindienunternehmen dehnte sich in ein offenes, lebhaftes und unersättliches asiatisches Handelsuniversum aus und erweiterte bald seinen Warenkatalog. Zunächst konnten hierin Unmengen an Baumwolle und Seide von der westlichen und südöstlichen Küste Indiens notiert werden sowie die Verlockungen persischer Seidenvorräte im Handel auf dem Roten Meer, die durch den Persischen Golf verschifft werden konnten. Gleichzeitig fädelte sich die Kompanie von ihren geschützten Hafenstützpunkten in Indonesien aus in noch weiter entfernte und ausgedehntere Handelsnetze im Fernen Osten ein. Obgleich die streng kontrollierten chinesischen Häfen dort fremde englische Schiffe nicht einlaufen ließen, gab es mit dem Weiterverkauf von Seide, Porzellan und Gold aus China über Japan und Südostasien einen geschickten Weg, dies zu umgehen. Um ihren stetigen Fortschritt zu unterfüttern, errichtete die East India Company zudem Handelsposten, sogenannte Faktoreien, für ihren Chinahandel über Japan, die malaiische Halbinsel und Siam. Gleichzeitig steigerte das Interesse an Silber als Mittel, um die Goldbarren anzureichern, den englischen Appetit auf den Handel mit Japan.

Während Pfeffer und Gewürze aus Indonesien und Indien ein Hauptgeschäft blieben, war das Leben der Kaufleute hier nicht immer bequem. In begehrten Handelsgründen wie Java und den Molukken verärgerte das englischen Eindringen die Niederländer, deren eigene Ostindiengesellschaft versuchte, ein Monopol aufrechtzuerhalten, das von schlauen Handelsverträgen mit Inselherrschern gestützt wurde. Die englische Ostindiengesellschaft stellte sich Versuchen der Niederländer, sie zurückzudrängen, entgegen und ging dann in die Offensive, indem sie Anfang des 17. Jahrhunderts bewaffnete Feindseligkeiten gegen ihre Gegnerin losbrach. Diese Kampagne stand unter keinem guten Stern und brachte die tiefer verwurzelte Macht der Niederländer gegen sich auf. Gezwungen, einen Frieden zu ungünstigen Bedingungen zu schließen, blieben die englischen Kaufleute eingezwängt von beständigen holländischen Handelsbeschränkungen und mussten nach 1620 ihren Anteil am Gewürzhandel mit den Molukken abtreten. Dennoch waren sie noch immer in der Lage, sich in anderen Bereichen des örtlichen Geschäfts festzusetzen. Die Verfügbarkeit asiatischer Vertragsschiffe, die Güter in die englischen Faktoreien beförderten, setzte dem niederländischen Monopol auf den Molukken zu. Auf Java wurde bis zum Ende des 17. Jahrhunderts eine englische Faktorei unterhalten, und von Sumatra aus gab es weiterhin beachtliche Pfefferexporte. Zudem wurde die schwindende Handelskraft des Pfeffers durch eine Lockerung des Handels in China durchaus ausgeglichen, wo frühere Versuche von Kaufleuten wiederholt gescheitert waren. Eine laxere politische Ordnung war nun willens, europäische Handelsagenten in den Häfen zu dulden, und am Ende des Jahrhunderts ließ sich die East India Company in Kanton nieder, wo sich ihr eine Tür nach China geöffnet hatte. Im frühen 18. Jahrhundert wurden Seide und Porzellan von Schiffsladungen des in Mode gekommenen Tees überholt, als sein Konsum in England dramatisch anstieg.

Die Hingabe der Gesellschaft an das Schlürfen von Tee konnte nicht nur an dem Ausmaß abgelesen werden, in dem sich Londons feine Leute für Plaudereien und Flirts in schmucken neuen Teegärten begeisterten. Auch Prediger und gestrenge Arbeitgeber förderten seinen Konsum unter den Arbeitern als sauberes Tröpfchen, um sie stetig und aufmerksam an der Arbeit zu halten, eine löbliche Alternative zum zügellosen Gingenuss. Auf diese Weise leistete das entfernte China der Mandschu-Zeit seinen Beitrag im Kampf um die Abstinenz der britischen Arbeiterklasse. Der Tee tat noch drei andere Dinge. Er trug ein Aroma imperialer Errungenschaft in das tägliche, häusliche Leben auf den britischen Inseln hinein. Begleitet von Zucker aus Barbados entwickelte sich sein Genuss zu einem distinkten Merkmal des britischen Charakters, einer nationalen Liebe zu süßem Tee. Und da er das Kochen von Wasser erforderte, wirkte sein Genuss wahre Wunder für die Gesundheit in den Städten, weil hierdurch die Rate an Krankheiten sank, die durch unreines Wasser übertragen wurden.

In dieser Periode war das Hauptziel der Ostindischen Gesellschaft die Ausdehnung ihrer Reichweite auf dem Markt in florierende Handelszonen hinein und danach die Sicherung der englischen Dominanz in diesen Gebieten. Die Küsten Indiens waren ein naheliegender Fang, und zu Beginn des 17. Jahrhunderts versuchten sich die Schiffe der Kompanie nach Surat hineinzuquetschen, den natürlichen Eingangshafen in die blühende Region Gujarat. Aber es war nicht leicht, in Surat einen Fuß in die Tür zu bekommen. Jede englische Handelspräsenz erforderte die Zustimmung des mächtigen Mogulreiches. Außerdem bestand ein älterer Handelsan-

Ein Löwenmonopol mit einem Bärenhunger auf kommerzielle Reichtümer: Ursprüngliches Wappen der East India Company, 1600. *Jonathan Reeve.*

spruch der Portugiesen, mit dem man sich auseinandersetzen musste. Pompöse diplomatische Tauschaktionen mit mogulischen Beamten und großspurige Geschenke, um den unnachgiebigen Herrscher Jahangir zu schmieren, führten schließlich zur Bestätigung englischer Handelsrechte. In den 30er Jahren des 17. Jahrhunderts konnte man auch noch den Dorn Lissabon aus dem eigenen Fleisch ziehen, als die Kompanie und die Portugiesen übereinkamen, die asiatischen Zusammenstöße, mit denen man sich gegenseitig schadete, zu beenden.

Die Mittelsmänner der Kompanie konnten es sich in Surat nun etwas bequemer machen, allerdings noch nicht auf dem Rücken der Inder. Die Macht und der Einfluss des Mogulreiches waren imposant, und die Handelsaktivitäten der Engländer mussten sich dem Lebensrhythmus Gujarats in seinem maritimen Bollwerk anpassen. Innerhalb kurzer Zeit wurde die Kompanie vom Mogulreich toleriert, und während des 17. Jahrhunderts wurde Surat weiterhin von dessen hochmütigen Beamten geführt, einer gebieterischen indischen Oberschicht, die es nicht nötig hatte, mit emporgekommenen englischen Besuchern in Komitees herum zu sitzen. Die Arbeitskräfte der Kompanie mussten sich als winzige christliche Enklave in Surat niederlassen, gebündelt am Fuße der prunkvollen Festung des Herrschers und politisch gesehen ohne Biss.

Kommerziell gesehen aber war die East India Company hungrig wie ein Bär. Von Surat aus zog sie eine Linie untergeordneter Handelsniederlassungen durch Gujarat und wandte sich außerdem nach Norden, hin zu Städten wie Lahore und zu südlichen Häfen wie Madras. Baumwolltuch und die Ausfuhr von Indigo warfen zu Beginn des 17. Jahrhunderts gute Gewinne ab, aber über kurz oder lang erwies sich Kattun als noch besser, weil die arbeitenden Klassen in Europa und seinen Kolonien einen riesigen Markt für billige gewebte Stoffe darstellten. Am Ende des 17. Jahrhunderts, als die indische Textilproduktion immer größer wurde und Bengalen und andere neue Webereidistrikte im Aufstieg begriffen waren, kleideten sich karibische Sklaven, arme Weiße aus Virginia und den Carolinas und Infanteristen aus dem englischen West Country alle gleichermaßen in das raue indische Tuch.

Als sich der englische Handel um Indien herum festigte, wurde seine Struktur vereinfacht. Handelsschiffe, die Goldbarren beförderten, liefen direkt die indischen Häfen an, luden Textilien und machten kehrt für den langen Rückweg. An der Oberfläche sah es so aus, als gebe es immer weniger, das man überwachen müsste, und ein einfacher Großhandel schien ohne Anstrengung wie von selbst zu wachsen, solange die örtlichen politischen Bedingungen stabil blieben. Die politische Stabilität aber war etwas, das nicht immer sicher war.

In den 60er und 70er Jahren wurde das Großreich der Moguln durch aufständische Marathenheere schwer beschädigt, was in den Mägen englischer Händler mehr als ein flaues Gefühl auslöste. Dennoch gelang es der Kompanie, sich im Westen Indiens zu halten. Bombay, das man in den 60er Jahren des 17. Jahrhunderts von den Portugiesen bekommen hatte, war als souveränes Territorium der englischen Krone eine starke Basis, die am Ende des Jahrzehnts den anderen Besitzungen hinzugefügt wurde. Auch in neueren Gebieten wie Madras und besonders in Bengalen, wo sich das Geschäft auf Kalkutta konzentrierte, nahm die Stärke der Engländer zu. Als Orte, die von englischen Handelsunternehmungen und überseeischer Macht nur so trieften, bildeten die Niederlassungen der East India Company eine Schnur von eindeutig segregierten Städten, die Gruppen von wohlhabenden indischen Händlern, Handwerkern und Arbeitern beherbergten und separate Gebiete für weiße Mittelsmänner und Seeleute auf der Durchreise aufwiesen. Sie wurden zunehmend zu Bastionen englischer Militärmacht, in denen Garnisonen regulärer Truppen stationiert waren, gut gesichert mit Palisaden und anderen Befestigungen.

In dieser Phase konnte man sicher durchaus auch freundschaftlich Handel treiben, ein anglo-indisches Geschäftsabkommen, dessen reibungslose Umsetzung von der Autorität stabiler, örtlicher Herrscher unterstützt wurde. Und wenn die Umgebung für den Handel ungemütlich wurde, konnte das Säbelrasseln englischer Truppen, ganz gleich wie klein, einen recht großen politischen Wert haben. Im Madras des späteren 17. Jahrhunderts zum Beispiel erwirkte es die Gunst und Dankbarkeit indischer Kaufleute, die dort von marodierenden Mogul-Armeen vertrieben worden waren und nun den schützenden englischen Schirm zu schätzen wussten, unter den man krabbeln konnte. Bei anderen Gelegenheiten aber ermutigte die Verfügbarkeit von kompanieeigenen Truppenkontingenten übermütige Geister der Gesellschaft lediglich dazu, sich zu übernehmen. Angestachelt von dem blasierten Sir Joshua Childs, einem der Direktoren, der sich selbst als Kampfhahn betrachtete, der ein weicher werdendes Mogulreich aufhackte, lancierte die East India Company in den 80er Jahren des 17. Jahrhunderts eine riskante Militäroffensive gegen ihren nervösen Feind. Da sie damit gerechnet hatten, dass die Stärke der Moguln ernsthaft bröckelte, versuchten Childs und seine Direktoren, sich von der indischen Oberherrschaft zu befreien, indem sie Kalkutta, Bombay und Madras als gänzlich autonome koloniale Niederlassungen etablierten. Gesichert und gut befestigt sollten diese von englischen Zollabgaben auf Schiffsladungen nach Indien und der systematischen Besteuerung örtlicher Weber leben. Dann, wenn man das Beste aus Indien abschöpfen konnte und von der Notwendigkeit befreit war, sich die Gunst seiner Potentaten zu erschmeicheln, wäre das Unternehmen East India Company in der Lage, sich voll auf seine Strategie zu konzentrieren, sich die gesamte indische Textilproduktion zu schnappen.

Aber dieser verfrühte Griff nach der Macht war schlecht kalkuliert. Der Expeditionskrieg um mehr absolute Macht verlief ungünstig, und am Ende des Jahrzehnts hatte die Kompanie keine andere Wahl, als mit den siegreichen Moguln Frieden zu schließen. Aber es gab auch gute Neuigkeiten. In Kalkutta erlaubten erneuerte Handelsbedingungen die Ausweitung befestigter Niederlassungen, während die Kompanie immer intensiver ihre indischen Handelspartner finanzierte und außerdem ihre Förderung der Akkordarbeit in der Webindustrie steigerte. Bis zum Ende des Jahrhunderts hatten die englischen Handelsberechtigungen nicht nur eine festere Grundlage, sondern die Präsenz der East India Company hatte in anerkannten englischen Siedlungen nun auch eine freie Lizenz, gegen nichtchristliche Bevölkerungsgruppen Krieg zu führen und ihre eigene Rechtsprechung durchzusetzen. Ab 1698 bedeutete dies die Befugnis, Inder bei

Verstößen in Kalkutta hängen zu können. Bengalen hatte sein Tyburn bekommen, fast als wäre es die Grafschaft Middlesex.

Am Beginn des 18. Jahrhunderts war die East India Company zur Quintessenz, zum Inbegriff des englischen Asienhandels geworden. Eingehüllt in Textilien, Pfeffer, Gewürze, Tee und Kaffee, hatten ihre Exporte nach und über England die Warenströme aus Nordamerika oder von den Westindischen Inseln leicht eingeholt, wenn nicht gar überholt. Hinzu kam, dass die Kompanie als Londons augenfälligste überseeische Handelsunternehmung auch den englischen Handelsimperialismus in seiner nachhaltigsten Form verkörperte. Bis 1700 war die westafrikanische Kompanie ein einziges Chaos, ihr Monopol ein Sieb. Andere Gesellschaften, viele in der Karibik, waren eingegangen und hatten verärgerte Trupps kleinerer Finanziers und Händler zurückgelassen. In krassem Gegensatz dazu zeigte die robuste East India Company keinerlei Anzeichen, sich jemals aufzulösen. Sie war ein großer Arbeitgeber in London, ihre Rücklagen waren nun gut, und ihre Investitionsbasis sah respektabel genug aus, um die Ersparnisse kreuzbraver Londoner Witwen anzuziehen.

Aus diesen Gründen gab es ein engmaschiges Netz der gemeinsamen Interessen zwischen den mit Freibriefen ausgestatteten Kompanien und der Krone. Unzählige Seeräuber in indischen Gewässern hassten die Privilegien der Kompanien, und es reizte sie, außerhalb ihrer Monopole ein Geschäft zu machen. Es gab auch Phasen, in denen die Profite der Kompanie fielen, und sie neigte dazu, eher zu stolpern als zu stolzieren. Sicher sahen Investoren, die Geld in ihre Anteile gesteckt hatten, nicht immer wirklich hübsche Gewinne. Zudem waren die strategischen Vorteile, mit der Krone verbandelt zu sein, von einem ärgerlichen Nachteil begleitet. Der Hof hatte eine Tendenz dazu, launenhaft und unzuverlässig zu sein.

In dieser Hinsicht zeichneten sich James I. und Charles I. in dem alten royalen Spiel von Geld und Gunst still und leise aus. Auf der einen Seite steckten sich die Könige für ihre Konzession des königlichen Monopols große Steuern und Darlehen von der East India Company in die eigene Tasche. Auf der anderen Seite verwässerten sie die Handelsprivilegien der Kompanie durch den doppelbödigen Verkauf von Lizenzen an eine Anzahl dubioser privater Eindringlinge. In den 40er Jahren des 17. Jahrhunderts war vielleicht der einzige Weg, den spielsüchtigen König zufrieden zustellen und seine Hand zur Unterschrift zu bewegen, beide mit dem Klimpern Tausender Pfunde zu bestechen.

Wenn es etwas gab, dann war es der Haufen von Geschenken und Darlehen um Hofkreise und parlamentarische Cliquen vornehmer Herren, der für die regelmäßige Erneuerung des Freibriefs der East India Company entscheidend war. Genauso entscheidend war sicher der günstige Umstand, dass die Kompanie Besitzerin eines großen Batzens der Bank of England war, bei der rein zufällig sowohl der König als auch das Parlament in der Kreide standen. Dieser Einfluss zählte, als die Kompanie Ende des 17. Jahrhunderts ernsthaft an Geltung verlor.

Obwohl sie von der räuberischen New East India Company ausgetrickst wurde, der über ihren Kopf hinweg als Belohnung für zwielichtiges königliches Darlehen ein eigener Freibrief gewährt wurde, überlebte die alte Asienunternehmung, indem sie ihre Rücklagen und Fähigkeiten mit dem neuen Unterfangen vereinigte, woraus zu Beginn des 19. Jahrhunderts die United East India Company hervorging.

Indem sie innerhalb der herrschenden Politeliten zirkulierten, taten gut platzierte Bestechungen der Company viel dafür, Wohlstand unter jenen zu verbreiten, die am wenigsten bedürftig waren, genauso, wie man sie mit erstklassigem Leinen und feiner Seide verwöhnte. Diese peniblen englischen Gesandten des frühen 17. Jahrhunderts, die verkündeten, die Moguln seien wechselweise unmoralisch, dekadent oder barbarisch, müssen offensichtlich gewusst haben, wovon sie sprachen.

Am Ende des 17. Jahrhunderts, als sich der kommerzielle Einfluss Londons bis tief in die atlantische Welt und nach Asien ergoss, wurden die Kräfte der Britischen Inseln immer weniger durch die Nation, ihre geographische Lage oder den Ozean bestimmt. Auch wenn die anglo-britische Überseeexpansion weder von der Krone noch dem Parlament jemals formal als nationale Doktrin verkündet worden noch notwendigerweise besonders konsequent verfolgt worden war, wurde sie zur zwingenden Definition nationaler Interessen, die Personal und Politik des Staates umschloss. Für eine nach vorn drängende imperiale Macht unter anderen, die sich auflösten, versah sie die britischen Inseln zudem mit einem starken Bezugspunkt strategischer Geschlossenheit. Zu diesem Zeitpunkt war es der Zweck der englischen Staatspolitik, dem Unternehmen und den politischen Anstrengungen ihrer Kaufleute und Siedler in einem allgemeinen Gerangel um die Macht über die Neue Welt zur Seite zu stehen. Dies bedeutete natürlich die Verantwortung, sicherzustellen, dass die Segnungen kommerziellen Wachstums in einige der richtigen Geldsäckel flossen.

Jeder koloniale Zuwachs, sei es Pennsylvania oder Jamaika, sei er durch freie Arbeit oder Sklaverei erreicht, war eine ferne englische Besitzung, ein produktives Kapital, das direkt zum Wachstum und Ansehen des Mutterlandes beitrug. Zu Beginn des 19. Jahrhunderts waren London und die von ihm abhängigen Neuerwerbungen in den Augen der Politiker und der Presse bereits ein großes imperiales Reich, obgleich diejenigen, die es bewohnten, kaum als eine einzige oder geeinte Gemeinschaft betrachtet werden konnten. Die Fürsprecher eines Britischen Empire feierten es als protestantisch, frei und freiheitlich. Aber zu seinen kolonialen Untertanen gehörten jenseits des Atlantik nicht nur weiße protestantische Siedler, sondern auch arme Arbeiter, Verbannte, Katholiken, Hindus und andere nicht-christliche oder schwarze Bevölkerungsgruppen. Viele von ihnen konnten nicht direkt als frei bezeichnet werden. Und ebenso wenig konnte man sie als respektvolle Untertanen der englischen Krone betrachten.

Aber wie auch immer der Wirrwarr um das, was häufig als das Erste Britische Empire bezeichnet wird, auch aussah, der Beginn einer organisierten Form war erkennbar. Zusätzlich zu dem Prinzip, dass eine Kolonie finanziell für sich selbst aufkommen musste, nachdem sie erst erobert worden war, wurden Siedlungen und Handelsrechte genau besteuert und waren strengen Handelskontrollen unterworfen. Wo die Umstände dies zuließen, dienten sie auch dazu, in Großbritannien überschüssige Arbeitskraft aufzunehmen und eröffneten einer wachsenden land- und arbeitslosen Bevölkerung so einen Emigrationskanal. Wie wir bereits gesehen haben, war dies nicht die einzige Art, auf die das Empire diese künstlich herbeigeführte Auswanderung nutzte. Lästige ländliche Rebellen aus unterworfenen Chiefdoms im schottischen Hochland oder unzufriedene Elemente aus Cork, aufgebracht durch den Verlust des Landes ihrer Vorfahren, konnten nun als Dissidenten billig ins Exil geschickt werden.

Dieser Notbehelf sorgte für eine Bestrafung, während die Verfrachtung aufrührerischer Gruppen auf die kolonialen Arbeitsmärkte gleichzeitig dem Bedarf Nordamerikas und der West Indies nach billigen Arbeitskräften entgegenkam.

Ab den 50er Jahren des 17. Jahrhunderts kam es in der Folge des englischen Bürgerkrieges im Mutterland zu einer systematischeren Durchführung verschiedenster imperialer Aktivitäten. Im Laufe des kurzen Bestehens der Englischen Republik brachte Oliver Cromwell den bedeutenden *Navigations Act* durch, der ein einziges einheitliches nationales Handelsmonopol für alle kaufmännischen Interessen schuf. Von nun an musste aller Handel über englische Schiffe laufen und alle Kolonien wurden unter die regulierende Autorität staatlicher Körperschaften, Kommissionen und Komitees gestellt. Zumindest auf dem Papier hatte der Staat nun per Gesetz die imperiale Autorität, die er brauchte.

Natürlich wurde die aggressive Ermutigung der kaufmännischen Expansion nach der Restauration weiter betrieben. Charles II. unterstützte die Vergabe von Lizenzen durch die Krone an alle Arten imperialen Handels mit seinem florierenden System der Filzokratie für Handelskompanien, die ein englisches Monopol des Transports und Imports auf Handelswaren aufrechterhielten. In der atlantischen Welt wurde die Verwendung von Schiffen, die in englischen Häfen beheimatet waren, für obligatorisch erklärt, und neuen Siedlungen in Übersee wurde der exklusive Zugang zu englischen Märkten und Waren zugesagt. Schließlich führte das Handelsgesetz von 1696, das die wirtschaftlichen Rückflüsse aus Überseebesitzungen an Krone und Nation regelte, zur Bildung einer Handelskammer, des *Board of Trade*, die die Bedingungen der kolonialen Expansion des Handels überwachte.

Obgleich nie ganz wasserdicht, war das System der durch Freibriefe garantierten Monopole und der engen Identifikation des Empire mit dem Staat ein bequemes Arrangement. Der Seehandel blähte die Krone über Zölle und Steuern auf und stellte sicher, dass es für einen königlichen Staat, der diese Art von Leben lebte, immer eine gutgefüllte Kriegskasse gab, in die man greifen konnte. Der Protektionismus half auch bei der Umschichtung immenser Summen, mit denen das Räderwerk von Patronage und Bestechung geschmiert wurde, während die Zukunft großer Handels- und Finanzinteressen stark von politischer wie militärischer Gunst abhing, nicht zuletzt jener, die von einer habgierigen Krone gewährt wurde. Sie war immer teuer erkauft.

Am Ende dieser Frühphase war das Wachstum englischer Kapazitäten bei der Hochseeschifffahrt besonders deutlich geworden. Als die großen Häfen wie Bristol und London den Reichtum einsogen, verlieh ihnen das urbane Wachstum, das durch lokales Kapital aus dem indischen und atlantischen Sklavenhandel stimuliert wurde, einen explizit merkantil-imperialen Charakter, mit geschäftigen Docks und Speicherhäusern, die immer mehr Menschen in den Dienst des Fernhandels zogen. Auf diese Weise wurde das Leben ganzer Bereiche der englischen Gesellschaft nach und nach gemäß der Notwendigkeiten eines merkantil-imperialen Kapitalismus transformiert, und zwar nicht nur, was die Arbeit betraf. Im 18. Jahrhundert setzte das Hafenleben eine Art kosmopolitischen äußeren Rand an, als afrikanische und amerikanisch-afrikanische Seeleute und ehemalige Sklaven, die in Londons West India Docks von den Schiffen strömten, zu umherziehenden Trupps irischer Weber, walisischer Kesselflicker und wandernder Arbeiter stießen. London mag kein Zuckerrohr und kein Blatt Bristol-Tabak produziert haben, aber einen schwarzen Henry, Tom oder eine schwarze Lucy. Gleichzeitig verband man mit kolonialer Arbeit noch andere Assoziationen. Unter einigen Verfechtern einer Lagerhaus-Disziplin für die städtischen Armen herrschte im späteren 17. Jahrhundert der Optimismus, dass dies die Art wünschenswerter Kontrolle und Disziplin vermitteln würde, die manche englische Beobachter behaupteten, auf westindischen Plantagen kennen gelernt zu haben. Francis Bacon, der in den 20er Jahren des Jahrhunderts bereits nach einem Heiligen Krieg der Disziplinierung für die zuchtlosen Armen gerufen hatte, hätte sich ohne Zweifel bestätigt gefühlt.

Wie seine europäischen Rivalen beharrte England darauf, dass seine eigenen Kaufleute den Nutzen aus exklusiven, nationalen Ladungen wertvoller Importe haben sollten. Die Schlüssel hierzu lagen nur teilweise in wechselnden Allianzen oder Friedensschlüssen mit Konkurrenten, oder in Zuschüssen, Bestechungen und kleineren Angriffen auf eingeschüchterte Rivalen. Sie befanden sich beständig im Krieg, entweder in Form zielloser Plünderungen oder um angrenzende kommerzielle Bedrohungen zu zerschlagen. Noch nie dafür berühmt, einer kriegerischen Auseinandersetzung aus dem Wege zu gehen, wurden die militärischen Kapazitäten des englischen Staates unter dem vorausschauenden Cromwell und Charles II. erneuert. Unter Cromwell flossen ungefähr drei Viertel der Staatseinnahmen in die Marine, deren Augenmerk nicht nur auf der Verteidigung heimischer Gewässer lag, sondern auch auf einer rauschenden Offensive gegen so schwerfällige Ziele wie die spanischen Besitzungen in der Neuen Welt.

Schnelle Vorstöße auf der Basis seefahrerischer Überlegenheit waren ein effektiver Weg, imperialen Rivalen eins auszuwischen, indem man ihrem Handel schadete. De facto war die Flotte über weite Strecken dieser Periode wenig mehr als ein vagabundierender Plünderer. Die Macht der Navy war so eng verknüpft mit den Eigeninteressen von Privatiers und Kaufleuten, Schiffseignern und Kapitänen, dass es sich bei einem Großteil ihrer

Operationen ganz offensichtlich um Kriegführung um des Profits wegen handelte, wobei sie sich an allem erfreute, das sie europäischen Konkurrenten im Hauruck-Verfahren abjagen konnte. Und was Englands territoriale Zuwächse betraf, so hatte die Navy ihr eigenes Maß für deren Wert. Er lag in ihrer strategischen Bedeutung als Versorgungsstationen, von denen aus man über noch größere Distanzen auf Beutezug gehen konnte. Da sie immer weiter verstreut lagen, mussten diese neuen Gebiete in buchstäblich überwältigender Weise auf dem Meer gewonnen und gesichert werden.

Die Konzentration auf die Kriegführung zur See mit größeren und besser bewaffneten Schiffen bedeutete jedoch nicht automatisch eine Vernachlässigung der Heeresressourcen. Zu Lande entwickelte Charles II. bis zum Ende des 17. Jahrhunderts ein stehendes Heer von fast 100 000 Soldaten. Im Laufe der Zeit wurde aktiver Dienst gleichbedeutend mit Dienst an weit entfernten Orten. Die Fronten verschiedener kommerzieller Kämpfe mit Spanien, Holland und Frankreich, die Mitte des Jahrhunderts begonnen hatten und bis in das kommende Jahrhundert fortdauerten, waren nun nicht mehr bloß die Bühnen eines alten Europa der Gallier oder Spanier oder gar der Iren. Kämpfe einer anderen Art nationalen Aufstiegs geißelten Nordamerika, die Karibik, Afrika und Indien. Mehr als eine Kanalüberfahrt, schloss kontinentale Kriegführung nun viele Kontinente ein, weit entfernte Gebiete, mit denen England bis dahin keinerlei gemeinsame Geschichte gehabt hatte. Bis zum Jahre 1700 waren Garnisonsposten der Armee, auf die Kaufleute und Händler Hypotheken hielten, bereits sehr abgelegen. Die Exkursionen des Militärs wurden wie die des Handels und der Migration immer globaler in ihrer Ausrichtung.

Es war die natürliche andere Seite der Medaille des imperialen Handelns, Plünderns und Besiedelns im 17. Jahrhundert, die fiskalischen und organisatorischen Kapazitäten für eine militärische Mobilisierung stetig zu erhöhen. Denn die systematische Ausweitung bewaffneter Expeditionscorps wurde in der nach-elisabethanischen Ära zu einem lebenswichtigen Rädchen im Getriebe einer effizienten Herrschaft der Krone, ein Polster gegen innere Aufstände erniedrigter Sklaven, wütender irokesischer Dörfler oder die Einmischung anderer europäischer Mächte.

Zu behaupten, zu Beginn des 18. Jahrhunderts seien die kolonialen Besitzungen sicher gewesen und die Handels- und Seemacht habe auf bequeme Weise zugenommen, wäre eine Verallgemeinerung, die die Entwicklung und das Wesen des frühen Empire einfach klingen ließe. Das war es nicht. In Irland zum Beispiel war die Notwendigkeit, eine unbeugsame Landbevölkerung niederzuwerfen, ein zentrales Problem kolonialer Besiedlung. Das Streben nach amerikanischen Territorien war anders und wurde von Vorstellungen von landwirtschaftlichem Potential und bewohnbarem Land angefacht. Es war ein Unterfangen, bei dem eine produktive englische Gesellschaft in eine freie Neue Welt verpflanzt werden sollte, vor allem, um dort Selbstständigkeit und Profit zu finden und weniger, um präkoloniale Bevölkerungen dazu zu bringen, mit nachgefragten Gütern zu handeln.

Gleichzeitig wurde aus einer imperialen Entwicklung nicht immer eine dauerhafte koloniale Besiedlung. An Orten mit einer nennenswerten, robusten und gutorganisierten Gesellschaft, die wertvolle Güter produzierte, waren schwächere englische Gruppen im Großen und Ganzen damit zufrieden, dort einen Handelsposten fest zu etablieren, und beschränkten sich auf Tauschbeziehungen. So hatten manche Posten in Westafrika oder Südasien keine andere Bedeutung, als den Handelsinteressen der Kaufleute zu dienen.

Die offizielle Regulierung von Besitztümern war ebenfalls ein sehr vielgestaltiger Teil im Gesamtbild. Weit entfernte Handelsposten und Forts wurden genau in dem Maße als Festungen geführt, wie es privaten Handelsinteressen wie denen der East India Company am besten gefiel. Es wäre von seiten des englischen Staates in jedem Falle vergeblich gewesen vorzugeben, dass er einen dauerhaften bewaffneten Schutz vor feindlichen Afrikanern in Gambia oder Indern in Gujarat hätte bieten können, oder vor den Schlägen europäischer Räuber. Im Falle von Handel und Besiedlung wurden die Handelsgesellschaften, königliche Jurisdiktion und Rechte an die ein oder andere englische Vertretung delegiert oder dieser übertragen, was in einigen amerikanischen Kolonien letztendlich zur Bildung einer loyalen, affiliierten Kolonialregierung führte. Anderswo innerhalb des imperialen Spektrums bedeutete königliche Autorität die direkte Herrschaft der Krone über eine Kolonie, wie im Falle Jamaikas mit seinem Generalgouverneur in den 60er Jahren des 17. Jahrhunderts.

In wieder anderen Fällen war die Grundlage einer königlich verbrieften Besiedlung die Gewährung von Besitzrechten, die gleichzeitig alle Arten von Autorität auf Gruppen einflussreicher Männer übertrug oder sogar auf einen Einzelnen, der besonders in der Gunst der Krone stand. Ein Beispiel hierfür war William Penn, ein Mann mit guten Beziehungen, dessen höchste Sprosse auf der Erfolgsleiter Pennsylvania werden sollte. Diese Regierungsarrangements waren so veränderlich wie das Leben der Kompanien und der Kolonien, von denen einige verschwanden oder fusionierten, Kapital hinzugewannen oder verloren. Das imperiale England hatte kein einheitliches System des Handels und der Besiedlung, sondern ein ausgeleiertes Bündel von Herrschaftskulturen, das konstitutionell gesehen zu einem Teil aus Präzedenzen und einem Teil aus Improvisationen bestand.

Trotz alledem wurde Ende des 17. Jahrhunderts von zwei starken Kräften ein erkennbares Muster geschaffen. Von Kolonisten, die das Land eingeborener Völker besetzten, erwartete man, dass sie tugendhafte neue Siedlungen aufbauten, verwurzelt in einem losen Maßstab brüderlicher Freiheit und einem natürlichen Anspruch auf ein neues Zeitalter englischer Selbstbestimmung in Übersee. Ungeachtet ihrer Zustimmung zur Krone und zu einem kolonialen Beitrag zur Monarchie machten weiße Siedler Ansprüche auf allgemeine Versammlungen und die Berechtigung zu einer Art repräsentativer Regierung geltend, die auf den Schultern eines Zusammenschlusses von Männern ruhen sollten. Die vielgepriesenen Rechte freigeborener Engländer wurden außerhalb ihres Herkunftslandes mit einigem Eifer wahrgenommen. Alles andere als lustlos entwickelten die Kolonien politische Systeme mit gesetzgebenden Versammlungen, die von wohlhabenden und mächtigen Plantagenbesitzern und anderen sozialen Eliten dominiert wurden, und einem Gouverneur, der von der Krone eingesetzt worden war.

Die zweite, wenn auch ungleichmäßige Kraft war die vom englischen Staat erhöhte Regierungskontrolle vom Zentrum aus. Man verlieh den Gouverneuren größere Befugnisse, um mit den gesetzgebenden Versammlungen der Kolonisten fertig zu werden, und legte höhere königliche Zölle und Steuern fest. Am Ende des 17. Jahrhunderts hatte der Staat einen guten Maßstab, bis zu welchem Ausmaß Kolonien produktive Unternehmen waren, die man ausbeuten konnte. Selbst wenn die Gewinne in den Büchern nicht immer glitzerten, machte der rasch ansteigende Fernhandel um 1700 ungefähr ein Fünftel des gesamten Seehandels aus. London mag unfähig oder schlecht vorbereitet gewesen sein, die imperialen Angelegenheiten in einer angemessen koordinierten Weise zu regeln, aber es konnte sicherstellen, dass die Dividenden aus dem überseeischen Wachstum nicht nur Handelsgesellschaften und individuellen Investoren der kolonialen Entwicklung zugute kamen, sondern für England als Ganzes zum Glücksfall wurden. Dies bedeutete Möglichkeiten für umtriebige, ehrgeizige und karrieristische Mitglieder der englischen Gesellschaft, nicht nur den Prämien des Handels, der Plünderung und der Landnahme hinterher zu jagen, sondern sich auch dem bereichernden Aufstieg durch neue imperiale Ämter, Titel, Pfründe und Auszeichnungen zu widmen.

Am Ende dieses Jahrhunderts hatten etwa 350 000 Briten eine größere, transozeanische Verpflanzung ihrer Gesellschaft vorgenommen, von den Zehntausenden irischen Migranten nach Nordamerika und auf die westindischen Inseln ganz abgesehen. In der Karibik wurde ein Großteil der anfallenden Schufterei von Sklaven erledigt, deren Zahl bis 1700 auf etwa 115 000 gestiegen war. Für viele weiße Siedler wurde eine anglo-britische Identität in ihrer neuen Heimat genauso durch institutionelle und gemeinschaftliche Normen aufrecht erhalten wie durch die vererbte Kraft der mitgebrachten Erinnerungen, Sitten und Traditionen. Man teilte viel mit den Untertanen des Königs in der alten Heimat, darunter politische Ideen, Muster des Konsums und geschäftliche Verbindungen. Obgleich die riesigen Distanzen und die fortgesetzte Isolation die kulturellen Identitäten unweigerlich verändern und die Beziehungen zur Gesellschaft des Mutterlandes und der Krone schwächen mussten, gab es gleichzeitig Familien- und andere soziale Bande, die auch weiterhin bestehen blieben. Schließlich war es auch schlicht eine Methode, sich nicht unterkriegen zu lassen, zu der Einwanderer, die sich ihrer Identität und ihres Status bewusst waren, generell neigten.

Aber das Leben in South Carolina, auf Barbados oder in New Jersey war kaum ein Leben, das irgendeinem bekannten englischen Muster folgte. In vielen grundsätzlichen Belangen hatte es keinerlei Ähnlichkeit damit. Die beißenden Realitäten der ethnischen Differenz, die unterdrückerische Herrschaft freier Männer über Sklaven und die blutigen Säuberungsaktionen, die erbitterte Puritaner unter den Pequot-Gemeinschaften Neuenglands und ihren listigen Naragansett-Verbündeten durchführten, waren nur einige der Erfahrungen, die die Zukunft eines Engländers in den Kolonien zu einer so radikal anderen historischen Erfahrung machten. Die Lage war niemals so extrem daheim in England, nicht einmal für den verzweifeltesten Wilddieb aus Staffordshire.

Die vertriebenen, entgleisten und in eine veränderte Umwelt geworfenen einheimischen Völker in Übersee stellten sich auf die kolonialen

Rhythmen ein, indem sie manchmal englische Handelsgüter erwarben und landwirtschaftliche Techniken übernahmen, manchmal die christliche Missionierung akzeptierten, mit ihren Versuchen, ihnen wieder eine Lebensgrundlage zu schaffen, und indem sie manchmal einfach für ein Überleben in Freiheit und für ihre Möglichkeiten inmitten eines unerwarteten Wandels kämpften. Bis zum Beginn des 18. Jahrhunderts standen auch sie auf gänzlich veränderten Fundamenten, verbunden durch Identitäten, die aus Konflikt, Niederlage, Widerstand oder der Kollaboration mit den Kräften eines hungrigen englischen Imperialismus geboren worden waren. In einigen anderen mächtigen Ecken jedoch wurden dessen Machtansprüche weiterhin angefochten, wie wir als nächstes sehen werden.

3 · KRIEG UND EXPANSION
1700 – 1800

Früh im 18. Jahrhundert wurde aus England schließlich Großbritannien, wobei das Empire eine Art zusätzlicher Begleiterscheinung war. Um viele seiner kolonialen Gewinne in der Karibik und Nordamerika schien man nicht länger kämpfen zu müssen. Sie gehörten Britannia. In Europa konnte die britische Seemacht den Handel im Süden dominieren und im Mittelmeer durch seinen Wachposten auf Gibraltar kontrollieren. London festigte seine Position als führende Hauptstadt und als Markt für Waren, Reedereistandort und Sammelpunkt für alle Arten maritimen Könnens, für Hafen- und Schiffsdienste und als Tauschzentrum für ein wahrhaft byzantinisch anmutendes Netzwerk für Aufträge, seien es Kredite, Versicherungen oder Maklergeschäfte.

Die Produktion von Waren für den kolonialen Exporthandel nahm zu und wurde vielfältiger, während auf der anderen Seite des Atlantiks eine immer solidere Grundlage aus Plantagenerzeugnissen und Sklavenlieferungen den nationalen Wohlstand auf Kosten europäischer Rivalen vermehrte. In den oberen Rängen von Kontrolle und politischer Macht verstand sich eine oligarchische und kommerziell orientierte Grundbesitzerelite aufs Prächtigste mit einer aufsteigenden Patrizierklasse von Kaufleuten, Bankiers, Finanziers und wohlhabenden Geschäftsleuten. Von einigen führenden Historikern als Gentleman-Kapitalisten dargestellt, bekräftigten ihre finanziellen Prioritäten und ihre zunehmende Beteiligung am Überseehandel, an großen Investitionen im Mutterland und an Versicherungshäusern die imperiale Ausrichtung der britischen Wirtschaft. Es war außerdem noch ein weiterer positiver Effekt auf dem Konto des kommerziellen Empire zu verzeichnen. Das scheinbar endlose maritime Ringen mit den Niederlanden, das das 17. Jahrhundert geprägt hatte, hatte sich nun, 1688, durch die Thronbesteigung Marys II. und ihres niederländischen Gemahls William von Oranien entspannt. Mit einer protestantischen Thronfolge, besiegelt durch die *Glorious Revolution*, schien es, als würden Toleranz, Freiheit und Verfassungstreue nun das Gedeihen dieses amphibischen Handelsimperiums weiter stimulieren.

Dennoch war die rasante Entwicklung britischer Macht im vorangegangenen Jahrhundert nicht gänzlich frei von einer merklichen Konkurrenz verlaufen. Im Allgemeinen war es die übliche ärgerliche Geschichte europäischer Rivalen, die sich noch nicht ganz verausgabt hatten. Englands Anteil am Sklavenhandel und anderen Transaktionen an Afrikas Küste blühte und gedieh, aber seine Handelsposten waren nicht die einzigen auf dem Schwarzen Kontinent. An seiner Südspitze hatten die Niederländer die Dinge längst geregelt, die Mitte des 17. Jahrhunderts eine lebensfähige Kolonie in Südafrika gegründet hatten. Und die Mitte und der Süden Nordamerikas waren gespickt mit spanischen und portugiesischen Kolonien aus früheren Eroberungen.

In Südostasien machten die Niederländer auch weiterhin einen guten Teil des Geschäfts, während die Philippinen im Schoße Spaniens ruhten. In Indien hatte sich die Kompanie einige reife Früchte gepflückt, aber auch dort mussten sich die Briten noch immer mit diversen Konkurrenten herumschlagen, die eigene Handelsprivilegien besaßen. Mit anderen Worten: Die globale britische Macht sah sich der Position anderer europäischer Staaten gegenüber. Es war in keiner Weise selbstverständlich, dass aus Handelsenklaven und kolonialen Siedlungen große imperiale Besitzungen wurden.

Nichtsdestoweniger begannen sich Bedingungen herauszubilden, unter denen ein solcher Wandel zu erreichen war. Zu Hause schuf die zügige politische Stabilisierung unter Mary und William beste Konditionen für Seefahrer, Plünderer und andere profitgierige protestantische Küstenbewohner. Die Gewinne aus Zöllen und Warensteuern wurden immer weiter gesteigert, als Seehandel und Industrie im späteren 17. Jahrhundert anzogen und dabei riesige Reserven besteuerbaren Wohlstandes schufen, auf dessen Grundlage man ein effizientes öffentliches Finanzwesen aufbauen konnte. Während viele zeitgenössische Beobachter wegen der Herausforderer in Europa ganz nervös waren, war der Umfang des britischen Finanzguthabens ein entscheidender Punkt, wenn es darum ging, auf drängende Kriegsausgaben durch zusätzliche Notsteuern und Kriegsanleihen zu reagieren. Letztendlich war dies der schlagende nationale Vorteil, wenn man sich für einen Krieg gegen die großen Feinde des Empire organisierte.

Im 17. Jahrhundert war das Problem der britischen Imperialpolitik nicht mehr nur das katholische Spanien, ein Reich, das von britischen Protestanten im allgemeinen als despotisch, hemmungslos unterdrückerisch und von einem primitivem Aberglauben infiziert verhöhnt wurde. Es gab auch noch das rivalisierende Reich des katholischen Frankreich. Englisch-Amerika war bereits in den letzten beiden Jahrzehnten des 17. Jahrhunderts von französischen Räubern aus Kanada geplündert worden, und auch wenn die Feindseligkeiten unter Verlust von Territorium beendet worden waren, hatte man die Bedrohung, die Ludwig XIV. darstellte, nicht abschütteln können. Die Franzosen versuchten außerdem, Jamaika zu überfallen. Sie sahen ihre Chance gekommen, nun, da in der Karibik nur leichte Expeditionstruppen der Krone im Einsatz waren. Inzwischen waren die Kolonisten an den südlichen Rändern englischer Besiedlung in Amerika in ständigen, ausweglosen Konflikten mit den Spaniern gefangen.

Die blutige Wirkung dieser und anderer Attacken stieg den Franzosen zu Kopf, die im frühen 18. Jahrhundert versuchten, größere Gewinne zu machen, indem sie ebenfalls das Spanische Reich angriffen. Also schickte Großbritannien Flottenverbände in die Karibik, die dort erbittert gegen die Franzosen kämpften, aber nicht in der Lage waren, einige vernichtende französische und spanische Überfälle auf die belanglosen britischen Bahamas und andere weniger bedeutende Kolonien auf den Inseln über dem Winde zu verhindern. Die Kontrolle der Briten über die See war fest, aber noch nicht vollkommen.

Wenn diese Aktionen gegen die Briten letztlich vielleicht auch auf Großtuerei hinausliefen, so erhöhten die Franzosen die Spannung in Nordamerika um die Jahrhundertwende tatsächlich deutlich. Indem Frankreich die erst kurz zuvor erworbene Siedlung Louisiana in einem Stück verschlang und versuchte, sie in eine Front mit Kanada zu bringen, schuf es eine strategische Ausgangslage, die drohte, die kolonialen Aktivitäten der Briten zu stauen und auf den Osten zu beschränkten. In den ersten Jahrzehnten des 18. Jahrhunderts bereitete dies die Bühne für einen Krieg zwischen britischen Land- und Seestreitkräften, verbündeten Truppen von Franzosen und Spaniern und kollaborierenden indianischen Kriegern, die zwischen den imperialen Seiten hin und her hasteten. In einem mühsamen Kampf schwankender Offensiven und Gegenoffensiven, die von Massachusetts, New York und Neufrankreich im Norden bis nach South Carolina und Spanisch-Florida verliefen, saß schließlich jede Partei in der Falle. Aber nachdem sie 1710 endlich Französisch-Akadien, für die Briten Nova Scotia, erbeutet hatten und die Position ihrer Feinde schwächer zu werden begann, saßen die Briten ein klein wenig weniger in der Falle als die anderen.

Der Krieg wurde 1713 durch den Vertrag von Utrecht beendet, zu düsteren Bedingungen für französische Hoffnungen in diesem Teil der Neuen Welt. Frankreich verlor seine Hälfte von St. Kitts, während Akadien, Neufundland und die gewaltigen Territorien an der Hudson Bay ebenfalls an Großbritannien gingen und mit ihnen eine endlose Flut an profitablen Pelzvorräten und riesige Fanggebiete für Kabeljau. Zusätzlich zu diesen Gewinnen bekam Großbritannien exklusive Verkaufsrechte für den Nachschub an Sklaven und anderen Waren in spanische Kolonien.

Als eine französische Einmischung für London keine ganz so große Sorge mehr darstellte, kam die Reihe an Spanien als Bedrohung. Die Besorgnis über die Sicherheit South Carolinas entsprang nicht nur der Aufsässigkeit der Franzosen im Osten von Louisiana und regelmäßigen Überfallen amerikanischer Indianer, die versuchten, zurück zu bekommen, was sie verloren hatten, sondern dem schweren Atmen, das aus Spanisch-Florida zu hören war. Denn die Etablierung einer britischen Handelskolonie im nördlich angrenzenden Georgia war potentielles Dynamit für die wackligen anglo-spanischen Beziehungen.

Es überraschte daher kaum, dass Madrid dies als einen Schritt betrachtete, der der spanischen Expansion nördlich von Florida einen Strich durch die Rechnung machen sollte, was man natürlich nicht hinnehmen konnte. Obgleich es in Großbritannien Kritiker des Krieges gab, die eine Störung in den guten Handelsbeziehungen mit der Iberischen Halbinsel fürchteten, gab es hitzigere Kräfte, die auf einen Krieg gegen das spanische Imperium in Amerika drängten. Großbritannien, oder genauer, seine aggressive westindische Handels- und Kaufmannsfraktion, sah die beachtlichen Profite aus den Marktgewinnen der Madrider Sammlung von Vizekönigtümern bereits bildhaft vor sich.

Am Ende der 30er Jahre des 18. Jahrhunderts war ein anglo-spanischer Kolonialkrieg im Gange, mit eher gemischten Auswirkungen für London. Obwohl es seine territoriale Linie halten konnte, scheiterten alle britischen Anläufe, Panama und Kuba einzukassieren und nach Spanisch-Florida einzudringen. Derweil war Frankreich nicht in der Stimmung, einen britischen Angriff auf das Spanische Weltreich einfach so zu billigen. 1744 ließ es jede geheuchelte Zurückhaltung fahren und trat in den Krieg gegen Großbritannien ein. Die britischen Kolonialtruppen, die nun gegen das gut befestigte Kanada in Stellung gebracht wurden, verpassten diesem kaum eine Delle, während die wiederholten Überfälle der Franzosen und ihrer irokesischen Verbündeten es nicht schafften, die nördlichen Grenz-verteidigungen der britischen Kolonien aufzubrechen. Mit jeder ermüden-den Operation steckten beide Seiten zunehmend fester und schlitterten unaufhaltsam einer Sackgasse entgegen.

Mitte der 40er Jahre wurde man auch andernorts nervös. Die britische und die französische Ostindienkompanie hatten zunächst versucht, eine Neutralität Indiens zu erkaufen, indem sie je gegenseitige Handelszonen akzeptierten, aber es gab keinen friedlichen kommerziellen Weg aus der Krise. Im Golf von Bengalen erwies sich eine angreifende französische Flotte als nicht aufzuhalten und brachte der örtlichen britischen Flotte eine Niederlage bei. Als Siegestrophäe nahmen die Franzosen Madras und schlugen später auch noch ein Verstärkungsgeschwader zurück.

Zu zuversichtliche britische Minister und Politiker wie William Pitt hatten es eindeutig versäumt, diese Schwierigkeiten vorherzusehen, die durch einen zu tiefen Vorstoß in spanische Hochlandkolonien hervorgeru-fen worden waren. Aber ganz gleich, die Sackgasse, die den Krieg beendete, hielt für Großbritannien nicht nur trübe Aussichten bereit. Die Seeblo-ckade mit ihrer störenden Wirkung auf den französischen Handel hatte die Position der Franzosen in Kanada schrumpfen lassen, und in Indien war die Vormachtstellung der Royal Navy mit dem Ende der Feindselig-keiten wieder hergestellt worden. Und während der Friede von Aachen Großbritannien 1748 dazu zwang, Louisbourg zurückzugeben, das es den Franzosen am St.-Lorenz-Strom weggenommen hatte, erhielt es im Gegen-zug Madras zurück, das eindeutig mehr wert war.

Beide Seiten wurden von dem Wissen gequält, dass der Friede eher ein Waffenstillstand war, der nur so lange halten würde, wie man es schaffte, sich zu benehmen. Dies sollte nicht lang währen, denn Großbritannien war fest entschlossen, die französischen Hoffnungen ein für alle Mal zu zerschlagen. Es hatte eine Kette kleinerer westindischer Inseln und konti-nentaler Siedlungen im Auge, deren extreme Abhängigkeit von Subventio-nen und Importen sie dafür verwundbar machten, von See her quasi abge-würgt zu werden. Aber angriffslustige Pläne der Franzosen lenkten die Feindseligkeiten zunächst in eine ganz andere Richtung. Als sie sich einer Flut billigerer Waren gegenübersahen, die drohten, ihre Handelsbeziehun-gen mit den Indianern nach Westen hin zu untergraben, stürmten die Franzosen 1749 durch bis nach Ohio, um britische Geschäftsleute von dort zu vertreiben und das Gebiet unter ihre Herrschaft zu stellen. Eine viele

Jahre später erfolgte britische Gegenoffensive endete in kummervoller Trauer, als reguläre Regimenter von harten indianischen Kämpfern aufgerieben wurden, die mit den Franzosen verbündet waren und die auf die Leichen spuckten, weil die Soldaten nicht ihren Mann gestanden hatten.

Nachdem sie Louisbourg erneut unter Druck gesetzt hatten, waren Großbritanniens Truppen zudem gezwungen gewesen, sich in ihre eigenen Gebiete am Sankt-Lorenz-Strom zurückzuziehen. In Nova Scotia aber verdrängten sie die Franzosen effektiver, indem sie nicht nur feindliche Truppen vertrieben, sondern auch die französischen Einwohner Akadiens rücksichtslos auswiesen und sich das Gebiet so vollständig sicherten. Die meiste Zeit in diesem oft als Kampf in einer weglosen Wildnis beschriebenen Krieg jedoch waren die regulären Einheiten und die mit rekrutierten Indianern verstärkten Kolonialtruppen auf dem Rückzug gegen die französische Infanterie und kanadische Milizen, die durch große Bündnisse mit loyalen Gruppen von Irokesen und durch andere irreguläre Kämpfer verstärkt wurden.

Neben seiner imperialen Kriegsführung in Nordamerika spielte Frankreich auch in Indien seine Trümpfe aus. Im Jahr 1750 verließ sich sein General-Gouverneur in Pondicherry, Jean-François Dupleix, ganz darauf, Hyderabad und Karnataka zu schlucken, beides Orte unter mogulischer Herrschaft, die von internen Rivalitäten und Streitereien über die Erbfolge erschüttert wurden. Die Idee, willfährige französische Kandidaten an die Macht zu bringen, gestützt auf französische Truppen, sah sehr verlockend aus. Aber eine solche Einmischung in indische Angelegenheiten war ein weiterer jener Fälle, in denen sich die Arznei als schlimmer erwies, als die Krankheit selbst. Denn die Vertreter der East India Company waren nun gezwungen, etwas zu unternehmen. Sie schickten Truppen der Kompanie gegen den schleichenden Feind in Karnataka und Hyderabad. Die Lage war explosiv.

Der Funke kam 1754, mit der Entsendung von Verstärkungen für See- und Bodentruppen nach Indien unter einem hellen und vorausblickenden Soldaten der Kompanie, Robert Clive. Clive hielt beständig Ausschau nach der großen politischen Gelegenheit, um zu zeigen, wie gut er die Dinge geregelt bekam. Eine fiel ihm bald in den Schoß. Seit dem frühen 18. Jahrhundert waren die bengalischen Autoritäten wegen der Ausbreitung der East India Company zunehmend beunruhigt, und sie waren nicht weniger irritiert durch deren Unwillen, einen größeren Anteil an den staatlichen

Verbindlichkeiten zu schultern. Nie passiv, wurde die Kompanie nun gefährlich anmaßend. Um den hochmütigen Briten einen Dämpfer zu verpassen, überrannte der Nawab von Bengalen, Siraj-ud-Daula, 1756 ihre Siedlung in Kalkutta. Im folgenden Jahr eroberte ein Expeditionstrupp unter Clive Kalkutta zurück und schwenkte dann um, um das von den Franzosen beanspruchte Chandernagore einzunehmen. Aber als gewiefter und geschickter Mann der Kompanie mit starken Truppen zu seiner Verfügung schweifte Clives Blick über die bloße Wiederherstellung der britischen Position hinaus. Er und eine treue Clique von Kompanie-Kumpanen schmiedeten ein Komplott, um die bengalischen Angelegenheiten in einer Weise zu stabilisieren, die den Geschäften der East India Company weit günstigere Konditionen verschaffen und beträchtliche individuelle Gewinne für den harten, eingeschworenen Kern ihrer Beamten bringen würde.

Da es mit Siraj-ud-Daula eine wenig vertrauenswürdige politische Last abzuschütteln galt, verbündeten sich Clive und seine Gefolgschaft mit einem Rivalen, Mir Jaffar, der eine ausreichend dicke Geldbörse hatte, um die Briten für sein Versprechen, ein alternativer Nawab zu sein, zu interessieren. Nachdem sie eine dicke Bestechung kassiert hatte, schlug die Armee der Kompanie Siraj-ud-Daula 1757 bei Plassey. Unter Clive waren die Briten zu hemmungslosen Gierhälsen im gewalttätigen Dienst politischer Intrigen in Indien geworden, die selbstverständlich nicht vergaßen, ein sehr großes Stück für sich selbst herauszuschneiden.

Nun, da sie sich hier festgesetzt hatten, verlangten sie aggressiv nach größerer Entscheidungsgewalt, indem sie den Druck auf die zunehmend angespannte und aufgeblähte politische Ordnung des Mogulreiches erhöhten. Bis 1760 saßen die Briten als faktische Herrscher Bengalens recht fest im Sattel, damit beschäftigt, die Nachfolge des Nawabs auszuarbeiten, Steuereinnahmen für die Finanzierung ihrer Garnisonen aufzutreiben und billige indische Sepoy-Infanteristen auszuheben, um die neue Ordnung gegen europäische Einfälle und mogulische oder marathische Angriffe zu polstern.

Als das Krebsgeschwür des britischen Agenten im Körper der höfischen Macht Indiens konnte die Kompanie nach Süden hin nichts anderes tun, als fest zu jenen Prätendenten auf den Rang des Nawabs von Arcot oder des Nizams von Hyderabad zu stehen, die gegen von den Franzosen unterstützte Rivalen kämpften. Ihr eigenes Streben nach der Macht musste den Bedingungen und Bedürfnissen der indischen Politik angepasst werden.

Nachdem sie mit großzügigen Landzuweisungen für die Unterstützung von Muhammad Ali als Nawab von Arcot geködert worden waren, hatten britische Truppen aus Madras die Franzosen in Wandiwash und Pondicherry bis 1760 entmachtet. Fest entschlossen, den freigiebigen Muhammad Ali als Nawab zu stützen, wurde die Kompanie tief in die Politik Karnatakas verstrickt.

Um seinen Verpflichtungen gegenüber der britischen Armee nachzukommen und sein Überleben zu sichern, nahm der Nawab ohne Schwierigkeiten die Gewohnheit an, seinen Einfluss unter seinen Beschützern zu vergrößern, sich etwas von ihnen zu leihen, ihre politischen Gefälligkeiten großzügig zurückzuzahlen und sich auf ihre Feldzüge und Waffen zu stützen, um sein Territorium zu vergrößern und seine Ressourcen zu vermehren. Muhammad Ali trieb unter der wölfischen Protektion der Kompanie weiter dahin, vergrößerte sein Vermögen und erhöhte seine Kontrolle über die südöstlichen Gebiete Karnatakas. Seine Gier wurde nur von seiner Leichtgläubigkeit übertroffen, denn es war höchst unwahrscheinlich, dass sein Staat sich lange halten würde. Die Briten sahen in ihm nur noch eine günstige Gelegenheit, und so war es sein Schicksal, als Trophäe von der East India Company erbeutet zu werden.

Um 1765 hatte die Kompanie bedeutenden politischen Einfluss und eine effektive Kontrolle über verschiedene Flicken indischen Territoriums erlangt, wozu Teile des Südens und Südostens, Bengalen und die Gebiete des Wesirs von Oudh gehörten, die ihr ebenfalls durch die massive Bewehrung mit Garnisonen in den Schoß gefallen waren. Das Handelsinteresse hatte sich in greifbare territoriale Macht verwandelt, die die schillernde Führungspersönlichkeit der Kompanie, Robert Clive, im Jahr 1765 im Grunde in einen indischen Herrscher verwandelte, nachdem er einmal die Autorität der *diwani*, der zivilen Regierung Bengalens, vom Mogulhof erhalten hatte. Für Großbritannien war Südasien nun ein sprießender neuer Trieb politischer und militärischer Notwendigkeiten.

Als sie ihre Tentakeln nach Bengalen und darüber hinaus ausstreckten, spannen sich plündernde Vertreter der Kompanie gemeinsam mit indischen Handelspartnern und Untergebenen Handelsnetzwerke zurecht, indem sie diese unter ihre Knute brachten oder maßlos in verschiedenen Börsenunternehmen spekulierten. Aber auf lange Sicht erforderten die Sicherheit und Rentabilität der East India Company ein überschaubareres finanzielles Umfeld als das, was ihre drängenden Diener, Armeeoffiziere und zivilen Beamten bereitstellten, deren opportunistische, gierige Besessenheit nichts so sehr glich wie einem Schwarm Piranhas beim Frühstück.

Die kritische Frage war die Autorität über die Steuereinnahmen, um ein wachsendes Handelssystem zu finanzieren und die großen Kompanieheere zu unterhalten, die die territorialen Zuwächse und kommerziellen Vermögenswerte der Briten beschützten. Nachdem sie die regionale Macht erlangt hatten, indem sie in die politische Ordnung Indiens eingedrungen waren und ihren Ablauf ausgenutzt hatten, benutzten die Briten erneut indische Systeme als Mittel, um die Kontrolle über neue Provinzen der Kompanie zu etablieren. Der Erfolg lag darin, dass die Kompanie die Basis ihrer Interessen und ihrer Macht erneuerte und ihren Einfluss in die politische Imagination der indischen Gesellschaft einwebte. Der Konzern East India Company stellte so nicht so sehr eine Londoner Handelsunternehmung dar, als vielmehr eine integrale indische Macht – mit jener Art mogulischer Scheinidentität, wie Clive sie angenommen hatte –, die sich darauf verstand, sich mit den ruhelosen Mitgliedern des indischen Adels zu vermischen und mit ihnen Allianzen einzugehen. Im Verlaufe dieser Durchdringung waren's die Briten mehr als zufrieden damit, jene Gesellschaft nachzuahmen, über die sie langsam ihre Herrschaft ausweiteten.

Die finanzielle Grundlage indischer Staaten waren Steuereinnahmen, die man von der riesigen Anzahl Menschen eintrieb, die Landwirtschaft betrieben. Um ihre eigenen großen Bedürfnisse an Steuern zu decken, wurde dieses System von der Kompanie im Grunde aufgenommen und umgesetzt. Dementsprechend unterschied sich die finanzielle Grundlage des Empire in Indien vollständig von der Vorgehensweise in britischen Siedlerkolonien, wo die Finanzen normalerweise von Versammlungen gewählter Männer in Form von Zuwendungen verabschiedet oder durch Handelszölle gesichert wurden. Die Kompanie wurde zum Schmarotzer auf Kosten der großen indischen Landbevölkerung, von deren Erträgen sie mindestens ein Drittel als Steuer erhob und der sie strenge Handelszölle auferlegte. Diese Steuerabgaben wurden durch ein verworrenes Netz von Rechten des Sammelns und der Tribute geleitet, wobei sich landbesitzende Eliten, die in Bengalen Zamindars genannt wurden, immer noch ihre gewohnte Scheibe vom Besitz der Bauern abschnitten. Als die Briten mit kollaborierenden örtlichen Großgrundbesitzern in Gleichschritt fielen, begann eine lange Phase komplizierter Verstrickung in die Pachtrechte des ländlichen Indien und die Ausübung der Gerichtsbarkeit über Land-

und Steuerrechte. Die britische Verwaltung indischen Rechts mit den täglichen Streitereien und anderen Schwierigkeiten musste unvermeidlich zu Spannungen führen. Aber es war diese Kontrolle über die Profite der Besteuerung und der Justiz auf dem Land, die der East India Company ihre Macht verlieh.

Doch während die Briten ihre nationalen Interessen in Indien zwischen 1750 und 1770 festigen konnten, gab es noch offene Rechnungen mit den Franzosen in Nordamerika. Nach einer Niederlage, oder wenn sie vermeiden wollten, sich in eine Pattsituation zu manövrieren, verdoppelten die Briten ihre Anstrengungen und vergrößerten ihre Mannstärken in Marine und Infanterie massiv für eine erneute Kampagne, die den endgültigen Sieg bringen sollte. Dazu gedacht, die Franzosen durch ihre reine gewichtsmäßige Überlegenheit wortwörtlich »platt« zu machen, wurden diese Truppen unter dem abgebrühten General Jeffrey Amherst effizient mobilisiert, der die erforderliche Aggressivität mitbrachte. Es war nicht genug, Britisch-Amerika einzuzäunen, um die französisch-kanadische Bedrohung abzuwehren. Kanada musste überrannt und die Franzosen mussten vollständig aus der Gegend gejagt werden.

Um 1760 wurden die blutenden Franzosen nach Neufrankreich und in ihr Bollwerk Quebec zurückgedrängt, wo der Tod von General James Wolfe auf dem Schlachtfeld 1759 bei einem siegreichen Angriff der Briten vom Sankt-Lorenz-Strom aus das ikonographische Vermächtnis des unvergleichlichen Opfers eines imperialen Kriegshelden schuf. Im darauffolgenden Jahr verlor Frankreich Montreal, sein letztes verbliebenes Stück von Wert, und damit ging Neufrankreich dahin. Es schien alles vorbei für die französischen Kolonien in Nordamerika. In dieser aussichtslosen Lage entschied sich Paris für nüchternen Pragmatismus. Trotz all des Aufhebens, das um kulturelle Affinität und imperiale Zugehörigkeit, verkörpert von Französisch sprechenden weißen Nordamerikanern, gemacht wurde, war Frankreich recht willig, seine kanadischen Einwanderer an das britische Empire zu verkaufen. Das Tal des Sankt Lorenz war für die Franzosen weit weniger lukrativ als ihre Plantagen in der Karibik, und für die Wirtschaft jener Sklaveninseln würde man auch weiterhin erbittert kämpfen. Der Zucker und seine Süße zählten mehr als die Dicke des Blutes.

Trotz der indischen und nordamerikanischen Gebietsgewinne im Zuge des kostspieligen Siebenjährigen Krieges, der 1763 mit dem Frieden von Paris endete, vernachlässigte Großbritannien nicht das Potenzial seiner

Seemacht, die französische Position weiter einzuschnüren. In einer krummen Großstrategie hielten gut ausgerüstete Geschwader der Royal Navy eine zähe Blockade auf den Handel des Feindes sowohl auf dem Atlantik als auch im Mittelmeer aufrecht, ein starke und wachsame Präsenz, die außerdem die Entsendung französischer Reserveeinheiten nach Nordamerika, Indien und in die Karibik hemmte. Am Ende der 50er Jahre des 18. Jahrhunderts hatten die Briten zudem einen heftigen amphibischen Angriff auf die französischen Besitzungen in der Karibik ausgeführt, bei dem sie nicht nur die profitablen Zuckerinseln Martinique und Guadeloupe erobert hatten, sondern auch Tobago, Grenada, St. Vincent und Dominika.

Dies war jedoch nicht das Ende französischer Verluste in dieser Phase britischer Kriegslust. In Westafrika verschaffte der schnelle Fall des Senegal und Gorées Großbritannien die Kontrolle über die wichtigsten französischen Stationen des Sklavenhandels. Und als sich Spanien über eine Absprache der Kämpfe mit Frankreich einzuschalten schien, erfuhren seine karibischen und philippinischen Kolonien fast die gleiche Behandlung. Nachdem man Spanien 1762 den Krieg erklärt hatte, nahmen die Briten sowohl Manila auf den Philippinen ein als auch Havanna auf Kuba, wo ein riesiges Gold- und Silberlager sich als eine glänzendere Siegestrophäe erwies als Zigarren.

Sogar nach der Rückgabe einer Anzahl französischer und spanischer Kolonialgebiete unter den Bedingungen des Friedens von 1763 hatte die britische Imperialpolitik den französischen Einfluss in Indien weitestgehend ausgeschaltet, einen unangefochtenen Griff auf einen Großteil Nordamerikas erlangt und die Kontrolle sowohl in der Karibik als auch entlang der Küste Westafrikas ausgedehnt. Mit Einfluss auf Land und Ressourcen, die nationale Profite einbrachten, in der Waagschale, was brauchte ein blühendes Britannien da europäische Regionen wie Schlesien oder Lothringen, relativ glanzlose Trophäen, um die sich die europäischen Nachbarn so erbittert stritten?

Dennoch, nichts von alldem soll implizieren, dass sein Empire frei von bedrohlichen Problemen und verzwickten Herausforderungen in Regierung und Autorität war in einer Weltordnung, die durch Kolonialhandel und den Vorstoß von Siedlern zusammengehalten wurde. Der Siebenjährige Krieg, gewonnen nach dem Motto koste es, was es wolle, war horrend teuer gewesen, und trotz all der Gewinne aus der fortgesetzten Steigerung des Überseehandels war die nationale Verschuldung der Briten nach 1760 steil angestiegen. Das schlappe Vermächtnis der Kriegsfinanzen bedeutete für die Regierung Pitt unweigerlich eine Belastung zu Hause. Zudem leckten sich Spanien und Frankreich, am Boden, aber noch nicht besiegt, gekränkt ihre Wunden und sehnten jede Chance herbei, die britischen Gewinne umzukehren. Und ebenso wenig war es für die kriegerischen amerikanischen Indianer, die als taktische Verbündete der Franzosen oder Briten in die Feindseligkeiten verwickelt gewesen waren, ein Krieg, der gekämpft war und nun vergessen werden konnte.

Obgleich deren hervorragenden Fähigkeiten im Gelände und ihre Ausdauer den britischen Truppen geholfen hatten, einen klaren Sieg davonzutragen, bedeutete dies auch, dass sie nun ihre kostbare Position der Balance im anglo-französischen Imperialismus verwirkt hatten. Für Großbritannien waren indianische Ansprüche nun nebensächlich. Es überrascht daher nicht besonders, dass nach dem Ende des Krieges verschmähte Krieger im Gebiet der Großen Seen britische Stellungen einkreisten und einen großangelegten Angriff führten, der als Aufstand oder Rebellion des Pontiac bekannt wurde. Für den verzweifelten General Amherst war billige biologische Kriegführung die ideale Lösung für die Entzweiung mit den Stämmen, und er betete darum, einen Weg zu finden, auf dem man die Pocken verbreiten konnte.

Inzwischen wurde das fortgesetzte Vordringen der Briten in Indien im Süden vom Staat Mysore begrenzt und im Norden und Westen von der wuchtigen marathischen Konföderation. Diese regionalen Rivalen ließen sich von der Streitsucht der Kompanie nicht einschüchtern und hatten nicht die Absicht, dabei zuzusehen, wie die Briten die auseinanderbrechende Mogularistokratie als Leitwolf ablösten. Währenddessen fuhr die East India Company selbst damit fort, ihre kostspielige Impulsivität zu demonstrieren, indem ihre ersten Diener auch nach 1760 weiterhin bewaffnete Feindseligkeiten mit den sie umgebenden indischen Mächten provozierten. Obgleich von außen betrachtet ein privates Kapitalunternehmen, versäumte es die Kompanie nicht, bei der Definition nationaler Interessen die Führung zu übernehmen, die zuerst darin bestehen sollten, ihren Handel und ihre territoriale Sicherheit zu schützen. Im Kielwasser ausgebildeter und immer größer werdender Sepoy-Armeen und durch die Verstärkung regulärer Truppen und Marinegeschwader wurde Großbritannien immer tiefer nach Indien hineingezogen und setzte große Summen und andere Ressourcen dafür ein, seinen Profit zu sichern. Wie auch immer die wechselnden operativen Schwierigkeiten und die Finanzkrisen im Zusammenhang mit der Kriegführung der subimperialen East India Company aussahen, zu diesem Zeitpunkt durfte das Unternehmen Empire in Indien einfach nicht mehr schief gehen.

In Nordamerika jedoch sollte genau dies passieren. Über Jahrzehnte hatten Großbritanniens Kolonien auf dem Kontinent mit ihren gewählten Versammlungen, ihren im Grunde britischen Regierungsstrukturen und einem allgemeinen Empfinden, eine Domäne freier Untertanen der Krone zu sein, ein Bewusstsein lokaler Autonomie und elementarer Rechte der Selbstverwaltung genährt. Das Wachstum dieser Vorrechte unter den Kolonisten bereitete den Boden für Dispute über die Bedingungen oder Ansprüche der imperialen Beziehung, wie zum Beispiel Londons Wunsch, Nordamerika weiterhin als geschützten Markt für britische Waren betrachten zu können und ihn nicht zum konkurrierenden Hersteller werden zu sehen. Aber dennoch, solange die britischen Generalgouverneure keine übertriebene Schikane ausübten und es vermieden, sich allzusehr in die Arrangements der Kolonialwirtschaft einzumischen, blieb die imperiale Beziehung ruhig und stabil.

Der Siebenjährige Krieg beendete diese entspannte Freiheit, als extrem unterschiedliche Ansichten über seine Folgen in einen größeren Konflikt über imperiale Verteidigung und koloniale Autonomie mündeten. Nach Ansicht der ansässigen Siedler waren Großbritanniens Territorien durch den resoluten Willen der örtlichen Patrioten in den Milizen gewonnen worden, ein unverzichtbares und feuriges Moment im Kampfe, das die Stärke der regulären britischen Truppen erhöht hatte. In Waffen geboren, waren die Kolonisten im Feld von gleichem oder zumindest fast gleichem Rang wie ausgebildete Briten aus dem Mutterland.

Die Kriegserfahrung hatte für die britischen Befehlshaber mit dieser Vorstellung allerdings keinerlei Ähnlichkeit gehabt. Die Siedlermilizen wurden im allgemeinen mit Geringschätzung betrachtet, als unzuverlässige Hilfstruppen, undiszipliniert und unfähig, sich effektiv zusammenzuschließen, um sich dem Feind entgegen zu stellen. Und als ob dies noch nicht schlimm genug gewesen wäre, war das Ausmaß der Kooperation der Kolonisten ärgerlich niedrig gewesen, und einige Kolonien hatten sogar versucht, sich vor ihrer heiligen Pflicht zu drücken, Männer auszuheben und für Nachschub für den Krieg zu sorgen. Weit davon entfernt, viel zum Siege beigetragen zu haben, waren die laschen amerikanischen Kolonisten durch das Können der regulären britischen Truppen (nach deren Ansicht) gerade noch einmal davongekommen. Da der Gewinn des Krieges ganz allein ihr Verdienst gewesen war, waren die Folgen klar genug: Die Verteidigung konnte nicht länger den kolonialen Garnisonen anvertraut werden.

Diese Einschätzung der Lage bereitete die Bühne für größeren imperialen Druck bei der Handhabung amerikanischer Besitztümer. Die Krise des Krieges hatte gezeigt, dass die nordamerikanischen Territorien ebenso Bürde wie Kapital darstellten, und um damit fertig zu werden, mussten die imperialen Strukturen effizienter und die Autorität imperialer Institutionen musste gestützt werden. Als Folge dessen beharrte gegen Ende des Jahrzehnts eine große Mehrheit Londoner Parlamentarier darauf, dass sie als imperiale Repräsentanten das Recht hätten, ihre legislative Autorität überall in einem größeren Großbritannien auszuüben. Das Unterhaus war das Haus Großbritanniens, das die Interessen aller britischen Untertanen vertrat, ganz gleich wie weit entfernt ihr Wohnort auch sein mochte.

Eine zweite Entwicklung war Londons Übernahme der direkten Verantwortung für die koloniale Sicherheit, indem es auch in Friedenszeiten eine große britische Armee als Verteidigung für jedweden erneuten Ärger mit den Franzosen oder Spaniern in Nordamerika stationierte. Darüber hinaus beschloss Großbritannien, nach 1764 einen Teil der Kosten für das neue stehende Heer durch eine über das Parlament beschlossene Besteuerung der Kolonien zu finanzieren. Die Forderung hiernach war kompromisslos und scharf. Die regulären Truppen mussten durch staatliche Steuern angemessen unterhalten werden, denn dies war die Grundlage der politischen Kontrolle über das Militär. Einen Teil dieser Bürde auf die Kolonisten in Amerika abzuwälzen, machte auch politisch Sinn, weil man so die Taschen britischer Steuerzahler schonte. Und wenn die nordamerikanischen Siedler ja letzten Endes Anspruch auf den Nutzen erhoben, freie Briten zu sein, schien es nicht so unsinnig, dass sie auch als solche besteuert wurden. Als Lösung für den Ärger mit der Verteidigung Nordamerikas wurden die Stationierung einer permanenten britischen Militärpräsenz und die Aushebung örtlicher Abgaben angestrebt. Aber der Plan, das transatlantische Empire zu stärken und die imperialen Einnahmen zu erhöhen, hatte den gegenteiligen Effekt, denn er provozierte eine heftige Krise in den kolonialen Beziehungen. Seine fatale Arroganz lag vor allem in einer vollständigen Missachtung der Frage, ob die Kolonisten den neuen

Die verhassten Pennies und Shillings, mit denen alles begann: königliche Marken
für die amerikanischen Kolonien, nach 1760. *Jonathan Reeve.*

Zöllen auf den amerikanischen Handel und auf die Besteuerungsmaßgaben wie den *Stamp Act* von 1765 auch zustimmen würden, der die Kosten einer Reihe von grundlegenden Druckerzeugnissen wie Zeitungen und Spielkarten betraf. Diese Abgaben wurden in gebieterischer Weise eingeführt, ohne jedes Anzeichen einer offiziellen Beratung oder der Erwägung von Einwänden.

Der Widerstand der Kolonien kam prompt und unverblümt. Obgleich es noch andere anti-britische Verstimmungen gab, darunter eine Nachkriegsdepression, die durch Einschnitte bei den britischen Ausgaben in den Häfen der Kolonien verschlimmert wurde, erfolgte der größte Empörungsschrei über die Besteuerung durch das Parlament. Für die Kolonien war die Angelegenheit mehr als eine wirtschaftliche Härte, die durch Londoner Steuern noch verschlimmert wurde. Sie war fundamental. Auf ihrer Seite stand das Argument für eine Fortführung des üblichen Beitrags für die imperiale Verteidigung, als königliche Abgabe auf Summen, die von ihren eigenen gesetzgebenden Versammlungen erhoben wurden. Dagegen wurde die britische Parlamentsbesteuerung als inakzeptabel autokratisch abgelehnt. Amerikanische Sprecher wiesen darauf hin, dass, da die Chartas der Kolonialregierungen die *Magna Charta* und die *Bill of Rights* enthielten, die kolonialen Untertanen dieselben geheiligten Rechte freier Engländer teilten, nur mit ihrer eigenen Zustimmung oder derjenigen ihrer gewählten Vertreter besteuert zu werden. Die Besteuerung aus Westminster war eine klare Leugnung der Rechte freier Kolonisten, Kontrolle über ihren eigenen Besitz auszuüben. Dies war Tyrannei oder Despotismus, erreicht durch die Hintertür, denn wenn freie Männer erst ihre Rechte über das persönliche Eigentum aufgegeben hatten, würden sie zu Sklaven gemacht werden. Dies wurde schnell zur populären Redeweise kolonialen Widerstandes, als die Siedler ihren Konflikt mit Großbritannien zu einem Kampf um die Freiheit von Tyrannei, Freiheit von Sklaverei und einem Standpunkt rechtmäßigen Patriotismus gegenüber einem korrupten und willkürlichen Autoritätsgebaren stilisierten.

Eine Zeitlang funktionierte die Diplomatie, während lauwarme Schlichtungsinitiativen um eine friedliche Lösung des Konfliktes wetteiferten. In den Jahren nach 1770 stellte der Premierminister, Lord North, widerwillig ein Entgegenkommen in den Raum, in der Hoffnung, weniger militante Kolonien dazu zu verleiten, den Bedingungen zuzustimmen und so die vereinte anti-britische Front aufzubrechen, die sich in Amerika abgezeichnet hatte. Aber keine war bereit, überzulaufen. Gleichzeitig waren auf der britischen Seite nur wenige einflussreiche Imperialisten bereit, in dieser Angelegenheit irgendwelchen emporgekommenen Waldsiedlern ernsthafte Konzessionen zu machen, die trotz all ihrer politischen Ansprüche immer noch koloniale Untertanen waren, gemeinsam mit den Indianern und eroberten Frankokanadiern. Bis 1775 hatte die Krise beide Parteien mit sich fortgerissen, und es kam zum Krieg. Das Empire stand vor einer Zerreißprobe und erwies sich als wenig stabil.

Unter den anscheinend zahllosen Einschätzungen, warum diese langwierige, wechselhafte Auseinandersetzung zu Ungunsten Großbritanniens ausging, gibt es zwei, die noch immer herausstechen. Beide beziehen sich auf die schwerwiegenden Probleme, denen sich die imperiale Strategie gegenübersah. Das eine war das Ausmaß eines Landkrieges über die enorme Distanz von fast 5 000 Kilometern von der heimatlichen Basis. Und obgleich die Briten bereit waren, riesige Reserven nach Nordamerika zu verlegen, darunter Truppen von bis zu 50 000 Mann, war es eine riesige Aufgabe, eine Rebellion in einer großenteils autarken Siedlergesellschaft niederzuschlagen. Die maritime Überlegenheit half eine Weile, aber die Wirkung der Blockade konnte keineswegs eine Entscheidung bringen. In jedem Fall bereitete die Sicherung des Nachschubs über die großen Distanzen den Briten Kopfschmerzen, mit denen man sich herumschlagen musste.

Der Gewinn des Krieges erforderte eine Offensive, mit der man den gesamten Osten Nordamerikas erobern und befrieden wollte, ein riesiger

Raum mit ungefähr 3 Millionen Menschen. Dies war allein eine große Aufgabe. Zusätzlich zu der Herausforderung, ein so gigantisches und schlecht kartographiertes Territorium zu unterwerfen, hatten die Briten große Kommunikationsprobleme bei der Steuerung ihrer Kriegführung und wurden zudem von ernsten inneren Spaltungen und Unstimmigkeiten innerhalb der Führung von Armee und Marine gehemmt. So wurden zum Beispiel diejenigen, die von der East India Company unterhaltene Streitkräfte anführten, durch die Einmischung des Madras Council beinahe in den Suff getrieben, das unablässig in den Ablauf der Operationen im Feld eingriff. Es ist kaum weniger bedeutsam, dass die Qualität der amerikanischen Truppen sehr ungleichmäßig war, dass der Mangel an Ausrüstung ihr militärisches Potenzial schwächte und dass der Sog starker Loyalitäten gegenüber den einzelnen Staaten oder lokalen Gemeinschaften die Geschlossenheit der amerikanischen Kriegführung schwächte. Und dennoch, ob als Wochenendverteidiger in einer Miliz oder disziplinierter Angehöriger kontinentaler Truppen, das Gewicht der kolonialen Landheere war von einer überwältigenden Überlegenheit, mit vielleicht 200 000 Männern, die auf irgendeine Weise der Militärkraft dienten. Von dem numerischen Nachteil abgesehen sahen sich die Briten auch anderen großen Hindernissen gegenüber. Die koloniale Gesellschaft lebte so zerstreut, dass die Einnahme ihrer größeren Ortschaften und Städte nur wenig dazu beitrug, ihre Aktionen abzubrechen oder sie dazu zu bringen, sich zurückzuziehen. Britische Generäle wie Henry Clinton, Charles Cornwallis und William Howe erkannten, dass imperialer Wille und imperiale Autorität nur dann etwas bewirken konnten, wenn ein Gebiet überrannt und dann fest besetzt wurde. Dennoch war dies fast immer nur die halbe Miete. Wenn die Garnisonen für weitere Feldzüge abgezogen wurden und die Verteidigung in die öligen Hände kolonialer Loyalisten überging, sickerte die Macht der Rebellen zurück, um sich wieder durchzusetzen.

Das zweite Problem der Briten war ihre diplomatische Isolation, oder besser, das vollständige Fehlen eines kontinentalen Verbündeten, um mit den Franzosen und anderen europäischen Opportunisten fertig zu werden, die darauf lauerten, ihre sich verschlechternde Lage in Amerika auszunutzen. Hätte Großbritannien einen großen europäischen Partner gehabt, dann hätte sich seine Amerika-Kampagne gut und gerne wie all seine anderen großen, imperialen Kriege entwickeln können, nämlich zu einem Sieg. Aber wie die Dinge nun einmal standen – in einem Krieg, in den zwischen

1778 und 1780 die Gegner Frankreich, Spanien und die Niederlande eintraten –, standen die überforderten Briten nun einer erweiterten Liste von Feinden gegenüber, der man zusätzliche Kräfte auf See und anderswo würde widmen müssen.

Der Eintritt anderer imperialer Kriegsparteien machte jede milde anglo-amerikanische Lösung der Krise unmöglich, da er koloniale Feindseligkeiten in einen internationalen Krieg verwandelte. Die amerikanische Auseinandersetzung griff auf die Karibik, Indien und sogar auf die westafrikanische Küste über, wo sich Briten und Franzosen um die Kontrolle des Nachschubs an Sklaven stritten. Die Intervention der Mächte Kontinentaleuropas war auch ausschlaggebend dafür, dass sich die imperialen Bemühungen Großbritanniens in Nordamerika letztlich erledigten. Da die Briten unfähig waren, die Küstengewässer abzuriegeln und ihre Versuche Ende der 70er Jahre zunehmend im Sande verliefen, führte die Intervention der Franzosen in Chesapeake von See her 1781 bei Yorktown zur Niederlage einer großen Armee unter Cornwallis. Diese niederschmetternde Kapitulation hatte heftige politische Auswirkungen für die Moral und die Bewertung des Krieges zu Hause in England. Nachdem der Wille, um Amerika zu kämpfen, im Grunde gebrochen war, neigte sich der Konflikt um die Unabhängigkeit seinem Ende zu.

Bis 1782 hatte sich Großbritanniens kostspielige Kampagne totgelaufen, und sein Krieg in Nordamerika gegen die koloniale Rebellion wurde aufgegeben.

An anderen Fronten waren die Kämpfe ausgeartet und gingen weiter, bis ein faktisches Patt einen anglo-französischen Frieden erzwang, dessen Bedingungen 1783 in Paris festgelegt wurden. Aber wie dem auch sei, wenn das Gesamtergebnis des amerikanischen Debakels für die Briten ein gemischtes war, so traf dies noch mehr auf zwei ihrer imperialen Gegner zu. Die Intervention der Niederländer war von einer katastrophalen Ineffektivität gewesen und hatte als Konsequenz deren wirtschaftliche Stärke und koloniale Position ernsthaft beschädigt. Während Spanien einen entscheidenden finanziellen und seemilitärischen Beitrag zum amerikanischen Kampf um die Unabhängigkeit geleistet hatte, konnte es seine eigenen Ziele im Krieg nicht erreichen, nämlich bestes karibisches Territorium wie Jamaika und lebenswichtige Punkte im Mittelmeer wie Gibraltar, das seit 1704 von den Briten gehalten wurde, zurückzuerobern. Auf der anderen Seite sah Frankreich wie ein wahrer Nutznießer des amerikanischen Unabhängigkeitskrieges aus. Großbritannien war besiegt worden und hatte 13, d. h. die meisten seiner nordamerikanischen Kolonien verloren, die weithin als fruchtbarer Kern seines Empires galten. In der Zwischenzeit hatten die Franzosen territoriale Gewinne auf den Westindischen Inseln und auch in Westafrika gemacht. Darüber hinaus ließ die Gründung der unabhängigen Vereinigten Staaten Großbritanniens Position in der Welt wackeln, während sich die Handelsposition der Franzosen in der Karibik verbesserte, als ihre Inseln damit begannen, billige Waren aus den neuen Vereinigten Staaten zu importieren.

Nichtsdestotrotz war das Desaster von 1776 und die Einbuße von etwa einem Dutzend amerikanischer Kolonien nicht wirklich das Ende des Empire. Großbritanniens erste Krise nach dem Krieg war vielleicht vor allem eine ideologische. Trotz des Verlustes von ein paar Inseln wie St. Lucia hatte man seine wertvollsten westindischen Kolonien bequem halten können. In Indien war der Widerstand der East India Company trotz eines entschlossenen französischen Stoßes, der die Briten zur Seite drängen sollte, zäh geblieben, Paris war gezwungen, auf einen Wiederaufbau seiner Handelsstationen, wie sie vor dem Krieg bestanden hatten, zu setzen. Darüber hinaus war Großbritannien als finanziell robustere Macht besser in der Lage, eine innere Notlage zu umschiffen, die durch die kolossalen Kosten der langwierigen Kämpfe in Amerika verursacht worden war. Faktisch gesehen waren die belastenden wirtschaftlichen Störungen zwischen 1775 und 1785 eher kurzlebig. Nicht nur blieb der transatlantische Handel letztlich unbeeinträchtigt, die Vereinigten Staaten blieben auch ein Schlüsselpartner im Handel und nahmen auf dem Rücken eines Nachkriegsbooms, der die Handelbeziehungen wieder aufleben ließ, ab den späteren 80er Jahren des Jahrhunderts mehr als ein Fünftel aller britischen Exporte auf.

Inzwischen erwies sich der Krieg im Westen als günstig für ein britisches Kanada. Dieses konnte nun seinen Englisch sprechenden Kern stärken, indem es einen Einwandererstrom von bis zu 100 000 loyalen Flüchtlinge aus Amerika aufnahm, die mit ihren Füßen abstimmten, eine pflichtbewusstere Art von Siedlerprotestantismus unterstützten und die dortigen Kolonisten bis 1790 hin zu einer sicheren Gesetzgebenden Versammlung geschubst hatten.

Andernorts, in Indien, nahm die Wucht der Handelsaktivitäten zu, sodass sich zwischen 1782 und 1788 das Volumen der britischen Handelsschifffahrt verdoppelte. Der Wert asiatischer Exporte schnellte bis 1790 auf mehrere Millionen Pfund in die Höhe. Auch die Profite der Karibik erholten sich, obwohl sie von den Verwüstungen durch den Krieg und zerstörerische Tropenstürme eingeschränkt worden waren. Dabei waren Besitztümer – nicht zuletzt Sklaven – beschädigt worden, und 15 000 Arbeitskräfte starben an Nahrungsmittelknappheit, nachdem die Lieferungen aus Nordamerika weggebrochen waren. Aber bis in die späten 80er Jahre des Jahrhunderts hinein hatte sich nicht nur die Produktionskapazität von Zuckerinseln wie Jamaika erholt, sondern ihre Exportzahlen übertrafen die der frühen 70er Jahre.

Der Aufschwung wurde durch die immense Nachfrage von Konsumenten in einem sich industrialisierenden Großbritannien angeheizt, in dem sich der Zucker im späten 18. Jahrhundert von einem vornehmen Luxusgut der Oberschicht in ein Lebensmittel für die arbeitenden Schichten verwandelte. Empire, das hieß nicht mehr nur Land und Nahrungsmittel. Es stand auch für die Entstehung einer Art Arbeitsherrschaft, unter der britische Plantagensklaven den Energiebedarf immer größerer Heerscharen britischer Fabrikarbeiter deckten. Der Prokopfverbrauch, der von etwa 4 Pfund im Jahre 1700 stetig gestiegen war, schnellte in den späten Jahrzehnten in die Höhe und erreicht gegen Ende des 18. Jahrhunderts ungefähr 18 Pfund pro Jahr. Als Säule der westindischen Sklavenwirtschaft brachte die Erneuerung und Expansion von Hauptnahrungsmitteln für die Sklavenhändler und ihre Reeder die guten Zeiten zurück, eine Süße, die der Bitterkeit entsprang.

Durch seine erstklassige Handelsbilanz in Zucker, Sklaven und südasiatischen Textilien fett geworden, dachte Großbritannien gar nicht daran, seine Bemühungen, sich die Kontrolle über einen Großteil der weltweiten Arbeitskraft zu sichern, schleifen zu lassen. Und auch seine manischen, von Gerüchten umgetriebenen Investoren und seine zähen Seemänner verloren keineswegs ihre berühmte Vorliebe für die Früchte von Expeditionsunternehmen. Die schicksalhafte Suche des 18. Jahrhunderts nach der sagenhaften Nordwestpassage ging weiter bis in die 90er Jahre hinein, vorwärts gepeitscht von dem unermüdlichen Navigator George Vancouver, der in einer ausgedehnten, drei Jahre dauernden Reise eine erstaunliche Entschlossenheit und Standhaftigkeit unter Beweis stellte. Dennoch muss gesagt werden, dass es nicht allzuviel brauchte, um im 18. Jahrhundert die bürgerliche Unsterblichkeit zu erreichen. Im Jahre 1792 kreuzte Vancouver mehrere Stunden in einer tiefen Bucht, eine Tat, die ausreichte, damit diese nach ihm benannt wurde.

Ein Zeitalter, dass sich selbst so sehr als Verkörperung der Einsicht, des Verstandes, aufgeklärter Vernunft und sauberer wissenschaftlicher Forschung sah, könnte kaum verirrter und verwirrter aussehen. Auf der einen Seite setzte jedes vernünftige Urteilsvermögens aus, als die schnelleren unter den Londoner Investoren und Kaffeehausspekulanten und die sorglos klingenden Organisatoren von Expeditionen, darunter auch Parlamentsmitglieder, Gelder in ausgefeilte Navigations-Schauen steckten, die mit dem Versprechen von reicher Belohnung diejenigen lockten, die legendäre Trophäen wie die Nordwestpassage knacken würden. Während diese riskanten Expeditionen vielleicht ihren Teil zum in Karten verzeichneten Wissen der Briten über die weitere Welt beigetragen haben, führten nicht wenig von ihnen zu Kummer und Verzweiflung. Dies war nicht weiter verwunderlich. Leichtgläubige Seemänner und ihre prahlerischen Unterstützer standen unter dem Zauber dessen, was nur als Wissenschaft von Gaunern bezeichnet werden kann, die auf Scheinkarten, gefälschten alten Berichten von erfolgreichen Seefahrten und Pseudo-Überblicken über die Seerouten genialer Navigatoren früherer Zeiten aufbaute. Es waren imperiale Unternehmungen der dubiosesten Sorte, die von einem Kaufmannsuniversum der wilden Ambitionen und Konsumgier geformt wurden, und einem kopflosen Glauben an die alberneren Formen der Astronomie und anderer quasiwissenschaftlicher Deutungen der Konturen der Neuen Welt.

Auf der anderen, der aufgeklärten Seite gab es den Glauben an ein klügeres und exakteres Universum des imperialen Wissens, ein sich vergrößerndes Verständnis der Natur der Welt, das bereits seit dem späteren 16. Jahrhundert eine Begleiterscheinung britischer Expansion auf See und im Handel gewesen war. Von der Idee einer wissenschaftlichen Rationalität animiert, verband es sich mit systematischen hydrologischen Schriften, intensiven Studien der Kartographie, der Anwendung von Mathematik und Astronomie in der Navigation, der naturgeschichtlichen Erfassung neuer Territorien und Studien der einheimischen Sprachen und Kulturen.

Etablierte Orientalisten wie Sir William Jones standen Ende des 18. Jahrhunderts ständig am Rande fantastischer Forschungen und Entdeckungen wie der Erkenntnis, dass Sanskrit eng verwandt war mit den keltischen Sprachen. Und war auf dieser Basis nicht der Überfluss Südasiens offensichtlich Teil einer keltischen Morgendämmerung? Wenn die Ressourcen des Empire effizient genutzt und gut verteidigt werden sollten, dann mussten die kolonialen Projekte von einem breitgefächerten, systematischen Wissen durchdrungen werden. Und die Kultivierung solchen

Wissens musste jeden Verkehrsstrom von Waren, Kapital und Menschen nicht nur begleiten, sondern diesem vorangehen. Da das Empire nur eine kleine Basis hatte, musste es in all seinem Gewinnstreben, sei es um materielle Werte oder überlegenes Wissens, unschlagbar sein.

Dies war eine Welt, die insbesondere von professionellen Seeleuten von seriöser Reputation bevölkert wurde, wohl am besten verkörpert von Kapitän James Cook. Auf seinen erfolgreichen Expeditionsfahrten in die Südsee im späteren 18. Jahrhundert erfolgte die kartographische Erfassung von vielen Tausend Meilen Küstenlinie, die den Europäern bis dahin unbekannt gewesen war, und wurde die grundlegende Kontur des Pazifik mitsamt seinen Bewohnern aufgezeichnet. Seine maritimen wissenschaftlichen und sammlerischen Initiativen im Dienste expansiver britischer Interessen hatten in jener Phase durchschlagenden Erfolg und schärften die Kenntnisse auf dem Gebiet der Meteorologie, Astronomie, Hydrologie, Ozeanographie, Medizin und Linguistik, indem man bis zur Manie Fossilien und Proben sammelte und vollgepackte Inventare von Flora und Fauna und der wirtschaftlichen, sozialen und kulturellen Ordnung polynesischer Insulaner und anderer Bewohner pazifischer Gegenden erstellte. Die mythologischen Heroen der englischen Folklore immer im Hinterkopf, wurde der Kapitän der *Endeavour* auf seinen Pazifikreisen begleitet von zwei Schiffen namens *Ralegh* und *Drake*. Ob er nun die strategische Bedeutung Alaskas darstellte oder seine Mannschaften auf anstrengenden Reisen, die mehrere Jahre dauern konnten, gegen Skorbut schützte, Cook und seine Truppe salzverkrusteter Entdecker hätte keinen ausdrucksvolleren Stammbaum imperialer Erkundung für sich in Anspruch nehmen können, da sie halfen, eine ausgewählte und mächtige Aristokratie imperialen Intellekts zu bilden.

Ihre Verfeinerung des Forschritts wurde als natürliches Produkt dessen gesehen, was Britannien geworden war, ein stolzes Imperium der Vernunft, der rationalen Ordnung und der Erweiterung des Wissens. Die Vergrößerung des nationalen Vorrats an wissenschaftlicher Kenntnis von überseeischen Pflanzenarten, Tieren, geologischen Proben und sogar Altertümern konnte nur hilfreich sein für den Handel, weil man so auf potenzielle neue Waren stieß, die man ausführen konnte, und Land fand, das man ausbeuten konnte. Bis zum Jahr 1790 wurden Arbeitsgebiete wie Botanik, Astronomie, Geometrie und Kartographie sowie die zunehmend zahlreicheren Wissenschaftlichen Gesellschaften, die sie betrieben, vor allem von den komplizierten Bedürfnissen der imperialen Expansion geprägt, sei es die

Nutzung botanischer Gärten für Experimente in der Kreuzung von Pflanzen oder im Anbau neuer, kolonialer Getreidesorten oder die methodische Entwicklung der Trigonometrie, um die Langstrecken-Navigation zu verbessern.

Zudem erforderte die Verteidigung der imperialen Grenzen und die optimale Ausbeutung ihrer menschlichen und natürlichen Ressourcen immer genauere Fähigkeiten bei der Erschließung und Darstellung von Grund und Boden und vielen anderen Formen der Vermessung und Kalkulation, bei der gewissenhaften Erstellung von Bestandslisten und der Zählung der Bevölkerung, jenes Unternehmen, das so entscheidend war für die effiziente Festsetzung von Steuern und die Umsetzung militärischer Dienstverpflichtungen. Enthusiasmus, ja sogar Leidenschaft für die Anhäufung wissenschaftlicher Erkenntnisse und intellektuellen Wissens ergriff einflussreiche Schichten der britischen Gesellschaft, lief durch die Reihen mit Handelsbriefen ausgestatteter Kaufleute und Beamter, animierte die Gesellschaften und Clubs, in denen Gentlemen mit verschwommenen Interessen an der fernen und exotischen, stimulierenden Gönnerschaft und Unterstützung für Reisende und Sammler der Muße frönten, und bewegte jene organisatorischen Hebel des imperialen Staates, die Admiralität, das Board of Trade und das Kriegsministerium.

Die nach eigenem Ermessen tugendhafte Jagd nach imperialem Wissen, kombiniert mit dem Kommerz, umfasste sehr schnell mehr als botanische Verzeichnisse und das Ersinnen neuer Methoden in der Viehwirtschaft für koloniale Unternehmungen. Die Kontrolle von Stoffladungen in Kalkutta und die Fahndung nach Tigern mögen für Britisch-Indien durchaus ein Leben der Annehmlichkeiten genug geboten haben, aber dies war nicht alles, wonach man jagte. Mit der zweiten Hälfte des 17. Jahrhunderts hatte die East India Company bereits damit begonnen, Wege zu erforschen, wie man die Gesellschaft Südasiens untersuchen konnte, und hatte sich Studien des Hindu-Rechts und der Tradition, der Sprachen Bengali und Sanskrit, der einheimischen asiatischen Künste und der Landschaft zugewandt.

Hier wie anderswo fiel Land unter britische Kontrolle, und das Land war nicht die einzige Verpflichtung. Es war zu einer verbesserungsfähigen Landschaft geworden, mit Räumen, die man ausmessen und einer Architektur, deren Linien man festhalten musste, einer wimmelnden Mischung von Untertanen, die man sich einverleiben, antreiben und denen man ihren Platz als den neuesten Bastarden eines imperialen Großbritannien schmackhaft machen musste. Durch die immer größere Verfeinerung ihres

Wissens über die koloniale Sphäre mischten sich viele britische Wissenschaftler, Sammler, Landvermesser und Forscher unvermeidlich mit ihren fähigen lokalen Informanten und einheimischen Assistenten, von denen sie stark abhängig waren. Auf jedem Kontinent, der von Großbritannien berührt wurde, gab es bereits etablierte Formen von medizinischem, botanischem, geographischem und anderem einheimischen Wissen, ebenso wie ausgereifte Traditionen der Astronomie, Naturgeschichte und Kenntnisse der Nautik, die in Regionen wie dem Pazifik in der Tat sehr alt waren. Für gebildete Gentlemen, die ihr Leben der Kalibrierung der Tiefe der nordamerikanischen Wildnis oder dem Anhäufen südasiatischer Insekten verschrieben hatten, bedeutete Wissen das integrierte, wenngleich gründliche Suchen nach einheimischem kulturellem Fachwissen. In gewisser Weise machte sich ein historischer Geist, erfüllt von König Artus, auf den Weg, um einen anderen zu übersetzen und zu beschreiben, erfüllt von den Beschwörungen der Zauberpriester der Südsee.

Kluge Einblicke in ferne Gesellschaften, die von bengalischen Autoritäten zum Verkünden und Auslegen der Gesetze, von Wahrsagern aus Tonga oder oralen Dichtern aus Guinea gewährt wurden, wurden geschickt in eine eindeutig britische Kreation verwandelt, in etwas einzigartig Überlegenes und Meisterhaftes in seinem Griff nach der weiten Welt. Im selben Moment, als vagabundierende Briten sich mit anderen sozialen Systemen mischten, vor allem als Entdecker, manchmal aber auch als Gefangene (von aufgebrachten Delaware-Kriegern, Südseenymphen oder indischen Fürsten), lernten diese Zivilisationen im Gegenzug etwas über sie. In solch komplizierten Interaktionen, die manchmal freundlich, manchmal feindlich, manchmal lohnend und manchmal erstaunlich waren, ist es nicht immer klar ersichtlich, wer hier wen benutzte.

Trotz des ständigen Ärgernisses Frankreich und dessen ausgeklügelter Anwendung wissenschaftlicher Erkenntnis und maritimen Überblicks bei der Entwicklung von Handelsposten und Kolonien bezweifelten nur wenige britische Beobachter, dass das Talent und die Disziplin hinter ihrem eigenen imperialen Impuls nun gefestigt genug war, um alles zu erobern. Schließlich ging es nicht allein um im Dienste des Patriotismus und der kommerziellen Ambitionen erworbenes Wissen oder darum, religiöse und philosophische Absichten zu unterstützen und seine Christenpflicht zu erfüllen, eine nackte Wildnis zu kultivieren und zu zähmen. Großbritanniens gelehrte Männer boten auch überlegenes Wissen in einem scheinbar unbegrenzten aufgeklärten Glauben an die Kraft der Wissenschaft und den rationalen Zweck, imperiale Verantwortung und Pflichten zu verbreiten. Es wäre falsch, dies für irgendwie sentimental zu halten – eher das Gegenteil war der Fall. Von Natur aus überragend durch die wunderbare Zusammenführung von Vernunft und Humanität, hatte die fortschrittliche britische Zivilisation des 18. Jahrhunderts grenzenloses Vertrauen in ihre Fähigkeit, das zu verbessern, was sie als tiefer stehende menschliche Gattungen ansah.

Schließlich enthüllte ihre Wissenschaft und Philosophie jeden Tag ein formbares Universum für diejenigen, die über das Rüstzeug verfügten, zum Wesen der Dinge vorzudringen, die die Prinzipien der Entwicklung verstanden und die ihrer Kultur nach alles verachteten, was wie ein Mythos oder eine Illusion aussah. Dies war gepaart mit einem schwer fassbaren Sinn für eine Art Wächterstellung über die Neue Welt. Als die effizientesten Vertreter menschlichen Fortschritts fiel es den Briten – einzigartig wissenschaftlich und tugendrein, wie sie nun einmal waren – zu, ihre heimatlichen Inseln zu verlassen, um Gesellschaften zu zivilisieren, die nicht von der christlichen Vorsehung begünstigt waren. Ebenso wie das natürliche Universum mit Akkuratesse geplant werden konnte, war dies mit seinen unzivilisierten Völkern möglich. Beginnend mit den analphabetischen und abergläubischen Iren konnte man auch andere wiegen und taxieren und ihre Position auf dem Pfad rationalen Fortschritts bestimmen.

Dies schien als Vorrecht majestätisch genug für die imperiale Expansion. Es überhöhte das eher vereinnahmende Unternehmen der Eroberung und des Gewinns durch ein Gefühl patriotischen Stolzes auf die missionarischen Leistungen und die Erfüllung zivilisierender Pflichten, andere Völker in nützliche, logisch organisierte Gesellschaften zu verwandeln. Weit entfernt von Unterwerfung stand Britannias Reich vielmehr für Eingliederung, eine großmütige, moralische Aufgabe für seine Bürger in Übersee, deren selbstauferlegte Verpflichtung es war, vernachlässigte Gesellschaften von Barbaren und Wilden mit einem Rückgrat zu versehen. Für viele imperialistische Intellektuelle legitimierte genau dies die fortgesetzte britische Kolonisierung. Sie verschenkten ebenso wenig einen Gedanken an die Zustimmung der Irokesen Britisch-Kanadas wie zuvor an die unabhängigen Rechte der Iren.

Die natürliche Bestimmung eines naturwissenschaftlich denkenden, nüchternen und effizienten Großbritannien war es, über die Völker zu walten, die bei den Attributen einer modernisierenden Zivilisation Defizite aufwiesen. Dementsprechend war es die Herausforderung, die fortschrittlichen Prinzipien einer rationalen Marktwirtschaft und einer systematischen Organisation der Gesellschaft jenen zu bringen, die am unteren Ende der Evolution vor sich hin stagnierten. Im Laufe der Zeit würden viele von denen, die in Unvernunft an ihren weit entfernten Küsten tatenlos einhergewandert oder -getrottet waren, die moralischen Segnungen der Vernunft und einer produktiven Grundhaltung kennen lernen. Dies waren die üblichen Zukunftsvisionen führender Autoren und Kommentatoren: Unter einer britischen Aufklärung würden bunt gemischte Heiden in der Wildnis von den Fesseln der Einfältigkeit und des unwissenschaftlichen Aberglaubens befreit werden und in menschlichem wie in geldlichem Wert wachsen.

Aber nicht alle Kommentatoren des 18. Jahrhunderts waren so selbstbewusst selbstgefällig in Bezug auf ihre eigene Kultur. Einige brachten in Asien und Nordamerika Bücher und andere Berichte heraus, die leuchtende, utopische Darstellungen von edleren und einfacheren Formen wilden Lebens enthielten oder reiche Welten zeichneten, in denen es fruchtbares Land, Kunst, Literatur, aber keine Diener gab, allem Europäischen mindestens gleich, wenn nicht überlegen. Aber dennoch: Wie auch immer ihre Ansichten von anderen Zivilisationen aussahen, ganz gleich wie warm und romantisch, sie waren ebenso wie nüchternere Ansichten Konstruktionen rassistischer Vorstellungen und eine Übung in imperialer Illusion.

Wenn es jedoch ums Geschäftliche ging, verringerte die Reflexion über die Idee des Empire keinesfalls dessen Vertrauen auf das Schwert. 1790 bezwang Großbritannien Spanien in einem Kampf um die Rechte am Pelzhandel entlang der nordwestlichen Pazifikküste. Einige, wie der verträumte Schotte Alexander Mackenzie aus dem kanadischen Pelzgeschäft, stellten sich die Schaffung einer großen britischen Pelzenklave vor, die sich quer über den Kontinent von Ozean zu Ozean erstrecken und sogar den chinesischen Handel rund um Kanton mitnehmen sollte, wo man mit Bären- und Otterfellen ein Vermögen machen konnte.

Kurz zuvor, im Jahre 1788, hatten die Briten in der australischen Botany Bay an der Küste von New South Wales eine Strafkolonie etabliert. Als Ersatz für die amerikanischen Siedlungen, die vorher der bevorzugte Ort für außer Landes verfrachtete Verbrecher gewesen waren, versetzte die Kolonie in der Botany Bay die Londoner Stadtväter in die Lage, ihre Strenge beizubehalten und Gefangene zu Isolation und Knechtschaft zu verurteilen. Unter den allerersten Männern, die dorthin verschifft wurden, waren viele ehemalige Sklaven, deren freies Leben nur allzu schnell als Londoner Langfinger geendet hatte. Nicht jeder schwarze Dockarbeiter konnte als Preisboxer für ausreichend Fleisch auf dem Tisch sorgen. Der Zuckerkreislauf hatte innerhalb der imperialen Wirtschaft bereits ein festes Muster entwickelt: Hunderte von Sklaven aus Virginia, Barbados und anderen Orten ließen sich in London, Bristol und Portsmouth nieder, während Tausende Menschen Großbritannien Richtung Westindien verließen, um in einer Wirtschaft Fuß zu fassen, die auf dem Rücken von Schwarzen errichtet worden war, die durch den Sklavenhandel in den 80er Jahren des 18. Jahrhunderts in einer jährlichen Rate von 40 000 ins Land strömten.

In Australien verschlechterten sich die ohnehin angespannten Beziehungen zwischen den frühen Siedlungen von Gefangenen und ihren Wächtern und den benachbarten Aborigines aus dem Umland von Sydney bald drastisch. Für wenig sesshafte Gemeinschaften, die in einem kahlen Land nur durch eine enge Bindung an ihre natürlichen Ressourcen überlebten, war es schon schlimm genug, gleichgültige Eindringlinge dulden zu müssen, die versuchten, die Umgebung durch Bebauung, Einzäunung und die Durchsetzung von Ideen von individueller Eigentümerschaft und dem alleinigen Recht zur Durchquerung ihren westlichen Zielen anzupassen. Die Zustände wurden im Jahre 1789 noch rücksichtsloser, als ein Ausbruch der Pocken einen Großteil der örtlichen Aborigine-Bevölkerung dahinraffte. Anders als Gewehre oder Mauern war dies eine Bedrohung, vor der die Einheimischen kaum flüchten konnten.

Da Spanien und besonders Frankreich ihre Nasen noch immer in die Pazifik-Region steckten, hielten britische Agenten und imperialistische Abenteurer auch weiterhin nach Lücken Ausschau, durch die man eine starke Handelpräsenz in dieser entlegenen ozeanischen Domäne etablieren konnte. Um die Jahrhundertwende machte sich der Navigator Matthew Flinders auf, um die Küstenlinie dessen, was Australien wurde, zu erkunden, nachdem nur ein paar Jahrzehnte früher die hypnotisierende Verlockung von Navigation, Wissenschaft und Handel Cooks erste Expedition nicht nur an die Ostküste Australiens, sondern auch in die Torres-Straße und zu den Inseln Neuseelands geführt hatte. Man hatte Cook gedrängt, Land für die Krone nur mit der Zustimmung der Ureinwohner einzunehmen. Aber während er 1770 bei der armseligen Inszenierung einer Zustimmung der Maori zu seinen Bedingungen der Inbesitznahme gern Anteilnahme heuchelte, war er selbst doch nicht der Typ, der Heuchelei besonders ernst nahm. So annektierte er beispielsweise noch im selben Jahr völlig überraschend Ostaustralien, und zwar schlicht und einfach auf der Grundlage, dass es da war, um eingenommen zu werden. Es brauchte schon mehr als das Massaker an den Maori 1773 durch eine seiner Landungsmannschaften, um Cook in seinem Streben nach neuen Besitzungen wanken zu lassen.

Seine Erkundungsunternehmen erstreckten sich fast über den gesamten Südpazifik und brachten die britische Fahne zu abgelegenen Orten, darunter Tahiti, die Osterinsel, Tonga und die Neuen Hebriden. Seine maßlose Hartnäckigkeit als Seefahrer brachte ihn fast bis zum Südpol. Aber am Ende des Jahrzehnts übernahm sich Cook einmal zuviel. Als er am nördlichen Rand Polynesiens um Hawaii kreiste, wählte er einen katastrophal schlechten Zeitpunkt, um seine Schiffe anlanden zu lassen, einen Augenblick, der die Regeln des Anstandes in einem heiligen Rhythmus der Jahreszeiten gemäß der Inseltradition brach. Und Cook musste den Preis für diesen eklatanten Verstoß gegen eine heilige Sitte zahlen. 1779 wurde er von aufgebrachten Insulanern in der Kealakekua Bay getötet.

Die britischen Vorstellungen von den pazifischen Inseln und den angenehmen Lebensformen ihrer Bewohner waren wie die anderer Europäer von Beginn an rosarot gewesen. Die Region war offenbar eine irdische Utopia oder ein fruchtbares Paradies, frei von Grausamkeit, Brutalität und Krieg, eingehüllt in brüderliche Eintracht, beherrscht von weichen und wohligen Lebensweisen und erfüllt von einer verschwenderischen Gastfreundschaft gegenüber Besuchern. Der Kontakt wurde durch gegenseitigen Handel mit Notwendigkeiten und durch die Verfügbarkeit von Frauen, schön wie der Sommer, in einem harmonischen Zustand gehalten, mit denen europäische Seeleute gelegentliche sexuelle Stelldicheins hatten.

Dieses bukolische Idyll wurde bald durch eine stetige Aufheizung gewalttätiger Zusammenstöße getrübt, allen voran Cooks Ermordung, und durch andere Spannungen, die sich über eingeschleppte Krankheiten, Alkohol und Feuerwaffen abzeichneten. Die Insulaner wurden durch die übermächtigen Briten, die mit ihrer mächtigen Flotte ihre Territorien befuhren, immer stärker in Sorge versetzt, während zunehmend misstrauische imperiale Beobachter zutiefst erschreckt Praktiken wie Menschenopfer und Kannibalismus feststellten. Für einige zerstörte diese Entdeckung jeden pittoresken Optimismus über die Bewohner der pazifischen

Inselwelt, die sich nun in eine von Natur aus doppelbödige, verschlagene und brutale niedere Art verwandelten, verlorene Seelen, deren unverständiges Wesen es unwahrscheinlich machte, dass sie sich jemals mit den Kräften von Fortschritt und Entwicklung würden vereinigen können.

Dennoch sprach noch immer viel dafür, sicherzustellen, dass der Erkundung des Südpazifik auch die übliche Ausbeutung für den kommerziellen Handel folgte. In den 80er Jahren setzte der unglückselige Kapitänt Bligh Segel nach Tahiti, um sich mit den Brotfrüchten für die Zuckerkolonien in der britischen Karibik zu versorgen. Diese Expedition war mit einem ambitionierten Anbauplan verknüpft, der eine billige und reichhaltige Versorgung der Plantagen-Sklaven mit Nahrungsmitteln sicherstellen sollte. Am Ende des folgenden Jahrzehnts schwärmten Kaufleute, Walfänger und Seehundfänger auf der Jagd nach Pelzen aus, um Grundlagen für Handelsoperationen zu sichern, und an Orte wie Tonga und Tahiti drangen allmählich Missionare vor und überhöhten die britische Hingabe an ein Imperium ebenso der heiligen Perfektion wie der Musketen und Kanonen. Die London Missionary Society hatte bald das Übel der Kindstötung in ihrem ethischen Visier und wetterte auch gegen rumtrunkene Seehändler, die Inselgesellschaften durch die Verbreitung von Geschlechtskrankheiten und den Tauschhandel mit Alkohol und Feuerwaffen für die örtliche Produktion zu zerrütten.

Ein weiterer Bestandteil dieser Aufregung war die Ausdehnung britischer Besiedlung über die Botany Bay hinaus und die Ansiedlung von mehr als 2000 Kolonisten in New South Wales, die dort Ende des Jahrhunderts Ackerbau und Viehzucht betrieben. Mit viel Wald und Wasser, guten Böden und reichhaltigen Ressourcen im Meer, die man nutzen konnte, hatten neuankommende freie Siedler und andere alles was sie brauchten. Die Beamten hinter der Entwicklung der Besiedlung waren nicht beunruhigt durch die Anwesenheit von Ureinwohnern, die sie für so schwächlich erklärten, dass sie schnell die Flucht ergreifen und das Land den stärkeren Kolonisten überlassen würden.

Wie zuvor in Nordamerika konnte man das weiße Australien auf Land im Überfluss und dem Vorteil reicher ozeanischer Ressourcen aufbauen, mit dem zusätzlichen Vorteil, dass Wellen von Gefangenen hineingespült wurden, die hart arbeiten konnten, und dass man die eher marginale eingeborene Bevölkerung von weniger als einer Million Menschen von ihrem Land vertreiben konnte. Wie die Zusammenstöße in der Botany Bay gezeigt hatten, durfte man Unterwerfung und Rückzug der Ureinwohner nicht als selbstverständlich voraussetzen, aber angesichts einer starken Truppe rechnete man sicher damit, dass ihr Widerstand schnell in sich zusammenbrechen würde.

Etwa zur selben Zeit wurde auch Land zur Besiedlung für mehr oder weniger anspruchsvolle Zwecke gesucht. Aus einer Blase britischer Initiativen, die sich ab etwa 1780 aufblähte, zeichnete sich ein Plan für Sierra Leone ab, nach dem man den Handel im Dienste kolonialer Interessen an vielversprechenderen Flecken der westafrikanischen Küste ausweiten wollte. Während die kommerzielle Ausbeutung der Gegend auf die übliche Weise vorangetrieben wurde, nämlich indem man eine eigene Sierra Leone Company mit einem Freibrief ausstattete, gab es dieses Mal eine weitere Dimension. 1787 wurde ein neuartiges Familiensiedlungsprogramm in Sierra Leone umgesetzt, bei dem über 400 freigelassene Sklaven und schwarze Loyalisten, die aus Nordamerika geflohen waren, mit dem Ziel angesiedelt wurden, eine freie und rechtschaffene Arbeitsgemeinschaft zu gründen, die ein geordnetes und sinnvolles Leben am Pflug verbrachte. Obgleich die Hoffnungen von Frömmlern wenig Aussicht hat-ten, unter den außerordentlich ärmlichen und schwierigen Siedlungsbedingungen Wirklichkeit zu werden, humpelte Sierra Leone Anfang des 19. Jahrhunderts seiner Anerkennung als britische Kolonie entgegen. Die Hauptstadt Freetown sollte zum wichtigsten Ankerpunkt der Royal Navy in Westafrika werden, die von dort aus auf die Jagd ging, um den Sklavenhandel anderer Länder zu zerschmettern. Aber dies war noch Zukunftsmusik. Von unmittelbarer Bedeutung war der Platz, den Sierra Leone in der philosophischen und kritischen Diskussion um Menschlichkeit und die zunehmend brisanten Fragen der Sklaverei und des Sklavenhandels in Großbritannien einnahm.

Bis zur Mitte des 18. Jahrhunderts war aus einem philantropischen Gefühl gegen die Sklaverei, das zuerst und vor allem mit abolitionistischen Haltungen innerhalb von Quäker-Gemeinden auf beiden Seiten des Atlantik in Verbindung gebracht wurde, eine immer lautere Kampagne sowohl gegen die Institution an sich als auch gegen den Handel geworden und begann bereits Sympathisanten über einen kleinen, wenngleich schrillen Kreis besorgter Quäker hinaus zu beeinflussen. Die Krise des amerikanischen Unabhängigkeitskrieges hatte die Frage für eine kurze Zeit verdrängt, aber sie brodelte weiter vor sich hin.

Bald gesellte sich zu den Quäkern der Methodismus mit seiner wachsenden Anhängerschaft in derselben Regung humanitärer und moralischer Besserung und begann, seine ideologischen Energien in die Abolitionsbewegung zu lenken. Nach 1780 hatte die Agitation von seiten reformistischer Teile der Presse zugenommen und war immer erbitterter geworden. Diese Art der Agitation kam keineswegs nur von verschiedenen Nonkonformisten und Radikalen, Philosophen und anderen Intellektuellen. Unter denjenigen, die sich hinter der Forderung nach Abschaffung der Sklaverei einreihten, waren rührige Politiker wie der Parlamentsabgeordnete für Yorkshire, William Wilberforce, und jene neue und missionarische Sorte von Laissez-Faire-Kapitalisten, die vom freien Wettbewerb der Märkte überzeugt waren und antiquierte Praktiken von geschützter Arbeit loswerden wollten. Unter dem steigenden Druck sammelten sich beunruhigte Plantagenbesitzer und Sklavenhändler, ihr Sklavenimperium mit Hilfe gut organisierter und politisch einflussreicher Körperschaften wie dem West India Committee zu verteidigen.

Für die führenden religiösen Gegner des Sklavenhandels mit Schwarzen und später des Haltens von Sklaven stellte die Versklavung von Afrikanern eine unchristliche Schandtat oder Abscheulichkeit dar. Das Wesen der Sklaverei war in jeder Hinsicht ein Verbrechen, begangen von gnadenlosen Plantagenbesitzern, die auch das letzte Quäntchen an Kraft aus ihren bedauernswerten Arbeitern herauspressten, ohne Rücksicht auf die elementarsten Prinzipien der Menschlichkeit wie Mitgefühl und Gerechtigkeit. Daraus folgte gar, dass Großbritannien für seine Sünde, eine Nation und ein Volk zu bleiben, das Sklaverei betrieb, göttliche Vergeltung geradezu herausforderte, weil es an einer so unmoralischen wirtschaftlichen und sozialen Praxis festhielt.

Der Ausgangspunkt der Kampagne führender Abolitionisten wie Wilberforce – weit und breit die berühmteste Verkörperung der Antisklaverei-Bewegung – war, dass ein Ende des Handels das tolerabler machte, was intolerabel war. Wenn die Plantagenarbeiter nicht so einfach ersetzt werden konnten, würden die schwieligen Besitzer unweigerlich besser auf deren Wohlergehen achten. Die humanitäre Lobby passte auf, dass sie beim Vorantreiben ihrer Sache nicht so aussah, als trample sie allzu sehr auf den Eigentumsrechten herum. Die Abolitionisten dieser Ära waren schließlich vor allem Quäker, Methodisten und Baptisten eines durchaus weltlichen Typs. Einige ihrer radikalen Gegner waren kaum weniger weltlich und warfen den Abolitionisten vor, mit ihren karitativen Prioritäten durcheinander zu kommen. Anstatt das Elend der Armen Großbritanniens in Angriff zu nehmen, waren sie von den Ketten der Afrikaner besessen, die doch immerhin auf einer ganz anderen Seinstufe standen. Nur liberale Abweichler wie die Dissenter und eine winzige Minderheit von Radikalen befürwortete schließlich eine vollständige Abschaffung der Sklaverei und die Gleichstellung von Schwarzen.

Gleichzeitig bedeutete die zunehmende Verurteilung des Sklavenhandels auf den Westindischen Inseln keineswegs einen Streit über britische Interessen in Westafrika. Wie die hochmoralische Entwicklung in Sierra Leone deutlich zeigte, wäre ein erneuertes Engagement dort ohne die größer werdende Betrübnis über das Thema Sklaverei und Sklavenhandel vielleicht undenkbar gewesen. Für viele Abolitionisten lag es an Großbritannien, zur Hand des Schicksals zu werden und Westafrika zu ermutigen, sich in eine gesündere Richtung zu entwickeln. Anstelle des verkommenen Geschäftes mit der Sklaverei musste man die afrikanischen Gesellschaften dazu anspornen, ihre Arbeitskräfte zu behalten und bessere Formen profitabler einheimischer Produktion herauszubilden. Durch eine größere Vielfalt im lokalen Handel würden die Beziehungen zu den Briten stabilisiert und gleichzeitig auf friedliche Weise ausgedehnt. Und durch einen Übergang zum aufgeklärten Denken, so glaubte man, würde der verabscheuungswürdige Sklavenhandel letztlich durch friedliche Handelsbeziehungen aufgerieben werden.

Während die Diskussion über das Überleben oder Verschwinden der Sklaverei Ende des 18. Jahrhunderts hin und her wogte, machte man am karibischen Ende der Dinge eine wahrhaft furchteinflößende Erfahrung. Getroffen von der zersetzenden Kraft der Französischen Revolution, explodierte in der französischen Kolonie Saint-Dominique ein Sklavenaufstand. Innerhalb kurzer Zeit brach ein erbarmungsloser Krieg aus, der die örtliche Sklaverei hinwegfegte und den Zusammenbruch einer boomenden Kolonialwirtschaft beschleunigte. Als Gipfel der Nervosität, die sich nach 1789 in der französischen Karibik breit machte, ließ die Revolution auf Haiti den Briten das Blut in den Adern gefrieren und beeinflusste sofort die ganze Debatte um die Abolition und die Befreiung der Sklaven.

Für die liberalen Reformer war die bittere Ernte von Haiti ein ernüchterndes Beispiel dafür, was passierte, wenn nichts dagegen unternommen wurde, die kontinuierliche Entwürdigung der Sklaven einzudämmen. Auf der anderen Seite zogen Sklavenhalter und ihre Verbündeten in Politik und Parlament einen ganz anderen Schluss. Der Flächenbrand zeigte die schreckliche Gefahr jeder Nachgiebigkeit, die furcheinflößenden Folgen, wenn Sklaven unter den Einfluss unverantwortlichen Geredes von Rechten und Freiheiten gerieten und Ideen über ihrem Rang entwickelten. Angesichts der offenbar rachsüchtigen und blutrünstigen Instinkte, die man in jedem Plantagenarbeiter lauern sehen konnte, blieben die Bedingungen brüchig. Die Panik über die Auswirkungen des französischen Desasters auf die Sklaven von Jamaika und anderen britischen Inseln zeichnete in den frühen 90er Jahren ein albtraumhaftes Bild. Und tatsächlich erreichten von dort bald alarmierende Berichte über die Frechheiten, die sich die Arbeitskräfte herausnahmen, das Colonial Office. Für nervöse Plantagenbesitzer und andere Weiße auf den Inseln war die Rebellion in Haiti nur der erste Schritt auf dem sicheren Weg in eine weitere Katastrophe. Durch das offensichtliche Loch in der Zuckerkruste der Westindischen Inseln alarmiert und von den Schreien royalistischer französischer Plantagenherrn angestachelt, die klugerweise anboten, in ihrer Treue auf die britische Krone umzuschwenken, um gerettet zu werden, entsandte London 1793 eine Armee, um die haitianische Revolution zu ersticken. Da die Dinge für Paris und seinen zusammenbrechenden Karibikhandel augenfällig schlecht standen, stellte sich Großbritannien nun auf eine spielerisch leichte Besetzung der westindischen Kolonien Frankreichs ein.

Den heftigen Kampagnen der nächsten Jahre lagen jedoch einige Bananenschalen im Weg, auf denen man unweigerlich ausrutschte. Der Krieg kostete drückende 10 Millionen Pfund und etwa 100 000 Armee- und Marinesoldaten das Leben. Trotz dieser ausgedehnten Operation konnten die Briten nicht alle Inseln halten, die sie von Frankreich eingeheimst hatten, obgleich ihre Streitkräfte seinen spanischen und niederländischen Verbündeten Demerara und Trinidad abnahmen. In der Zwischenzeit machten die Franzosen noch andere Schwierigkeiten, indem sie unter den frankophonen Kolonisten auf Inseln wie Grenada anti-britische Animositäten schürten und die Kariben von St. Vincent zur Aufsässigkeit anstachelten. Mitten in einer sinkenden Zuckerproduktion kam es auf Jamaika zu einer weiteren Verschlimmerung, als die freie Maroons-Gemeinschaft, Abkömmlinge von entlaufenen Sklaven, einen Aufstand begann, ein Ausbruch, der mit verstreuten Revolten auf einem halben Dutzend anderen britischen Inseln einherging. Im Jahre 1796 musste London sein bis dahin größtes Expeditionskontingent entsenden, um den Rebellen Unterwerfung einzubläuen und die Position seiner Kaufleute und Plantagenbesitzer auf den West Indies wieder herzustellen.

Die Kriege am Ende des 18. Jahrhunderts waren unzweifelhaft hart, aber eine Kombination aus militärischen Siegen und neuen territorialen Gewinnen führte dazu, dass die Stellung der Sklaverei und des Sklavenhandels in Großbritannien gefestigt wurde. Nun mit neuer Kraft versehen, ruhte die fortgesetzte ökonomische Stärke des britischen Teils von Westindien auf noch größeren Mengen von Sklaven, die die jedes europäischen Konkurrenten geradezu winzig erscheinen ließen. Die Bedingungen für die neue Ausbeutung von Arbeitskräften sahen auf den Inseln so rosig aus wie immer. Es nimmt daher nicht wunder, dass die Dinge für die abolitionistische Sache weniger rosig aussahen. Denn der Lauf der Dinge hatte ein Paradoxon geschaffen. Im selben Maß, wie die ansehnliche Anti-Sklaverei-Bewegung in Großbritannien Ende des Jahrhunderts an Schwung und allgemeiner Unterstützung gewann, schien sein Sklavensystem erfolgreicher und unerschütterlicher als je zuvor.

Zur territorialen Stabilisierung in der Karibik am Vorabend des 19. Jahrhunderts kam ein ausgeprägter Ausschlag des imperialen Pendels Richtung Asien. Nachdem sie jahrzehntelang beeidruckende Steuergewinne verzeichnet hatte, indem sie nach und nach die Speisekammer des wackelig gewordenen Mogulreiches weggenagt hatte, fuhr die höchst manipulativ tätige East India Company damit fort, ihren Reichtum zu erhöhen und ihre politische Autorität zu festigen. Unter Warren Hastings, dem gerissenen britischen Gouverneur der 70er und 80er Jahre des 18. Jahrhunderts, wurde Bengalen mit seinen 20 Millionen Untertanen und jährlichen Steuereinnahmen von etwa 3 Millionen Pfund zum Hauptgewinn, der eine leichte Finanzierung für die riesige britisch-indische Armee bot, die imperialen Bedürfnissen in der weiteren Region diente. Auf gutem Fuß mit einem kleinen Kreis nicht weniger parasitärer indischer Fürsten, die seine leidenschaftliche Bewunderung für die südasiatische Kunst und Kultur mochten, herrschte Hastings wie ein pompöser *nawab*, der Politik nach Gefühl machte und die Art laxen Despotismus nachahmte, der die Herrschaft früherer bengalischer Adliger gekennzeichnet hatte.

Etwa zur selben Zeit jedoch wurde der ausgestreckte politische Arm der East India Company, mit dem sie Inder beherrschte und besteuerte, zu einer umstrittenen Angelegenheit. Während es zumindest in der Theorie die offizielle britische Politik war, die territoriale Expansion in Indien zu begrenzen, gab es in der Praxis nur wenig, das das kontinuierliche Wachstum des Einflusses und Operationsrahmens der Kompanie hätte im Zaum halten können. Für die Londoner Beobachter und Kritiker war die Krux nicht nur die einer unguten Balance zwischen der Verfolgung merkantiler Interessen und der Anhäufung von politischem Gewicht, um staatliche Macht auszuüben. Sie bestand auch und vor allem in der Notwendigkeit, festzulegen, welchen Zweck die Briten in Indien verfolgen sollten. Hastings hatte kein Interesse an dem Versuch, die indische Gesellschaft zu transformieren, und bevorzugte die Beibehaltung vieler gewohnheitsmäßiger Land-, Steuer- und Rechtspraktiken unter einer britischen Oberherrschaft.

Dagegen stand eine Schicht reformistisch denkender Gemüter, zu der auch einige streitbare Evangelikale gehörten, die den britischen Einfluss vollkommen anders sahen. Für ihre Sache griffen unabhängige Freihändler die korrupte und monopolistische Identität der East India Company an, während britische Radikale der Aufklärung ihr ungeniertes Benehmen und ihre Banditenherrschaft attackierten. Sie erklärten das Indische Imperium der Kompanie für unwert der Verschwendung britischer Leben in diversen Kriegen und verdammten es als unmoralisch wegen seiner Begeisterung für Plünderungen. Andere Teile der öffentlichen Meinung sahen Indien als unterentwickeltes Land, das entwickelt werden musste, was bedeuten sollte, dass die East India Company dort mehr hinlenken sollte als ihre Bestechungsgelder und Steuereintreiber. Was Not tat, war die Protektion und Patronage der Kompanie für Missionare, die Indien christianisieren sollten, und für Verwaltungsbeamte, die eine ambitionierte Anpassung vernünftiger britischer Modelle des Rechts, der zivilen Regierung und der Landrechte an den asiatischen Kontext vornehmen würden.

Inmitten zunehmender Proteste gegen die schmutzigen Aspekte der Operationen der Kompanie im Westen und Süden Indiens verabschiedete die Regierung Pitt im Jahre 1784 den *India Act*, ein Gesetz mit dem Ziel, der Krone mehr Kontrolle über die Angelegenheiten in Britisch-Indien und mehr Einfluss auf die Politik der East India Company zu verschaffen. Die Kompanie wurde nun auf Linie gebracht, was britische Bedürfnisse betraf, die sich stetig über einfache merkantile Anliegen wie den Export indischer Waren und die Sorge um stabile politische Bedingungen hinausentwickelten. Die Industrialisierung Großbritanniens im späteren 18. Jahrhundert benötigte indische Märkte für ihre Produkte, und, kaum weniger entscheidend, die Unterdrückung der Konkurrenz von indischen Industrien durch

Sperrzölle, mit denen man indische Hersteller ausschloss. Der Konzern East India Company sah sich breitem und hartnäckigem parlamentarischem Druck gegenüber, diesen Notwendigkeiten des Marktes zu gehorchen, eine Landreform durchzuführen und eine organisierte Beamtenschaft einzusetzen.

Inmitten all dieser Geschehnisse durchlebte der liebenswürdige und gelehrte Warren Hastings mit seiner Begeisterung für den Hinduismus und seiner Stiftung der anglo-indischen Asiatischen Gesellschaft von Bengalen harte Zeiten. Er sah sich schwefelsauren Attacken des Unterhauses wegen Bestechlichkeit, Despotismus und eklatanter Missachtung der Kompaniepolitik gegenüber und wurde nach London zurückberufen. Dort wurde er 1788 vom Parlament seines Amtes enthoben. Petitionen zu seiner Verteidigung von indischen Religionsführern, die unterstrichen, wie gut er sich in die bengalische Kultur und Regierungsweise eingefügt hatte, hätten das Eis auf Seiten seiner leidenschaftlichen Gegner kaum brechen können. Für evangelikale Christen und andere fundamentalistische Feinde seiner Haltung verkörperte Hastings all das, was an der Kompanie in Indien verabscheuungswürdig war – notorisch korrupt, mit einer Neigung zur Veruntreuung im großen Stil und zu lose bei der Gewährung von Konzessionen. Die richtige Kur war die Einsetzung einer pflichtbewussten und reformerischen Regierung, die auf der Idee von moralischer Rechtschaffenheit und unbedingter Ehrlichkeit basierte. Für die Kritiker musste die Verwaltung Britisch-Indiens schlicht und einfach britischer werden.

Was Hastings betraf, so endete sein langer Prozess 1795 schließlich mit seinem Freispruch von allen Vorwürfen und seinem Ruhestand, mit einer Pension von der East India Company. Zu der Zeit, als er aufs Abstellgleis geschoben wurde, hatten die Direktoren der Kompanie bereits den Kurs geändert. Unter Charles Cornwallis als Gouverneur, einem klar denkenden Grundbesitzer aus Suffolk und Veteranen aus dem amerikanischen Krieg, wurden die Besitzrechte und die Besteuerung des Landes unter der Einführung des *Permanent Settlement* 1793 neu organisiert.

Fließende Handhabungen, in denen das Land den Mogulherrschern oder der Krone gehörte (oder eine Kombination aus beidem) und unter flexiblen Bedingungen an Grundbesitzer vergeben wurde, wurden durch ein festes System ersetzt, nach dem das Land dauerhaft den Zamindars überschrieben wurde, die eine Art bengalischen Landadel bildeten, mit exklusiven Besitzrechten über bestimmte Gebiete.

Im Verlauf dieser Transformation gingen die Rechte und Ansprüche der Bauern, die das Land bewirtschafteten, genau den gleichen Weg des Vergänglichen wie jene der enteigneten englischen Gemeinen einer früheren Epoche. Das *Permanent Settlement* entstand nicht nur aus dem Wunsch nach einer einfacheren und effizienteren Eintreibung der Abgaben und aus der Notwendigkeit, den Missbrauch und die Zersplitterung der Steuereinnahmen zu beenden. Wie in Cornwallis' Heimat Suffolk nahm man an, dass man auf wichtigere Männer mit mehr Landbesitz und Einfluss würde zählen können, wenn es darum ging, bei der Aufrechterhaltung von Frieden und ziviler Ordnung behilflich zu sein. Weitere administrative Reformen und rechtliche Maßnahmen stützten die Britishness der Kompanie in Indien.

In einem Klima, das sich hin zu einer größeren Exklusivität wandelte, begannen sich in ganz Indien rassistische Einstellungen auf britischer Seite zu verhärten, was durch die Ankunft immer größerer Schwärme britischer Ehefrauen und damit einhergehend sozialer und sexueller Beschränkungen im Alltag der dortigen Briten verstärkt wurde. Die Notwendigkeit, die soziale Distanz zu vergrößern, erforderte ein vorbildliches Verhalten, was die Tolerierung von Heiraten mit Inderinnen oder das Halten einer indischen Mätresse ausschloss. Diese neue Intoleranz und die größeren Vorurteile richteten sich nicht nur gegen Inder, die nun als unbedarfte und lasterhafte Heiden definiert waren, die in der Dunkelheit lebten und der Bekehrung und der Führung auf den Pfad der Zivilisation bedurften. Auch gemischte anglo-indische Gemeinschaften fühlten den Stachel rassistischer Arroganz und Verachtung gegenüber Nicht-Europäern und den Druck einer schonungslosen neuen Gesetzgebung, die ihre Rechte und Möglichkeiten beschränkte. Unter Cornwallis wurde den Angestellten der East India Company in den 90er Jahren des 18. Jahrhunderts verboten, irgendetwas anderes zu tragen als europäische Kleidung, Offizieren der Kompanie-Armee und Steuereintreibern, die indische Lebensweisen angenommen hatten, wurde es untersagt, an hinduistischen Feierlichkeiten teilzunehmen, und wer ein indisches Elternteil hatte, war vom Dienst in den zivilen und militärischen Abteilungen der Kompanie ausgeschlossen. Nun verschwand das Curry unter indigniert hochgezogenen Augenbrauen von den Tischen englischer Parties in Kalkutta und wurde durch Rituale ersetzt, die eine gute Gastgeberin mit importiertem Lachs und Käse zelebrierte, und Pyjamas wurden zu einem Kleidungsstück, das nur noch zum

KRIEG UND EXPANSION

Schlafen gedacht war. Am Ende des 18. Jahrhunderts wurde aus Britisch-Indien mehr als eine lukrative Handelsunternehmung, die sich nach der Tide kommerzieller und sozialer Begegnungen richtete. Mit der Ankunft Richard Wellesleys im Jahre 1798 als Generalgouverneur von Bengalen und nominellem Oberhaupt der Allerhöchsten Regierung Indiens gab es einen weiteren Schub hin zur Ausweitung der britischen Herrschaft unter beinahe jedem Vorwand, um die öffentlichen Einnahmen und die Verwaltung für ein autoritäres Imperialregime zu sichern. Es war die Geburt des Raj, der britischen Herrschaft über Indien, und Indien logierte nun im direkten Mittelpunkt der imperialen Ambitionen Großbritanniens.

Am Ende dieser Periode hatte die Autorität über Indien und die Kontrolle über andere Besitzungen eine gewisse Geschlossenheit erreicht in dem Sinne, dass Großbritannien nun ein großes Territorium umfasste, nämlich eben das Britische Empire, dessen Regierung, Finanzierung und Verteidigung als nationale Verantwortung betrachtet wurde. Kommerzielle Unternehmungen und strategische Leitlinien konzentrierten sich auch weiterhin auf das Meer, wo man in der Neuen Welt durch weitere Kriege versuchte, den europäischen Rivalen noch mehr überseeische Territorien wegzuschnappen. In den Revolutionskriegen und den Napoleonischen Kriegen (dem letzten großen Kolonialkonflikt jener Epoche) gelang es Großbritannien mit Hilfe seiner europäischen Verbündeten, Frankreich zu knebeln. Der durchschlagende Erfolg in den Auseinandersetzungen zwischen 1793 und 1815 signalisierte das Ende der französischen Bedrohung für die kommerziellen und strategischen Interessen der Briten und Frankreichs Griff nach der imperialen Hegemonialstellung in der Welt.

Während die Briten die Besiedlung Kanadas und Australiens vorantrieben und sich nach dem Ringen mit Frankreich den Großteil der westindischen Beute in die Taschen stopften, drängten sie gleichzeitig unbarmherzig vorwärts, hin zu neuen Eroberungen in Übersee. Im späten 18. und beginnenden 19. Jahrhundert ließ Großbritannien seinen Feinden im Indischen Ozean kaum noch Luft zum Atmen. Territorien an seinen Küsten, die strategisch wichtig waren, wie z. B. das Kap der Guten Hoffnung oder Cape Colony, wurden den im Niedergang begriffenen Niederländern als wichtige Basis auf der Seeroute nach Indien abgenommen. Die Sicherheit, die durch Marinestreitkräfte an den Kaps gewährleistet wurde, schützte nicht nur die Anfahrt auf Indien selbst, sondern auch »Australasien« und die

Fischgründe der Südsee, wo fast alle großen Netze britisch waren. Der Bedarf an Häfen und Versorgung führte zur Besetzung von Handelsposten auf Mauritius und den Seychellen, die man den Franzosen wegschnappte und im Friedensvertrag von Paris als britische Kolonien behielt. Im gleichen Zug nahmen die Briten den Niederländern Ceylon weg, das mit Trincomalee einen wertvollen Hafen besaß.

Auch anderswo war Großbritannien in der Position, Ausgangspunkte für eine weitere regionale Expansion zu schaffen und seinen Herrschaftsanspruch über die Sieben Weltmeere von insularen Außenposten aus geltend zu machen. Im Südatlantik begann St. Helena, das 1651 von der East India Company annektiert worden war, einen flüchtigen Flirt mit dem Kaffeeanbau und der Produktion von Chinin, während die Garnisonen der Marine die strategischen Ankerplätze Ascension und Tristan da Cunha Anfang des 19. Jahrhunderts in felsige Fregatten verwandelt hatten. Mit dem Mittelmeer als wachsendem Markt für Manufakturerzeugnisse und Nachschubbecken für Rohmaterialien – zusätzlich zu seiner Bedeutung als entscheidender Korridor ostwärts nach Indien durch die Levante und nach Ägypten und das Osmanische Reich, wo man ebenfalls gewisse Interessen verfolgte – begann sich die britische Seemacht auch auf seinen Inseln festzusetzen. Am Ende der anglo-französischen Feindseligkeiten hatte Großbritannien die Einnahme eines neuen Rings von Marinebasen besiegelt, der sich von Malta über die Ionischen Inseln bis nach Korfu erstreckte. Dies verwandelte das zentrale Mittelmeer in ein schwimmendes Imperium der Royal Navy.

Ab etwa 1760 wurden zudem der strategische Einfluss und die Handelsberechtigungen auf Kosten der Niederländer erhöht. Da sie ihre Stellung in Indien sicher hatten, konnten die Briten den kommerziellen Verlockungen des China-Handels kaum widerstehen und befuhren die Route zwischen Madras und Kanton. Obwohl das Widerstreben des kaiserlichen China, barbarischen Völkern wie den Briten günstige Konzessionen zu machen, auch weiterhin die Kaufleute verdross, wurden Ende des 18. Jahrhunderts Millionen Pfunde Tee importiert, für die East India Company ein hochprofitables Geschäft und für die Regierung eine sprudelnde Quelle von Steuereinnahmen. Während sich die Briten die malaiische Halbinsel entlangbewegten, schnappten sie sich in den 80er Jahren des Jahrhunderts Penang an der Küste, eine strategische Basis auf der China-Route, und

Der Wert des Bajonetts bei der Erpressung kommerzieller Vorteile:
Karikaturen über britische Soldaten und Matrosen an der chinesischen Küste
um 1840, deren Invasion den Weg für ehrgeizige Firmen wie
Jardine Matheson frei machen sollte. Narrative of the Voyages and Services
of The Nemesis from 1840 to 1843. *Henry Colburn, London 1845.*

zehn Jahre später Malakka, gefolgt von Singapur in den ersten Dekaden des 19. Jahrhunderts. Obgleich das Wachstum Penangs bald ins Stocken geriet, zogen diese Absatzposten Südostasien in das kommerzielle Netzwerk Britisch-Indiens hinein und trugen dazu bei, den Indienhandel der Kompanie mit den Exportmärkten Chinas und ihren Passagen nach Europa zu verknüpfen.

Nachdem sie mit ihrer Seemacht und ihren Streitkräften von Indien aus zugeschlagen hatten, breitete sich die imperiale Macht und die Bedeutung der Briten auch von diesen kolonialen Grenzenklaven epidemisch aus. Aber naturgemäß lief bei der Verfolgung ihrer Ziele nicht alles glatt. Während die Holländer nicht länger in der Lage waren, die britische Expansion zu blockieren, gab es Widerstand von einheimischer Seite, der gebrochen werden musste, anhaltende Reibereien und Schiebereien mit den Herrschern von Königreichen und Sultanaten, und den Gebrauch von Schwert und Feder, um die wichtigste Frage, die der britischen Suzeränität, zu klären. In diesem Punkt lag Londons taktische Höflichkeit in einer Vorliebe für wortreiche und zwielichtige Verträge und Übereinkünfte, unter deren Deckmantel man mit seiner Bereicherungstaktik fortfahren konnte. Der Sultan von Kedah mag im Jahr 1786 in etwa begriffen haben, was er aufgab, als er Penang dem reichen Händler Francis Light im Gegenzug für den Schutz gegen seine asiatischen Feinde abtrat. Aber er erkannte höchstens die halbe Wahrheit.

Der Sultan und andere wie er, die nun auf der Verliererseite standen oder es für ihr Überleben für notwendig hielten, mit der sich immer näher heranpirschenden Macht der Briten einen Handel abzuschließen, erkannten die Zeichen der Zeit deutlich genug. Die schleichende Verbreitung britischer Verantwortung hatte das im Visier, was sie als die verderblichen Exzesse und als Stagnation asiatischer Gesellschaften betrachtete, und beendete das leichte Leben, das Kaufleute und Beamte gern als schlechte orientalische Regierung bezeichneten. Es war der Frühling der Zuversicht, die auf der Zivilisations-Verpflichtung eines freien und überlegenen Volkes beruhte, das für Freiheit, absolute Sicherung des Eigentums und einen energischen Schwung hin zu einer kapitalistischen Verbesserung der Wirtschaft stand. Gemäß der imperialistischen Ansicht lag die mit nichts zu vergleichende Tugendhaftigkeit der britischen Expansion rund um die Welt darin, dass sie einem geordneten Konstitutionalismus Ausdruck verlieh, einem Frieden, der in Respekt vor der Autorität des Gesetzes und einem Festhalten an der Freiheit oder Freiheitlichkeit gründete.

Selbstredend war die Bedeutung und Umsetzung der britischen Freiheit –
wie in so vielen anderen kolonialen Angelegenheiten – eine schlüpfrige
Sache. Einwanderergemeinschaften, die auch in Übersee ihre britische
Identität hochhielten und gegen die Verführungen des Republikanismus
gefeit waren, waren die gesunden Erweiterungen eines freien und zufrieden konservativen Großbritannien. Orte, die mit den Nachkommen der
Auswanderer, weißen Menschen mit guter Herkunft, besiedelt waren, wie
zum Beispiel Kanada, konnten auf ihre kolonialen Errungenschaften gewählter Versammlungen blicken und sich darum kümmern, einen demo-
kratischeren Tonfall anzuschlagen, als ihr verkrustetes Mutterland. Andere
Weiße in britischen Enklaven, wie zum Beispiel in Indien, waren privilegierte Untertanen der Krone.

Die Position derjenigen, die verschiedentlich erobert, unterworfen oder
annektiert worden waren, war eine völlig andere Sache. Dort gab es ein
ganz anderes Empire, unverseucht vom Wachstum einer gewählten Regierung und örtlicher Selbstverwaltung. Da seine Mitglieder in einer Art evo-
lutionärer Infantilität stecken geblieben waren, war es ihr Schicksal, die
Segnungen einer autokratischen britischen Regierung zu genießen, einem
Vorbild und Mentor in Unbestechlichkeit und überlegener Wachsamkeit.
Adam Smith, der schottische Philosoph und liberale Wirtschaftstheo-
retiker, hätte gut daran getan, über die Großartigkeit zu weinen, die sich
hier abzeichnete. In seinem einflussreichen Werk von 1776, *The Wealth
of Nations*, hatte ein ängstlicher Smith ein oder zwei Warnungen über die
Bürde ertönen lassen, die die Schaffung eines Weltreichs durch das, was er
»eine fehlgeleitete Nation von Ladenbesitzern« nannte, mit sich bringen
würde.

4 · EINE BRITISCHE WELT
1800 – 1914

Das 18. Jahrhundert ging zuende, und Großbritanniens protektionistische und von der Krone dominierte imperiale Handelswirtschaft wurzelte noch immer tief in dem alten monopolistischen System der *Navigation Acts*. Der gesamte Handel zwischen London und den Kolonien wurde geschützt, um eine nationale Führung durch den Vorteil des Besitzes exklusiver kolonialer Märkte und Ressourcen an Rohmaterialien aufrechtzuerhalten. Hätte Großbritanniens Stärke als Seemacht im frühen 19. Jahrhundert nicht dafür gesorgt, dass es seine immer ausgedehnteren und unterschiedlicheren kolonialen Handelsinteressen schützen konnte, dann wären rivalisierende Staaten wie Frankreich weiterhin britischen Kolonien zu Leibe gerückt, um den britischen Handel zu schädigen.

Wie wir gesehen haben, hatte sich Großbritannien abgesehen vom Verlust der amerikanischen Kolonien in den anstrengenden Handelskriegen des 18. Jahrhunderts gut geschlagen, eine Position, die durch die entscheidende Überlegenheit zur See, die man in den Revolutionskriegen und den Napoleonischen Kriegen zwischen 1793–1815 erlangt hatte, verstärkt wurde. Das Bild wurde durch die *Navigation Acts* komplettiert, jene starke Faust aus Kontrollen, die dazu erdacht waren, allen kolonialen Handel über britische Schiffe abzuwickeln, die bevorzugte Nutzung britischer Häfen zu forcieren und die Entwicklung des Manufakturwesens in den Kolonien zu unterbinden. Der Sinn dieses dicken Schutzwalls des Merkantilismus war es, dem britischen Handel dadurch zu nutzen, dass man billige koloniale Waren hereinholte und einen stabilen Absatz britischer Manufakturerzeugnisse gewährleistete.

Dennoch war zur Jahrhundertwende eine wogende Debatte darüber im Gange, mit welcher Politik oder Strategie man die dominante Position der Briten in der Weltwirtschaft am besten sicherstellen könnte. Die Ausrichtung als Handelsnation wurde deutlicher. Ab dem späten 18. Jahrhundert gab es von seiten drängender Händler und verwandter kommerzieller Interessen wachsende Angriffe auf den merkantilistischen Protektionismus, die für eine Umwandlung in einen Freihandelsimperialismus plädierten. Ausdrückliche Unterstützung erhielten sie von jenem scharfen Verfechter des freien Marktes, Adam Smith, der ein leidenschaftliches Plädoyer für den freien Handel mit der Kritik an einem Weltreich der festgefahrenen Notwendigkeiten durch Monopole verband.

Für Smith waren dessen Vorteile und dessen Profitabilität fraglich. Die Streitereien mit den Rivalen um die Kolonien waren zu einem Problem geworden, das der Nation Kopfschmerzen bereitete, und die Schutzgebiete waren nicht nur kostspielig in ihrem Erhalt, sondern untragbar teuer, wenn erst Kriege ausgefochten werden mussten, um sie zu bekommen oder zu behalten. Die britischen Kolonialausgaben konnten nur mit der Unterstützung einer Handelspolitik des offenen Welthandels gerechtfertigt werden. Die große Frage drehte sich kurz gesagt nicht um die britischen Hoffnungen auf die Weltmacht oder darum, ob man am Empire festhalten sollte oder nicht, sondern um die Grundlage, auf der man arbeiten sollte. In politischen Begriffen war es die Frage, ob man ein Weltreich des geschützten Handels favorisieren sollte, das auf Kolonien basierte, oder einen globalen Freihandel internationaler Beziehungen, in denen Großbritannien dominierend bleiben würde. Alle, die seit den 80er Jahren des 18. Jahrhunderts lautstark einen freien Handel gefordert hatten, hatten dies aus der Annahme heraus getan, er repräsentiere die billigste Strategie, die britische Vorherrschaft in der Weltwirtschaft zu sichern.

Im frühen 19. Jahrhundert wurde dieser maßgebliche Wandel im imperialen Denken durch neue Kräfte vorangetrieben. Der in über zwei Jahrhunderten durch ein enges Netz der Kolonien und des geschützten Handels, der Ausplünderung Indiens und des gierigen Sklaven- und Zuckerhandels aufgebaute Wohlstand und Einfluss wurde nun durch die Auswirkungen des modernen Industriekapitalismus noch vergrößert – und überholt. Während Wirtschaftshistoriker das genaue Ausmaß weiter diskutieren, bis zu dem die Entwicklung der britischen Industrialisierung durch Kapital angeheizt wurde, das aus dem Sklavenhandel und den Zuckerplantagen oder aus der Ausplünderung Gujarats und Bengalens stammte, kann man kaum den Grad überblicken, bis zu dem das industrialisierte Großbritannien das Produkt eines imperialen Gebildes war, das die Erträge von Weltexportunternehmungen einsog. Ein Unternehmer des frühen 19. Jahrhunderts wie Josiah John Guest, der die Schwerindustrie nach Wales brachte, vermochte dies aufgrund von Kapital, das aus dem westindischen Sklavenhandel und aus der Beute des Empire in Indien stammte. Mit dem Aufstieg der Dampfschiffe sollten, als die Zeit gekommen war, von ihnen auch die Bunker stammen, die die Royal Navy im Südatlantik ihre Führung behalten ließen, genau wie ihr Kupfer und Zinn in der Zwischenzeit auf das Wachstum der karibischen Plantagenproduktion ausgerichtet waren.

Im Verlauf des Zeitalters der Napoleonischen Kriege veränderte ein Schritt nach vorn Großbritanniens Position im internationalen Handel. Bis 1815 beruhte Großbritanniens Vorherrschaft nicht mehr allein auf seinen großen Kolonien, seinem geschützten Handel und seiner maritimen Überlegenheit, sondern auch auf seiner Führung in der weltweiten Industrialisierung und der überlegenen Produktivität seiner dröhnenden Werkshallen. Nun konnten leidenschaftliche Freihändler von den Protektionisten nicht länger abgewiesen werden, als lebten sie in einem Export-Traumland. Das faktische Monopol Großbritanniens auf die frühe Industrialisierung und seine abnorme Führung in der Produktivität und der technologischen Innovation, die seine Industrien etabliert hatten, bedeutete, dass britische Güter unter den Bedingungen eines freien Handels einen klaren, wettbewerbsfähigen Preis und einen Qualitätsvorteil haben würden.

Trotz aller Verbitterung des Parlamentes und anderer Dispute über den freien Handel wurde die Verlagerung darauf, die in den 20er Jahren des 19. Jahrhunderts begann und in den 50er Jahren des Jahrhunderts in einem frei handelnden Empire mündete, mit bemerkenswerter Leichtigkeit vollzogen. Niemand konnte sich der Dynamik widersetzen, als sich die Kräfte des Handels und der Übersee-Expansion mit den Bedürfnissen einer rasanten Industrialisierung zu Hause verbanden, um die protektionistischen Interessen der Landwirtschaft hinwegzufegen. Für eine neue und größer werdende städtische Arbeiterklasse versprach der Freihandel Importe von billigerer Nahrung. Noch wichtiger aber war, dass die frühe Industriewirtschaft durch das Fehlen eines adäquaten Absatzmarktes zu Hause in ihrem Wachstum von einer Intensivierung des internationalen Handels abhing. Großbritannien brauchte einen Weltmarkt für seine Exporte und war, im Vertrauen auf seine Produktivität, gewillt, im Gegenzug dafür sowohl seinen eigenen Markt als auch die Märkte seiner Kolonien anderen Staaten zu öffnen. Bis zur Mitte des 19. Jahrhunderts war der Freihandel für einen Mann wie Richard Cobden zu einem großen Wunder der natürlichen Welt geworden, als der offene internationale Handel in ein starkes moralisches Glaubensbekenntnis umgewandelt worden war, das zivilisierenden Frieden brachte und die Unzivilisierten zu gewinnen gedachte. Das aufgeklärte, industrialisierte Großbritannien war die leuchtende Sonne in diesem Planetensystem eines sich ergänzenden Austauschs im freien Handel. Seine massiven Importe von Nahrungsmitteln und Rohmaterialien sollten das Einkommen in den abhängigen Wirtschaften erhöhen, die wirtschaftliche Entwicklung und das Wachstum von Infrastruktur und Kommunikationswegen stimulieren und die Märkte für britische Manufakturwaren ebenso wie für höher entwickelte städtische Dienstleistungsgewerbe wie Banken, Versicherungen, Kapital und Frachtdienste erweitern. In praktischen Begriffen schien der Schritt des 19. Jahrhunderts hin zu einem freien Handel eine ganz natürliche Ausdehnung der traditionellen britischen Formen zu sein, den kommerziellen Vorteil durch hochambitionierte Expansionsniveaus zu maximieren. Mit einem Bein fest in den Schlüsselpositionen rund um die Welt und mit einer starken Militär- und Handelsmarine, die hochseetüchtig war und die Handlungsfähigkeit kommerzieller Rivalen zur Unwesentlichkeit zusammenschrumpfen lassen konnte, war Großbritannien nach 1815 auf dem Weg zu einer nie da gewesenen Vormachtstellung und einem nie gekannten Reichtum. Ebenso signifikant war der sich abzeichnende Charakter seiner kommerziellen Hegemonie und seiner internationalen Position. Durch dieses effektive Monopol aus Industrialisierung und fest etablierten kolonialen Beziehungen war Großbritannien in der Lage, einen internationalen Warenaustausch zu entwickeln, der riesige Ausmaße annahm.

Als erste Industrienation der Welt konnte seine Industrie sich in das ausdehnen, was jungfräuliches Territorium war, gewonnen in früheren Zeiten und von der Royal Navy als Gefangener für den Handel inhaftiert. Ein weiteres Charakteristikum der klassischen Freihandels-Epoche war, dass Großbritanniens Anteil an Handel und Investitionen in seinen eigenen Kolonien auch weiterhin kolossale Dimensionen annahm. Die Importe aus Baumwollmanufakturen in den 20er Jahren des 19. Jahrhunderts oder von Eisenbahnaktien in den 40ern waren britisch, ganz gleich, was sie kosteten, einfach, weil die Handelsverbindungen britisch waren, mit Englisch und einer gemeinsamen imperialen Währung zur Hand, die den kommerziellen Austausch erleichterte.

Drittens wurde die starke Abhängigkeit der britischen Wirtschaft vom Außenhandel langsam fast zu deren Markenzeichen. Was den Lebensrhythmus bestimmte, war ein internationaler Austausch, in dem Großbritannien seine eigenen Fabrikerzeugnisse, sein Kapital und seine Finanzdienste für Primärprodukte – Rohmaterialien und Nahrungsmittel – aus allen Teilen der Erde einhandelte. Diese internationale Arbeitsteilung kam ihm zugute. In den folgenden Jahrzehnten spielten überseeische Märkte für britische Produkte und ausländische Absatzmöglichkeiten für britisches Kapital – für die Finanzierung von Kolonialregierungen, Eisenbahnen, Fabriken, Minen und ähnlichem – eine immer zentralere Rolle. Genau wie das britische Finanzwesen sich das Meiste daraus machte, der Welt im Großen zu dienen, war auch der größte Teil der Produktion für den Export bestimmt. Bis 1830 wurde die Hälfte des Volumens an Baumwollprodukten exportiert, und zehn Jahre später schluckten die überseeischen Märkte etwa 40 Prozent der gesamten Eisen- und Stahlproduktion. Ein sehr großer Anteil der Profite wurde einfach addiert und dann wieder als Kapital im Ausland investiert. Kurz gesagt: Als das Netz der Weltwirtschaft abnorme Größenordnungen annahm, hielten profitable Märkte im Ausland den nationalen Motor am Laufen.

Ein fünfter Faktor, der vielleicht wichtigste von allen, war die Gesamtwirkung, die all dies auf den britischen Imperialstaat selbst hatte. In einer viel früheren Ära des Handels hatte Großbritanniens profitable Ausdehnung des Handels in die Weltwirtschaft auf einer relativ selbstgenügsamen Insellage beruht. Trotz all der Bedeutung seines Seehandels hatte ihm diese Insellage zum Vorteil gereicht, weil sie Großbritannien die Möglichkeit verschafft hatte, Isolationen und Krisen in seinen Kriegen gegen Frankreich zu überstehen und im Kampf um Handel und Kolonien zu bestehen. Ein protektionistisches Großbritannien hatte keine absolute Abhängigkeit von den Tiden des Welthandels gekannt. Der Freihandel brach auf eine Weise diesen alten Zauber einer Schutzzone, als London die Autarkie aufgab. Man war jedoch zutiefst überzeugt von der eigenen Stärke zur See, den kolonialen Besitzungen und dem schleichenden imperialen Einfluss, sodass dies ein kleiner Preis schien im Vergleich zum Erhalt britischer Macht in der Weltwirtschaft.

Und doch, in der abschließenden Analyse waren die Zukunft und das Überleben des britischen Imperiums von nun an an das internationale System geknüpft. Unbestreitbar machten sich andere Länder abhängig von den Briten als Haupthandelsnation ihrer Produkte. Aber das stolze Großbritannien geriet ebenfalls in immer größere Abhängigkeiten vom Außenhandel, was seinen Wohlstand und seine Existenz betraf. Es wurde unweigerlich zum ersten mächtigen Industriestaat, der sich im Fluss des Nachschubs an Nahrung und Rohmaterialien auf seine Adern des Welthandels verlassen musste, die notwendig waren, um seine Position zu behalten. Und nicht nur Schlüsselbranchen wie die Textilindustrie waren lahmgelegt ohne die Versorgung mit Rohstoffen aus Übersee, sondern Großbritannien war ab der Mitte des Jahrhunderts nicht mehr in der Lage, sich selbst von seinem eigenen landwirtschaftlichen Ertrag zu ernähren. Dank der preislichen Segnungen des Freihandels konnte die britische Bevölkerung sich an nahrhaften Speisen gütlich tun, die ihr Wachstum förderten. Dieses Wachstum überschritt bald jede Zahl von Menschen, die noch einigermaßen angemessen mit der heimischen Lebensmittelproduktion hätte ernährt werden können.

Solche Betrachtungen aber spielten in der unmittelbaren Zukunft noch keine große Rolle. Denn die unterschwellige Instabilität der mächtigen Position, die Großbritannien in der Welt hatte, war gut getarnt durch die Verführung, die imperialen Möglichkeiten noch weiter auszunutzen. Eine solche Ausdehnung des Einflusses in den frühen Jahrzehnten des 19. Jahrhunderts bedeutete nicht notwendig die Festigung älterer kolonialer Grenzen und die Einsetzung einer kontrollierenden Imperialautorität. Länder konnten sich formal auch außerhalb des imperialen Netzwerkes befinden und technisch unabhängig bleiben und dennoch in eine britische Einflusssphäre hineingezogen werden. In Lateinamerika beispielsweise war London sehr vorsichtig, was die unabsehbaren Folgen und die möglicherweise kostspieligen Konsequenzen betraf, die eine Verwicklung in die Kolonisation dieser riesigen Region mit sich bringen konnte. Die Gegend war berüchtigt für ihre Tumulte und mangelnde Sicherheit, und die maritime Politik Großbritanniens hätte wohl einige Schwierigkeiten gehabt, Rebellen und Banditen in Bolivien oder Paraguay zu schrecken. Stattdessen nutzten die Briten den Vorteil der nationalistischen Unabhängigkeitskriege nach 1810, die Spaniens schwerfälliges Imperialreich in Amerika zum Einsturz brachten, voll aus. Britische Agenten, Marineoffiziere, Armeeberater, Söldner und Freibeuter schlugen bei aufständischen lateinamerikanischen Nationalisten ihr Lager auf und stachelten ihre anti-kolonialen Kämpfe mit Leidenschaft, Gift und Galle an. Der britischen Regierung gelang es praktischerweise, ihre monarchistischen, konservativen Instinkte für eine rasche Anerkennung der neuen Republiken hinunter zu schlucken.

Die Belohnung kam in Form der Ausbreitung eines »informellen Imperiums«, das eine weitreichende und erfolgreiche kommerzielle Durchdringung der Region und große Gewinne brachte. Indem man sich Handelsprivilegien und den Zugang zu strategisch wichtigen Häfen wie Valparaiso und Montevideo sicherte, strömten britische Güter, Staatsanleihen und direkte Investitionen, besonders in Minen, nach Lateinamerika, während die Crème de la Crème der städtischen Salons ihren täglichen Spekulationen nun Aktien aus Chile, Venezuela und Peru hinzufügte. Viele Male fungierte Großbritannien als wichtigster Markt für Kupfer und Nitrate aus Chile, Guano aus Peru und Rindfleisch, Wolle und Getreide aus Argentinien, während seine lateinamerikanischen Handelspartner riesige Mengen der Textilexporte aus Lancashire schluckten.

Obgleich der britische Kapitalismus in den 20er und 30er Jahren des 19. Jahrhunderts sicher seine lateinamerikanischen Hundstage erlebte, gab es in Argentinien keinen ernsthaften Einbruch oder Verlust. Mit einem stabilen politischen System und einem sicheren und lebendigen kommerziellen Leben war das Land genau der richtige Partner für intensive Handelsbeziehungen. Im Verlauf des 19. Jahrhunderts zog es einen immer größeren Anteil der lateinamerikanischen Investitionen aus London an, sodass sein Bank- und Versicherungswesen, seine Eisenbahnen, Schlachthäuser und andere profitable Zweige schließlich unter britischer Kontrolle standen. Obwohl es nie zu einer offiziellen Kolonie wurde, war Argentinien schließlich so eng an Londons Handels- und Investitionsinteressen gekettet, dass es in späteren Jahrzehnten in gewissem Sinn ebenso sehr als britische Kolonie betrachtet werden konnte wie Kanada oder Australien.

In dieser Region reichte die kommerzielle und finanzielle Oberhand. Dies war nicht Nordamerika oder Australien, das man annektieren, aufteilen und besiedeln konnte. Die britische Auswanderung nach Südamerika war nie mehr als ein Kitzeln und tendierte zum Charakter einer Exilgemeinde. Aber sie blieb nicht ohne kulturellen und sozialen Einfluss. Eingewanderte cornische Bergleute führten die Mexikaner in die kulinarischen Genüsse von Fleisch und Karotten in einer Pastete ein, Seeleute und Eisenbahner brachten den Fußball nach Uruguay und Venezuela, und Kaufleute und Börsianer stellten fest, dass ihre elitären argentinischen Klienten eine gewisse Schwäche für Polo, Flanellhosen, englische Nannys und eine anglisierte Schulbildung hatten. Wenn es darum ging, die Geschäftsbeziehungen zu festigen und wechselseitig das jeweilige Interesse zu verstehen, war fast nichts so hilfreich, wie die kollaborierende wirtschaftliche Elite von Buenos Aires zur britischen Lebensweise zu bekehren. In einer Epoche der strikt kontrollierten kaufmännischen Familienunternehmen waren Familienbande allerdings kaum weniger von Vorteil. Während viele britische Staatsbürger eine steife Distanz zu der fremden Gesellschaft wahrten, in der sie lebten, und in einer Stammeskultur der Fünf-Uhr-Tees, Clubs und protestantischen Kirchen zusammenglucksten, ließen einige ihre staubtrockene Britishness fahren, um in die örtliche Mittelklasse einzuheiraten und dort als anglo-argentinische Bürger heimisch zu werden.

Anderswo in Lateinamerika waren die Voraussetzungen für eine kapitalistische Entwicklung – Frieden, eine institutionalisierte Ordnung und der lästige Respekt gegenüber den Prinzipien von Eigentum und Verträgen – nicht immer erkennbar präsent. Chronische politische Instabilität, holperige Handelsbedingungen, seuchenartiges Banditentum, störrische Bauern und ein riesiges Hinterland voller verarmter Menschen, die kein Interesse daran hatten, importierte Manufakturwaren abzunehmen, waren ein Fluch für die Briten in den Jahrzehnten nach 1820. Die Handelsoligarchie von Buenos Aires mag imstande gewesen sein, sich das Ethos des britischen Gentleman zu eigen zu machen, das notwendig war, um an dem Anteil zu haben, was die Briten als »Fortschritt« anstrebten. Aber der umherziehende Gaucho der Pampas war ebenso verdrießlich wie die unsteten Eingeborenen von Lima.

Bis zu den 40er Jahren erklärten es britische Beamte zu ihrem nationalen Interesse, gemeinsam mit verbündeten Staaten die Handelsbedingungen durch die Förderung und Verbreitung von Ordnung und die Umsetzung einer größeren Arbeitsdisziplin unter den unordentlichen Klassen und nutzlosen Arbeitskräften Lateinamerikas zu verbessern. Die meisten Briten, die in die dortigen Angelegenheiten involviert waren, standen den Lateinamerikanern geringschätzig gegenüber und zeichneten sie als faul, schlampig, unehrlich und korrupt, im Klammergriff der feisten Priesterschaft eines mittelalterlichen Katholizismus und viel zu fleckig von all der Sonne. Eine der Fragen, die den umsichtigen Außenminister George Canning in den 20er Jahren des Jahrhunderts beschäftigten, war die, ob die britische Anerkennung der unabhängigen Staaten Lateinamerikas Georg IV. dazu zwingen könnte, einen, wie er sich ausdrückte, kokosnussfarbigen Minister zu empfangen.

Die Abneigung der Briten gegen einige Dinge, mit denen sie durch das Empire gezwungenermaßen in Berührung kamen – selbst dann, wenn ihre Macht nur informell bestand –, fand in den früheren Jahren des 19. Jahrhunderts auch zu Hause ein Echo. Für führende Freidenker, Reformer und Radikale verschiedenster Couleur, die für eine makellose englische Identität standen, entwickelte das Empire zunehmend seine tückische Seiten. Der gehässige William Cobbett zum Beispiel wandte sich gegen die Plünderung und das Glückspiel, das mit der East India Company in Verbindung gebracht wurde, und war gleichermaßen indigniert über die unmoralischen Reichtümer, die unbarmherzige Plantagenbesitzer auf den Westindies anhäuften. Sein Hass dehnte sich auch auf Londons Finanzzentrum, die City, aus, das er als eine fremde Heimstatt der Gier und des Wuchers beschrieb, jenseits aller rationalen Kontrollen. Und ebensowenig war Cobbett von anderen Formen des Kommens und Gehens angetan, die gemeinhin mit seinem imperialen Heimtland in Verbindung gebracht wurden. Die Decks der Marine seines Königs wurden durch zu viele fremde Hände geschändet, von der dubiosen Natur des Handels, den sie schützte, ganz zu schweigen. Denn die gesunde Ernährung der ehrlichen arbeitenden Klasse von Lancashire und Yorkshire, bestehend aus Weizen, Haferschrot und Gerste, wurde durch üble koloniale Importe von Tabak, Zucker, Tee und Kaffee verdorben. Und um die kulinarische und andere fremde Zerrüttung des englischen Lebens durch das Empire noch schlimmer zu machen, musste man auch noch den unangenehmen Anblick schwarzer Menschen ertragen, wie sie nicht nur frei in den Straßen einhergingen, sondern wie sich auch noch weiße Engländerinnen mit ihnen gemein machten. Nicht wirklich ein Reformer im Sinne der Anti-Sklaverei-Bewegung, war Cobbett besonders über eine Petition von Frauen an das Parlament höchst erbittert, die in den 30er Jahren des 19. Jahrhunderts eine vollständige Abschaffung der Sklaverei in allen britischen Kolonien forderte. Was ihn so abgestoßen zu haben scheint, war die Bereitschaft von fast 300 000 weißen Frauen, die Rechte von muskulösen schwarzen Männern zu vertreten.

Es war vielleicht ganz gut, dass William Cobbetts empfindliche Männlichkeit nicht das Schicksal der humanitären Anti-Sklaverei-Bewegung in Großbritannien besiegelte, eine der populärsten und dynamischsten öffentlichen Angelegenheiten, die er noch erlebte. Wie wir früher bereits gesehen haben, war es das große Paradox des 19. Jahrhunderts, dass die Interessen der Handelsschifffahrt und der Plantagenwirtschaft am Sklavenhandel und an der Sklaverei selbst so massiv wie immer aussahen, selbst als die Agitation der Abolitionisten seit den 80er Jahren des 18. Jahrhunderts im Parlament unter Reformern und Humanisten aller Parteien rapide und kraftvolle Fortschritte machte. Im Allgemeinen wurde die Sklaverei bereits im frühen 19. Jahrhundert nach den vertrauten moralischen und ethischen Grundlagen von Gerechtigkeit und Menschlichkeit nicht länger als noch zu verteidigen betrachtet. Für reformerische Evangelikale und andere radikale Abolitionisten, die das Anliegen der Anti-Sklaverei-Bewegung gemeinsam mit Ministern und Kolonialbeamten vorantrieben, war die Beibehaltung der Sklaverei zu einem Makel auf den britischen Ansprüchen geworden, ein Weltreich der überlegenen und fortschrittlichen menschlichen Treuhandschaft zu sein. Aber das moralische Geschrei, das die Gegner der Sklaverei, beseelt von ihren Gefühlen, erhoben, reichte nicht aus, um die Abschaffung durchzusetzen.

Abolitionistische Reformer hatten nun andere, wirkungsvolle Argumente. Die erbärmlichen Bedingungen und gänzliche Rückständigkeit des Sklavereisystems in den karibischen Kolonien verstärkte die Unzufriedenheit, mit Entfremdung und dem Ausbruch von Revolten, wie Demerara in den 20er Jahren, die die Wahrscheinlichkeit eines offenen Aufstandes erhöhten. Was den Franzosen und ihrer kolonialen Autorität auf Haiti passiert war, warf einen langen Schatten, der nicht weichen würde. Und während der Zuckerhandel sicher stabil blieb, schien sein relativer Wert in Bezug auf den britischen Kolonialhandel zu sinken.

Darüber hinaus wandte man sich wegen der besseren Effizienz und Flexibilität der Produktion durch freie Arbeit zu. Eine wachsende Zahl neuerer Industrieller und Kapitalisten stand der Sklaverei kritisch gegenüber, weil sie die Mobilität und die Freiheit der Arbeit einschränkte und weil sie das Kapital in festen Eigentumsmonopolen staute. Was der Markt idealerweise erforderte, waren unabhängige Arbeitskräfte in einer unregulierten Wirtschaft, frei, ihre Körperkraft zu verkaufen, um einen Lohn zu verdienen, der ihren Lebensunterhalt sicherte. Als die Sklaverei nicht nur kostspielig, sondern auch unmoralisch zu werden begann, war dies die Wende hin zu freier Arbeit, um einer gesünderen und einträglicheren Wirtschaft zu dienen. Und man bestätigte so zudem das humanitäre Ethos des britischen Imperialismus.

Und letztlich vergaßen der Einfluss, die Argumente und Beweise, die die Abolitionisten in Stellung brachten, nicht die Aussichten in Afrika selbst. Großbritanniens Zukunft lag nicht allein in reformierten westindischen Plantagenkolonien, sondern in einem ernsthafteren Durchbruch auf dem afrikanischen Kontinent. Dort hatte der tiefe Riss aus Jahren des transatlantischen Sklavenhandels andere Formen von Handel und Industrie entweder gemindert oder erstickt. Dem Schrecken des Sklavenhandels ein Ende zu machen, würde eine schlimme Situation verbessern und dem legitimen freien Handel erlauben, die Region in einen friedlichen und produktiven britischen Vermögenswert zu verwandeln. Die offizielle Einrichtung des Schutzgebietes von Sierra Leone für befreite Sklaven war nur der Beginn von ersprießlicheren, verbesserten afro-britischen Handelsbeziehungen gewesen.

Die Abschaffung der Sklaverei erfolgte in einem langwierigen Prozess der Rhetorik, der Absprachen und Drohungen, des Ausweichens und Blockierens. Die *Abolition Acts* von 1806 und 1807 verboten zunächst eine britische Beteiligung am transatlantischen Sklavenhandel. Danach setzte ein liberaler werdendes London andere Länder unter Druck, in diese Marschrichtung einzuschwenken und Anti-Sklaverei-Verträge zu unterzeichnen. Die Sklaverei einzuschränken und schließlich erfolgreich zu unterdrücken war eine hochaggressive und imperialistische Tat, die auch politische Interventionen in Staaten mit einer Plantagenwirtschaft wie z. B. Brasilien mit sich brachte. Die Royal Navy wurde dazu eingesetzt, Schiffe abzufangen, die Sklaven transportierten. Als selbsternannte maritime Polizeitruppe war ihr westafrikanisches Geschwader damit beauftragt, die Meere nur für den legalen Handel offen zu halten, was bedeutete, das sie genug damit zu tun hatte, mit schöner Regelmäßigkeit Sklavenhändler zu fangen.

Nachdem sie den großen Batzen ihres eigenen Sklavenhandels recht zügig abgeschafft hatten, kurbelten die Briten ihre groß angelegte Kampagne gegen diesen Handelszweig dadurch an, dass sie behaupteten, sie sei im Interesse der nationalen wirtschaftlichen Expansion. Für einen Mann wie Lord Palmerston war der Einsatz von Kanonenbooten in den 40er Jahren des 19. Jahrhunderts lediglich ein Schuss vor den Bug ignoranter Rivalen, die immer noch Waren aus der Sklavenwirtschaft verhökerten, und eine Lektion für Völker wie die Brasilianer, dass es nun an der Zeit war, die zivilisierenden Segnungen des Freihandels anzunehmen. Als der Atlantikhandel beendet war, schien es keinen Grund mehr zu geben, die unvermeidliche Vollendung der Befreiung noch länger aufzuhalten. Im Jahre 1833 wurde die Sklaverei in britischen Kolonien vollständig abgeschafft. Wo man ein Sklaverei-System geerbt hatte, wie in der ehemals niederländischen Kap-Kolonie, beendete die britische Herrschaft die Existenz der Sklaven-Gesellschaft. Ab 1834 wurden die Sklaven befreit und mussten obligatorische Phasen der Lehrzeit bei ihren früheren Besitzern absolvieren. Im Jahre 1840 waren alle Arbeitskräfte vollständig frei. Die Besitzer wurden für ihren Eigentumsverlust aus einem Fonds der britischen Regierung entschädigt, dessen Gelder aus der heimischen Besteuerung stammten. Dies war ein Akt wahrhaft gewissenhafter Nächstenliebe und Barmherzigkeit gegenüber den besitzenden Klassen in einer Zeit des Verlustes.

Die Befreiung der Sklaven war allerdings noch nicht ganz der Anfang eines Zeitalters der Rechte und der Milde, das viele radikale britische Vertreter des Humanitarismus mit ihrer Kampagne für verbesserte Standards in der kolonialen Praxis und eine Verantwortung der Regierung für die Wohlfahrt befreiter Sklaven und anderer einheimischer Völker hatten kommen sehen. Trotz langer Jahre kraftvoller diplomatischer Intervention und intensiver Verstrickung der Marine in die Unterdrückung des Sklavenhandels gingen die Ausweichmanöver gegen das britische Verbot weiter und die Versklavung blieb ein leidiges Problem beim Streben nach einem rechtschaffenen Handelsverkehr. Zum einen stimulierte das Eindringen neuer Formen des britischen Handelswesens die Nachfrage nach landwirtschaftlichen Produkten in Westafrika, selbst als afrikanische Sklaven nicht länger nach Übersee verschifft wurden. Dies konnte dazu führen, dass der Erwerb und das Halten von billigen Sklaven in örtlichen Gesellschaften mit einem robusten Sklavereivermächtnis zunahm. Und die Abschaffung der Sklaverei hielt noch eine andere Täuschung bereit. Nach 1830 floss der Nachschub an freien Arbeitskräften weder reichlich noch besonders effizient, wenn es darum ging, die Bedürfnisse zu decken, die eine fortgesetzte kommerzielle Expansion mit sich brachte. Und die Löhne und Arbeitsbedingungen, die die Güter und Farmen anboten, brachten die befreiten Sklaven kaum dazu, wieder an deren Türen zu scharren und um Einlass zu bitten.

Als sie sich in verschiedenen Teilen des Empire mit hartnäckigen Produktionsschwierigkeiten konfrontiert sahen, wandten sich die Briten einem altbewährten Verfahren zu, dem System der Kontraktarbeit, das schon früher arme englische und irische Arbeiter nach Nordamerika und auf die Westindischen Inseln gebracht hatte. Einmal mehr gab es eine Art Lehre im Tausch für eine Zeit vertraglicher Arbeit, die Überfahrt, Lohn, Kost und Logis. Nach 1840 nahm die Rekrutierung von befreiten Afrikanern und in-

dischen Arbeitern, sogenannten Kulis, für eine Beschäftigung in der Landwirtschaft in der Karibik oder den neueren britischen Zuckersiedlungen im
Indischen Ozean, in Natal und auf Mauritius beständig zu. Später im selben Jahrhundert kam zu den Südasiaten, die als Arbeitskräfte auf Pazifikin-
seln wie die Fidschis verschifft wurden, ein Zustrom verarmter chinesischer
Kuli-Migranten, die ihre Verträge bei der Arbeit auf den karibischen Plantagen und Baustellen abschwitzten. Insgesamt verpflichteten sich zwischen
1830 und den frühen Jahrzehnten des 20. Jahrhundert fast 1,5 Millionen
Menschen zur Arbeit in britischen Kolonien. Diese Bewegung schuf eth-
nisch vielfältige Kolonialgesellschaften, die außerordentlich sensibel für die
Abgrenzungen zwischen den einzelnen Gemeinschaften waren, reguliert
durch eine gewohnheitsmäßige Segregation und beherrscht von kleinen,
weißen Eliten, die die politische und wirtschaftliche Macht hatten. Was die
Erfahrungen dieser tropischen Arbeiter angeht, die durch diese Form des
Arbeitshandels einer expandierenden Plantagenwirtschaft angeworben
und beschäftigt wurden, so herrschte kein Mangel an Missbrauch und Verstößen, die von Entführung bis zur falschen Darstellung der Lebens- und
Arbeitsbedingungen bei der Rekrutierung reichten.

Man kann argumentieren, dass ein Vertrag und die Auswanderung für
einige befreite Afrikaner nicht wenig Ähnlichkeit mit einem neuen System
der Unterjochung hatte. In der ersten Hälfte des Jahrhunderts stellten diejenigen, die von der Royal Navy von Sklavenschiffen befreit worden waren,
quasi die Siegesprämie dar, die man zum Nutzen jener Gebiete errungen
hatte, die von Großbritannien abhingen. Nur selten bekamen sie bei der
Landung nach der Gefangennahme die Chance der Freiheit, und Zehntausende befreiter Sklaven wurden stattdessen zum nächsten passenden britischen Posten befördert, um für Zeiträume von 14 Jahren an Arbeitgeber
auf Mauritius, Jamaika oder Trinidad vermittelt zu werden. In der Ideologie der Imperialregierung stellte dies einen durchaus wertvollen Batzen dar: eine Lehre oder Ausbildung für ehemalige Sklaven, um sie mit Fähigkeiten auszustatten, die ihnen ein freies Leben ermöglichen würden.
Zusätzlich würde die Verteilung solcher Afrikaner in Siedlerkolonien mit
zivilisierteren Bevölkerungen nach Ansicht des Colonial Office auch dabei
helfen, ihnen ihre wilden Angewohnheiten und barbarischen Bräuche ab-
zugewöhnen. In der Praxis sah die britische Politik, die Menschen zu ver-
teilen und einzuwickeln, ganz danach aus, als wäre sie extra dazu gedacht,
den Nachschub an billigen afrikanischen Arbeitskräften sicherzustellen.

Die britische Präsenz auf afrikanischem Boden blieb etwas über die erste Hälfte des Jahrhunderts nur dünn, obgleich man im äußersten Süden nicht gänzlich untätig war. Dort konsolidierte Großbritannien nach der Eroberung der Kapkolonie seine Kontrolle, indem es die kolonialen Grenzen ausdehnte und Afrikaner von dem Land vertrieb, auf dem sie gelebt und das sie bewirtschaftet hatten. In Jahrzehnten brutaler Kriege um Land nach 1800, in denen widerständige Xhosa-Königtümer einen langwierigen Kampf um ihre Gebiete und ihre Unabhängigkeit führten, schmiedete die britische Führung Bündnisse mit afrikanischen Völkern wie den Mfengu, um die Uneinigkeit innerhalb der Nguni-Gesellschaft auszunutzen. Erobertes Land wurde in Farmen für Siedler unterteilt, und östliche Gebiete, die in afrikanischer Hand blieben, wurden zu Reservaten unter einer Kolonialverwaltung, die Magistrate, Steuereintreiber, Anwerber von Arbeitskräften und Händler brachte, die der alten Ordnung ländlichen Lebens zu Leibe rückten.

Um ihre Position zu stärken, holten die Briten schon 1820 viele Tausend Einwanderer ins Land, um neu eroberte Gebiete zu besetzen, und unternahmen Schritte, das Kap zu anglisieren: Sie bauten englische Mittelschulen auf, die britische Geschichte und Kultur lehrten, holten eine schottisch-calvinistische Priesterschaft als Beistand für die niederländische Gemeinde herbei, und führten eine Rechtsreform durch. Die Briten kamen, um in dem angenehmen Klima aufzublühen und nicht, um sich zu assimilieren. Das Ergebnis war eine Teilung der weißen Siedler-Identität in britische und niederländische bzw. burische Kolonialbevölkerungen.

Während Großbritannien den Außenhandel mit Wolle und weniger bedeutenden Landwirtschaftserzeugnissen dominierte, hatten die Kolonisten bis 1850 die politische Kontrolle über die große Kapkolonie erlangt, als sie eine repräsentative Regierung einsetzten. Obgleich ihre schwarzen Einwohner effektiv von der herrschenden politischen Gemeinschaft ausgeschlossen waren, behielt das Kap ein gewisses Maß an positiver Bedeutung wegen des früheren fürsorglichen britischen Liberalismus Anfang des Jahrhunderts. Über mehrere Jahrzehnte folgte seine politische und soziale Ordnung einer Politik der graduellen Anpassung. Mehr als die ethnische Zugehörigkeit einer Person zählte, wie weit sie in der Aneignung der westlichen »Zivilisation« fortgeschritten war – dies war der formale Prüfstein für eine Aufnahme. Diese Gesinnung ging davon aus, dass zwar alle menschlichen Wesen potenziell gleich waren, egal welcher Hautfarbe, dass aber die Kulturen keineswegs alle gleichwertig waren. Um also wenigstens einen Krümel vom Kuchen abzubekommen, mussten die Afrikaner am Kap ihre Kultur, ihre Religion und das Vermächtnis ihres jeweiligen Volkes an wirtschaftlichen und politischen Gepflogenheiten über Bord werfen.

Bekannt als liberale Tradition des Kaps, wies diese multi-ethnische Ordnung Prinzipien der Gleichheit vor dem Gesetz und gemeinsame Bürgerrechte auf, die auch das Wahlrecht für eine winzige Minderheit akkulturierter Xhosa-Männer einschlossen, die bestimmte Qualifikationen wie z. B. eine gewisse Schulbildung und ein Einkommen oder Eigentum an Grund und Boden nachwiesen. Sie war ein moralischer Rahmen, der den politisch aktiveren Missionaren wie zum Beispiel denen der London Missionary Society gefiel, die hart gegen die brutale und rassistische Haltung weißer Siedler zu Felde zogen und von deren immenser Gier nach dem Land und den Arbeitskräften Afrikas abgestoßen wurden. Wie dem auch sei, diese Entwicklungen und der Erwerb einer weiteren Küstenkolonie in Natal in den 40er Jahren des 19. Jahrhunderts sollten nicht als zu großes Interesse der Briten zu diesem Zeitpunkt interpretiert werden. Südafrikas Aussichten waren recht mager und zogen kaum nennenswerte Zahlen ausgewanderter Siedler ins Land. Was am meisten zählte, war die Stabilität in den Kolonien, die strategische Beherrschung der Seeroute um das Kap und das Bemühen, die fluktuierenden Kosten und Belastungen, die die formale Kontrolle der Küsten und Gewässer dieser Region mit sich brachte, im Rahmen zu halten.

Was die übrigen afrikanischen Teile des britischen Weltreiches betraf, so wackelte es kaum mit seinen wenigen Zehen an der Küste. In Westafrika gab es nur ein paar Handelsniederlassungen, die Kosten waren hoch, die Einkünfte gering und verheerende Seuchen sorgten für Geschäftigkeit vor allem auf dem Friedhof. Das wissenschaftliche und kommerzielle Interesse an einer Erforschung des Inneren wurde durch unüberwindliche geographische Hindernisse vereitelt, und die imperialen Behörden reagierten eher lasch, was die öffentliche Unterstützung für einen Vorstoß ins Inland betraf. Eher schien es, als balanciere ein untätiges Großbritannien immer wieder am Rande eines Rückzugs von der Atlantikküste entlang. Auf der anderen Seite, an der ostafrikanischen Küste, sah die Szenerie kaum weniger unbeständig und chaotisch aus. Nach 1840 sicherten sich die Briten die vertragliche Zustimmung des Sultans von Sansibar zur Anwesenheit eines Konsuls und der Marine, um gegen den Sklavenhandel vorzugehen, wobei sie ein wachsames Auge auf französische Schiffe auf dem Indischen Ozean hielten und einen kleinen Bereich für britisch-indische Händler schützten. Es gab nicht viel, das es in Schwung bringen konnte, und wenig zu koordinieren, und so harrte das frühe viktorianische Empire hier aus und hatte dabei gerade mal ein Auge offen.

Während sich zur gleichen Zeit die Missionare in dieser frühen Phase immer noch die Hacken ablaufen mussten, so galt dies nicht für alle, die ein Interesse am Afrika-Handel hatten. Als die industriellen Bedürfnisse Großbritanniens größer wurden, konzentrierten sich die kommerziellen Aktivitäten auf Westafrika als Quelle neuer Produkte wie wilder Kautschuk, Bienenwachs und Pflanzenöle. Aus Palmen, Palmherzen und Nüssen gewonnen, hatte der Export von Ölen aus Westafrika schon vor dem 19. Jahrhundert seinen Anfang genommen. Nun, da die Produktion von dem immer größer werdenden Bedarf der Briten an Öl für Seifen, Kerzen und industrielle Schmierstoffe angeregt wurde, wurde von afrikanischen Palmbauern erzeugtes Öl nach 1820 zu einem wichtigen Handelsgut.

Im Gegenzug erhöhte das zunehmend stärker industrialisierte Großbritannien die Frachten seiner Fabrikwaren nach Westafrika, zu denen neben Stoffen auch Waffen und alkoholische Getränke gehörten. Als ihr Preis fiel, nahm der Konsum der Afrikaner zu. Für die Verfechter des anerkannten Dogmas vom rechtschaffenen Handel und seinen zivilisierenden Wechselbeziehungen sah es so aus, als liefe für die Briten und ihre afrikanischen Handelspartner an der Küste alles nach Wunsch.

Die Ambitionen, die britische Welt zu vergrößern, waren in jenen Jahren offensichtlich in anderen Regionen stärker. Wieder einmal führte die Verlockung, die Führung zu besitzen, die Briten über die Grenzen des kolonialen Weltreichs hinaus. Es überrascht nicht, dass die Briten einen immer obsessiveren Freihandel nun in China als Hebel einsetzten, um verschlossene Türen aufzubrechen und ihren kommerziellen Einfluss auszuweiten. Tatsächlich nahm das Chinesische Meer in vielerlei Hinsicht viel Raum in den Hoffnungen der Briten auf große kommerzielle Eroberungen und die Ausdehnung des Empire in den Fernen Osten ein. Was diese bevölkerungsreiche Gesellschaft und ihr massiver Markt versprachen, waren sagenhafte Gewinne und ein Feld, das reif war für die modernen philantropischen, bildungsmäßigen und medizinischen Verbesserungen, die die Briten auf Lager hatten, sei es die Rettung von Heiden durch christliche Missionen oder die Rettung von dort lebenden Europäern aus dem gefürchteten Griff der Justiz des unabhängigen China.

Auf der einen Seite stand das chinesische Kaiserreich in der Vorstellung der Briten recht weit oben auf der Skala, was die typisch orientalische Stagnation und Dekadenz betraf, und musste zu seinem eigenen Besten der Kraft des Außenhandels und der Modernisierung geöffnet werden. Auf der anderen Seite stellten die Chinesen eine alarmierende gelbe Gefahr dar, eine verbohrte, verdächtige Zivilisation, die man zwar verspotten konnte, aber dennoch fürchten musste. Aber es bestand doch die Hoffnung, dass Großbritanniens Diplomaten, Kaufleute und Missionare den Chinesen durch ihr gutes Beispiel im Laufe der Zeit zeigen würden, wie man respektabel und gelb, keinesfalls aber gefährlich sein konnte.

Der hartnäckige Widerstand der Chinesen, ihre Wirtschaft Menschen zu öffnen, die sie als Barbaren und Teufel betrachteten, z. B. den Briten, war für Freihändler mit ihren ach so bescheidenen Forderungen nach einer dem Handel gegenüber liberalen Regierung, Rechten des freien Zugangs zu den großen Handelszentren, der Anerkennung von Rechten eines dauerhaften Aufenthalts, einer privilegierten persönlichen Stellung und Behandlung und anderen Garantien extrem frustrierend. Das kommerzielle Gerangel zwischen dreisten britischen Kaufleuten und der chinesischen Obrigkeit veranlasste die ergrimmte britische Regierung dazu, einzuschreiten. Nun rief Großbritannien seine Seemacht in der traditionellen Kanonenboot-Manier herbei, um China dazu zu zwingen, zu akzeptieren, dass man in seine Hauptstadt eindrang, die eigenen Güter in Umlauf brachte und den britischen Einfluss vergrößerte. Zwischen 1839 und 1842 sowie zwischen 1856 und 1860 wurde entlang der chinesischen Küste der sogenannte Opium-Krieg ausgefochten, der praktischerweise von den unverschämten Chinesen provoziert worden war, die doch tatsächlich die Nerven besessen hatten, britische Kaufleute ins Gefängnis zu werfen, weil diese sich geweigert hatten, verbotene Waren herauszurücken, damit sie durch die Zöllner vernichtet werden konnten. Dies waren natürlich Opium-Ladungen, ein Importgut, dass von China eigens verboten worden war. Für die Briten war dies eine Hetzjagd, die die internationalen Gesetze verletzte, nach denen fremde Kaufleute exterritoriale Souveränität genossen.

Stets überzeugt, dass es mehr konnte, als seine eigenen Gewässer zu halten, war Großbritannien froh über einen Vorwand, Chinas Widerstand gegen sein Vordringen an der Küste unter Beschuss zu nehmen und zu brechen. Die Opium-Kriege endeten mit Verträgen, die Chinas Souveränität schwächten und es zwangen, dem westlichen Handel einen besseren Zugang zu garantieren. Es musste außerdem akzeptieren, dass die Royal

Opfer im Kampf um einen friedlichen Handel: Chinesisches Fort in Taku bei Peking, das 1858 von britischen Truppen einer anglo-französischen Expedition eingenommen wurde, die entsandt worden war, dem Kaiserreich liberale ausländische Handelsverträge aufzuzwingen. Lnt. G. Allgoof. China War 1860: Letters and Journal. *Longmans Green, London 1901.*

Navy von ihrem chinesischen Stützpunkt aus die Umsetzung der vertraglichen Festlegungen kontrollierte, die die Chinesen an das banden, was als akzeptabler Standard der Zivilisation in der Umsetzung förderlicher Freihandels-Aktivitäten bezeichnet wurde. Grob übersetzt bedeutete dies: Keine Verletzung britischer Interessen. Zu den Gewinnen aus diesen Konflikten kamen später noch die Besetzung Hongkongs und Kowloons hinzu, ebenso wie die Sicherung anderer Gebiete, von denen aus man mit einem europäischen Marktkapitalismus auf die chinesische Wirtschaft zielen konnte.

Ständiger Druck von seiten Großbritanniens brachte eine Reihe von Vertragshäfen, Konzessionen und schützenden Privilegien für Ausländer, die das Leben für seine Kaufleute, Berater, Verwalter, Ingenieure und andere

Bürger in einer für Europäer oft schwierigen und unübersichtlichen Umgebung erträglich machten. Jedenfalls war es ausreichend erträglich, um sicherzustellen, dass bis zur zweiten Hälfte des Jahrhunderts die Kontrolle über den größten Teil des chinesischen Außenhandels in britischer Hand lag, praktischerweise ohne die territorialen Kosten und Risiken, die koloniale Verpflichtungen normalerweise begleiteten.

Trotz alledem machte der Umfang dieses Handels nur einen kleinen Anteil an Großbritanniens gesamtem Welthandel aus. Zwischen 1840 und 1860 riefen Palmerston und Lord Elgin, der großäugige britische Gesandte in China, nach Champagner für alle, um zu feiern, was der chinesische Markt für die Vermögen britischer Hersteller tun würde. Immerhin stieg das britische Handelvolumen beständig, von etwa 4 Millionen Pfund im Jahre 1830 auf fast 15 Millionen Pfund am Ende der 50er Jahre des Jahrhunderts. Aber die Hoffnungen auf ein künftiges Füllhorn waren übersteigert. Die Netzwerke chinesischer Händler erwiesen sich angesichts der Konkurrenz als unverwüstlich, und die Kaufkraft der Bauern von Dongchuan machte es schwierig, sie in Manchester-Hemden zu kleiden. Man hatte China aufschlitzen können, aber nicht so tief, wie die britischen Ambitionen sich das vorgestellt hatten.

Die Briten entspannten sich auch in Hinblick auf die Osmanen. Das Interesse an diesem Reich konzentrierte sich auf die strategische und wirtschaftliche Bedeutung der Türkei und Ägyptens für die eigenen imperialen Adern. Da das Osmanische Reich in der strategisch günstigen Lage war, die gelobte Route nach Indien zu kontrollieren, war London entschlossen, es zu unterstützen. So eilte man im Krieg gegen Ägypten in den 30er Jahren des 19. Jahrhunderts zu seiner Verteidigung herbei und unternahm denselben Schritt zwei Jahrzehnte später im Krimkrieg gegen Russland. Die Briten wiederholten refrainartig, dass eine Schwächung oder gar der Zusammenbruch des Osmanischen Reiches auch die eigene Position erschüttern würde. Um die freundlich gesonnene Unabhängigkeit der Türken aufrechtzuerhalten, spekulierten die Briten darauf, die osmanische Verwaltung zu reformieren und zu stärken und die Wirtschaft des Reiches durch eine weitere Dosis von Freihandelsverträgen zu verjüngen.

Nach 1840 wurde die türkische Wirtschaft für britische Finanzanleihen, Investitionen und Güter zugänglich gemacht. Mitte des Jahrhunderts stieg der Handel der Osmanen mit Großbritannien stark an, der vor allem in einem Austausch von Baumwolle und Weizen gegen Textilien bestand. Der

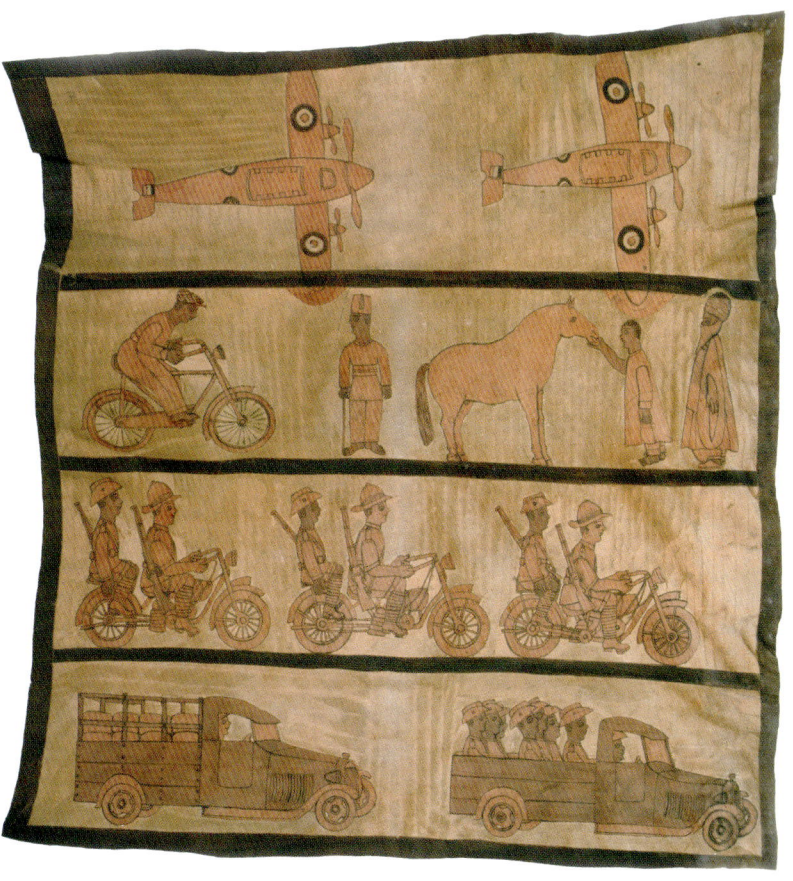

Koloniale Szenen. Afrikanische Malerei auf Leder, Hausa, Nord-Nigeria, um 1940. Privatsammlung. *Michael Graham-Stewart/The Bridgeman Art Library*

Karte von Manhattan, Long Island, dem Hudson River und Niew Amsterdam, 1664 (Wasserfarbe auf Papier), Amerikanische Schule, 17. Jahrhundert. British Library, London. *British Library Board/The Bridgeman Art Library*

Ein Maori tauscht eine Languste mit einem englischen Offizier. Aus einer Serie von Bildern von Kapitän Cooks erster Reise 1768–70. 1769 (Bleistift/Wasserfarbe auf Papier), Englische Schule. British Library, London. *The Bridgeman Art Library*

Ansicht der Harbour Street, Kingston, Jamaika.
Stich von Sutherland nach James Hakewill (1778–1843).
Privatsammlung. Photo: *Christie's Images/The Bridgeman Art Library*

Werbebild: »Paterson's Feldkaffee ist
der Beste. Auf die Qualität von Paterson's
Spezialitäten ist stets Verlass.« Offiziere
der britischen Armee trinken Kaffee in der
Wüste. Ca. Ende 19. Jahrhundert.
*Mit freundlicher Genehmigung von
Stephen Luscombe, UK*

FREEDOM · FRATE

WORL

Karte des Britischen
Empire aus dem
Jahr 1886. Erschien
als Anhang in
The Graphic zum
goldenen Thron-
jubiläum Königin
Viktorias.
Großbritannien ist
leicht vergrößert
dargestellt.
Verlagsarchiv

Britisches Propagandabild aus dem Zweiten Weltkrieg:
»Unsere Verbündeten, die Kolonien«.
Soldat der Ceylon Garrison Artillery. *The National Archives, UK*

Werbeplakat des Empire Marketing Board (1927–1933):
»Heute noch Dschungel, morgen eine Goldgrube. Wachsende Märkte für unsere Waren.«
The National Archives, UK

Banknote aus Britisch Westafrika. *Verlagsarchiv*

Afrikanische Darstellung von Königin Victoria. Holz, Yoruba, Nigeria, um 1900. Privatsammlung. *Michael Graham-Stewart/The Bridgeman Art Library*

Aufbau der Imperial Osman Bank in den 60er Jahren des 19. Jahrhunderts, die die osmanische Währung ausgab, trug ebenfalls zum guten Ton der anglo-türkischen Beziehungen bei. Da die City Regierungen ebenso finanzierte wie Plantagen und Minen, fand sich die verschuldete osmanische Regierung am Ende der Gnade ihrer Marktlage ausgeliefert. Doch auch hier – wie schon in China – übertraf Großbritanniens Reichweite seinen direkten Zugriff bei weitem. Obgleich sein Handel und seine Investitionen signifikant anwuchsen, wurden kühne Hoffnungen, die Türkei durch einen unbeschränkten Handel vollständig wiederherzustellen, niemals Wirklichkeit.

Eine durchaus absichtsvolle Trägheit der Bürokratie und der Widerstand vonseiten lokaler Herstellerinteressen und Geschäftszweige waren ein ständiger Hinderungsfaktor des britischen Fortkommens. Der Ruin der osmanischen Regierung in den 70er Jahren des 19. Jahrhunderts war zudem eine heilsame Erinnerung an die feine Balance von Ballast und Nutzen durch eine britische Übermacht über Konstantinopel, deren Schein trog und die nur oberflächlich war. Und am Ende des Jahrhunderts wurde das Schreckgespenst von Whitehall, ein durchhängender türkischer Staat, zu einer großen strategischen Sorge. Als Träger britischer Interessen in jenem Teil der Welt füllte er ein Vakuum und konnte nicht einfach aufgegeben werden.

Ähnliche strategische und wirtschaftliche Überlegungen gab es in Bezug auf das geknebelte Ägypten, ein Ort, für den die City als Hauptbuchhalter agierte, während seine Herrscher Einnahmen aus Darlehen an britische und französische Pfandbrief-Inhaber zahlten, um ihre steigenden Schulden zu begleichen. Seine Wichtigkeit stieg durch die Eröffnung des Suezkanals im Jahre 1869 sprunghaft an, eine Entwicklung, die Londons Anspruch dort in eine Angelegenheit von nationalem Interesse verwandelte, da über drei Viertel des Schiffsverkehrs auf der Wasserstraße britisch waren. Dies öffnete den Weg für Benjamin Disraelis Regierung, den britischen Interessen in Ägypten einen entschiedeneren Schub zu geben. Bis zu den 70er Jahren des 19. Jahrhunderts schwankte Ägypten unter dem Gewicht vieler Jahrzehnte der Verschuldung im Westen und der kommerziellen Ausbeutung, eine Krise, die für Großbritannien nicht von Vorteil war. Sie war genauer gesagt eben das Gegenteil, da die Brüchigkeit und Unsicherheit eines schwachen Ägypten für britische Interessen schlechte Neuigkeiten bedeutete.

Besonders der Kanal wurde dadurch verwundbar. Im Jahr 1875 half Disraeli dem ruinierten Khediven Ismail von Ägypten aus der Patsche, indem er seinen letzten anständigen Vermögenswert erwarb, einen großen Anteil an der Suez Canal Company. Dies band jenen als Schuldner an die Downing Street und sicherte ihr gleichzeitig eine dicke Scheibe am Unternehmen Suezkanal. Es sei hier die Bemerkung gestattet, dass das Wort Großbritanniens bei dieser seltenen Gelegenheit im wahrsten Sinne »bindend« war – was es sonst kaum von sich behaupten konnte. Sein offiziell erklärtes Ziel beim Erwerb eines Mitspracherechts in der Suez-Kanal-Sache war es, jede weitere Ausbreitung französischer Interessen in Ägypten zu beschränken. Aber es steckte mehr dahinter. Bei ihrem weiteren Eindringen ins Innere Ägyptens vom Ausgangspunkt ihres internationalen Ankerplatzes rund um Suez besaßen die Briten nun ein festes Eigentum im Land, das man sichern musste. Der politische Vorteil dieses festen Standbeins war, dass man, falls die Protektion dieser Ressourcen jemals einen Krieg auslösen sollte, eine Intervention mit der Begründung legitimieren konnte, sie werde zur Verteidigung rechtmäßigen Besitzes Großbritanniens unternommen. Und tatsächlich: Als die Lage durch arabische Nationalisten später im selben Jahrhundert zu heiß wurde, war die Royal Navy zur Stelle, um in den frühen 80er Jahren Alexandria unter Beschuss zu nehmen, gefolgt von der Entsendung Sir Garnet Wolseleys Armee, die all jene noch verbliebenen rebellischen Elemente niedermähen sollte, die es versäumt hatten, die Botschaft zu begreifen.

Ägypten zeigte sich William Gladstone nicht von seiner besten Seite. Der liberale Premierminister, der gern rhetorisch über das Empire als moralische Angelegenheit sinnierte, zum Besten geleitet von britischer Gerechtigkeit und Aufklärung, fand sich 1882 plötzlich dabei wieder, wie er in das Land einmarschierte. Letztendlich zählten lebenswichtige Interessen mehr als ein großer Name – sei es seiner oder irgendein anderer. Der persönliche Preis des Namens war zwei Jahre später erneut zu zahlen, als Großbritannien General Charles Gordon schickte, um eine ägyptische Streitmacht zu evakuieren, die in Khartum von dem sudanesisch-islamischen Mahdi belagert wurde. Als einer der eigenwilligeren und instabilen Verfechter viktorianischer Christlichkeit entschied sich Gordon, ein taktisches Wunder zu vollbringen und dort zu bleiben, um zum Erlöser der gesamten Stadt zu werden. Mit dieser Entscheidung zeigte er, dass er mehr eingebüßt hatte als nur seine Haltung.

Schließlich ergab sich Gladstone der öffentlichen Aufregung über den Zustand seines unbesonnenen Befehlshabers und entsandte ein Expeditionskorps, um das belagerte Khartum zu befreien. Aber es traf zu spät ein für den starrköpfigen Gordon. Sein Tod und die ganze Geschichte wurden schnell zu einer mythischen Episode unerschrockenen imperialen Heldenmuts und christlichen Martyriums. Obwohl das Schicksal des Generals gänzlich auf dessen eigene Kappe ging, hatte es schlechte Folgen für Gladstone, dessen Regierung in weiten Kreisen dafür geschmäht wurde, das Leben eines opfermütigen christlichen Helden verschwendet zu haben.

Was der informelle britische Einfluss in Ägypten brauchte, waren nicht mannhafte Anwandlungen des Glaubens bei seinen Gelegenheitskriegern. Für eine Region, durch die man sich in der Lage sah, die Überlandverbindungen mit Indien und dem Osten zu sichern, brauchte man eine liberale Freihandelswirtschaft, in der es britischen Unternehmungen möglich sein würde, die Bedrohung eines französischen Einflusses abzublocken. Idealerweise benötigte man außerdem eine kollaborierende pro-britische Regierung, die stabil genug war, um den eigenen Interessen zu dienen. In einem Land, das die Briten sehr unordentlich fanden, sorgte die erste Bedingung in gewissem Sinne für die zweite. Bis es 1882 tatsächlich zur Invasion kam, hatte Großbritannien sich über Ägyptens Außenhandel schadlos gehalten. In den 80er Jahren sog es mehr als drei Viertel der ägyptischen Exporte auf und lieferte fast die Hälfte der Importe. Kaum weniger bedeutend war zudem der Umstand, dass durch die riesigen Darlehen, die die City vergab, um die hochfliegenden Ambitionen und drängenden Bedürfnisse ägyptischer Herrscher zu finanzieren, irgendwann der Punkt kommen würde, an dem diese die Suppe würden auslöffeln müssen. Als es soweit war, hielt Großbritannien den Löwenanteil der öffentlichen Verschuldung der Regierung und wurde tief in die auswärtige, europäische Kontrolle der ägyptischen Finanzen verstrickt. Am Ende des Jahrhunderts hatten die Briten rundum die Kontrolle über Ägyptens Vermögen und sein Schicksal.

Großbritanniens Stil, seinen Einfluss über ein inoffizielles Imperium zu vergrößern, anstelle der kostspieligen Annexion von Territorium, entfaltete seine ganze Magie an Orten, an denen er besonders gut funktionierte, so wie in großen Teilen Südostasiens. In Siam führte der Druck auf den kolonialen Freihandel zu vertraglichen Konzessionen, die es britischen Untertanen erlaubten, Land zu erwerben und in Bangkok und Umgebung zu wohnen, und die Entsendung eines britischen Konsuls zuließen. Er übte die übliche Macht, damit diese Untertanen sicher, wohlhabend und frei leben konnten, nämlich die exterritoriale Jurisdiktion über sie aus. In den 50er Jahren des 19. Jahrhunderts hatte Mongkut von Siam genug davon gehabt, dass sein Staat von aufdringlichen kommerziellen Forderungen eins übergezogen bekam, und ließ den imperialen Einfluss zu. Indem er dem Druck nach Reformen und Modernisierung nachgab, konnte das Königreich formal unabhängig bleiben. Diese Unabhängigkeit jedoch wurde durch Einmischung der Briten in die äußeren Angelegenheiten Siams und durch ihre Dominanz in den wirtschaftlichen Schlüsselbereichen des Handels wie Seefahrt und Bankwesen zutiefst kompromittiert.

Mittelsmänner, Geschäftsleute und Beamte waren zudem sehr damit beschäftigt, die britische Vorherrschaft über die malaiische Halbinsel und andere Gebiete Burmas und Nordborneos zu festigen. Burma hatte das Pech, ungünstig nah bei Britisch-Indien zu liegen und konnte dem heißen Atem von dessen kolonial-wirtschaftlichen Begehrlichkeiten und strategischen Überlegungen nicht entkommen. Nach Jahrzehnten tröpfchenweiser territorialer und kommerzieller Konzessionen an britische Handelinteressen in Rangun war die burmesische Seite der beiderseitigen Beziehungen in den 80er Jahren sowohl misstrauisch gegenüber als auch müde geworden. Es war schon ärgerlich genug, gereizte und zunehmend aggressive Klagen von britischen Kaufleuten über unbefriedigende Handelsprivilegien abwehren zu müssen. Hinzu kam der Streit über ein großes diplomatisches Zeter und Mordio wegen der den dort lebenden Briten aufgezwungenen Sitte, die Schuhe auszuziehen, wenn sie sich in Gegenwart des Königs aufhielten, letztlich nur ein einfaches Ritual des Respekts. Es war sicher nichts im Vergleich zu der Demütigung, die besiegten Xhosa-Führern in den 50er Jahren in der Kronkolonie Britisch-Kaffraria von den Briten zuteil wurde. Sie wurden vom übermächtigen Gouverneur der Kapkolonie dazu gezwungen, seinen Stiefel zu küssen, während er hoch zu Ross thronte, und ihn den größten aller Stammesführer zu nennen: *Inkosi enkhulu.*

Die Sorgen der Briten gingen über Burmas kommerzielles Potential und die Wahrung ihres Ansehens hinaus. Angesichts konkurrierender franko-burmesischer Geschäftsaktivitäten waren sie ebenso besorgt darüber, dass sich Frankreich wurmgleich hineinschlängeln könnte, um direkt an den Grenzen Britisch-Indiens einen Brückenkopf zu errichten. Als das burmesische Mandalay sich weigerte, Großbritannien die Kontrolle über seine auswärtigen Angelegenheiten zuzusagen, war der Bruch unvermeidlich. Ein drittes Mal marschierten britische Truppen ein und besetzten das Land, stationierten eine starke Armee- und Polizeipräsenz, um jeden Widerstand zu zerschlagen und eine Ordnung aufzusetzen. Unterburma hatten sie bereits seit den 60er Jahren des Jahrhunderts in der Tasche, 1886 wurde Oberburma annektiert. Das ganze Land wurde nun als Provinz Britisch-Indiens regiert. Durch eine neu eingerichtete Bürokratie der Regierungsdepartments für Bereiche wie öffentliche Arbeiten und Landwirtschaft sowie ein Rechts- und Polizeisystem übte der Kolonialstaat seine Autorität aus. Indien war als Ort, dessen örtliche Dorf- und Distriktverwaltung man einfach kopieren konnte, äußerst bequem. Es war außerdem sehr praktisch als Standort der Indischen Armee, die jeden noch so widerspenstigen Burmesen zur Räson bringen konnte.

Und auch in Burma fachte die Etablierung eines Marktes für den freien Handel die Kolonialwirtschaft an, wo mit den Ressourcen an Wald und Hölzern Raubbau betrieben wurde, während Regierungsdepartments und Magnaten die besten Beziehungen unterhielten. Indische und chinesische Kaufleute und andere Einwanderer schwärmten hinein, um sich ihr Stück von der Torte dieses immens profitablen Umschlagplatzes zu schnappen, stießen dabei eine schwache burmesische Mittelklasse zur Seite und die Bauern hinab in die Untiefen trostloser Armut. Natürlich waren die Mäuler der Briten die größten in dem Trog. Der europäische Reishandel und die größten Reismühlen waren sicher in britischer Hand, ebenso wie die meisten Unternehmen in der Holzwirtschaft.

Von ihrem Freihandels-Imperialismus getragen, erstreckten sich die britischen Interessen noch auf andere Orte in dieser Region. Die Eröffnung des Suezkanals zementierte die strategische Bedeutung der Straße von Malakka als Pipeline in den Ostasienhandel und gab den Briten einen weiteren Anreiz, seine Schifffahrtsunternehmen zu vergrößern und die Investitionen in seine Zuwächse des 19. Jahrhunderts, Singapur und Hongkong, zu erhöhen. Über viele Jahrzehnte hatte Singapur die Gewinne des zunehmenden britischen Handels mit China abgeschöpft. In den 50er Jahren wurde die strategische Rolle, die es durch seine zentrale Lage an der östlichen Seeroute für die Briten spielte, noch durch den Bau von großen Hafenanlagen und Kohlelagern zur Versorgung von Dampfschiffen vergrößert.

Inzwischen wurden anderswo in Südostasien Schifffahrtswege und daneben ein Gutteil anderer Dinge ausgehoben. Labuan vor der Küste Bor-

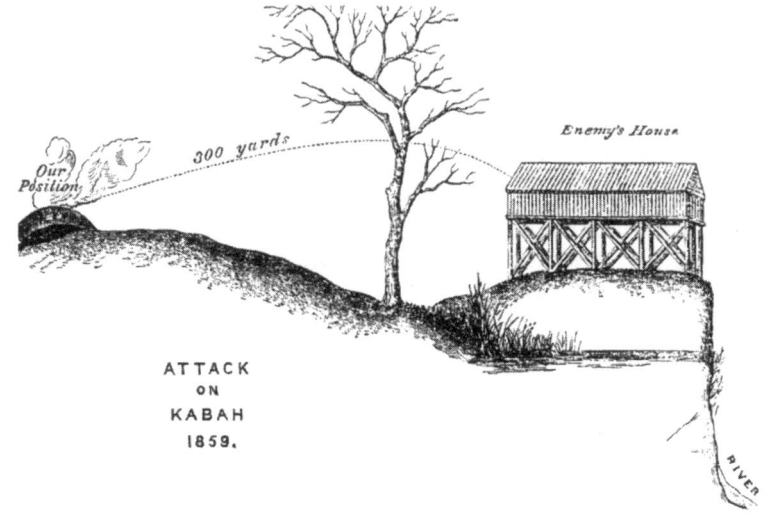

James Brooke, der weiße Raja von Sarawak (1843–1868) verfolgt eine klare Linie
bei seinem Feldzug, Nord-Borneo von Kopfjägern und anderen gefährlichen Raubtieren
zu befreien. Charles Brooke, Ten Years in Sarawak. *Vol. I., Tinsley, London 1866.*

neos wurde in den 40er Jahren des 19. Jahrhunderts auf seinen Platz ver-
wiesen. Auf Borneo war der Kavalier und Freibeuter James Brooke mit
ganzem Herzen auf persönlichen Stand und Einfluss aus. Er benahm sich
und half dem Sultan von Brunei eine Rebellion niederzuschlagen, wofür er
mit der Stellung eines Statthalters von Sarawak belohnt wurde. Als ihm die
Möglichkeit gegeben wurde, einen Gebietsadel zu schaffen, machte Brooke
das meiste aus diesem kleinen imperialen Glücksfall und war im Grunde
sein eigener Herrscher. Er und seine regierenden Abkömmlinge schufen
sich eine bemerkenswerte Existenz als britische Rajahs und pflegten einen
verträumten Despotismus als selbsternannte Hüter eines unverdorbenen
asiatischen Lebensstils und als blutrünstige Feinde der Piraterie, in ihren
Augen eine Beute, die gnadenlos eliminiert werden musste. Diese Landes-
teile fielen schließlich unter Londons »Protektion«.

Der Impuls hinter der direkten britischen Intervention auf der malaiischen
Halbinsel war aber dennoch um einiges weniger seeräuberisch. In den 70er
Jahren wurden Beamte und Geschäftsleute in ihren Handelssiedlungen in
Penang, auf Malakka und anderswo zunehmend durch Grenzunruhen und

andere Tumulte beunruhigt, die durch hart ausgefochtene Streitigkeiten um die malaiische Thronfolge und heftige Handelskriege ausgelöst wurden, in die auch chinesische Banden verwickelt waren. Eine weitere Sorge war die Möglichkeit, dass eine fremde Macht die Unruhen in den malaiischen Königtümern ausnutzen könnte, um sich ihren Weg in einen lebenswichtigen Abschnitt der Seeroute unter britischem Einfluss zu erschleichen.

Eine Wiederherstellung von Frieden und Ordnung, um jede Verschlechterung der britischen Position zu vermeiden, wurde zu einer Frage immer größerer Dringlichkeit, und im Jahre 1873 verkündete das Colonial Office die Einsetzung dort wohnhafter britischer Beamter in den malaiischen Staaten, um anstelle dessen zu regieren, was man als einen Haufen unverantwortlicher Fürsten betrachtete. Dieser Schritt verwandelte sich in eine auf Verträgen basierende Vorherrschaft über ein großes Gebiet, als eine Reihe anglo-malaiischer Übereinkommen in Laufe der 70er und 80er Jahre die Beheimatung britischer Einwohner ratifizierte.

Diese besaßen die üblichen besonderen Attribute kolonialer Verträge jener Epoche. Großbritannien bestätigte die Autonomie der malaiischen Königtümer und die souveränen Rechte ihrer Herrscher, während es die Sultane verpflichtete, dem Rat britischer Beamter in allen Angelegenheiten außer Tradition und Religion zu folgen. Die Sultane zogen aus diesen Übereinkünften manchen Vorteil, da die Briten sich um ihre Geldsäckel kümmerten und ihnen dabei halfen, ihre mickrige Macht über diejenigen zu behalten, die unter ihnen standen. Der größte Vorteil erwuchs natürlich den Briten, da die wahre Arena der Macht sich mit den ankommenden Neueinwohnern und ihren administrativen Einrichtungen füllte. Diese Kolonialverwaltung wurde noch zentraler geregelt und koordiniert, als man die Hauptterritorien der Halbinsel 1896 einem Gebilde namens Föderierte Malaiische Staaten einverleibte, mit der Hauptstadt in Kuala Lumpur, in die ein herrischer General und das zugehörige Personal einquartiert wurden.

Unter den Malaien, die im Schriftverkehr der britischen Politik liebevoll als »Herren dieses Grund und Bodens« bezeichnet wurden, gab es Sultane und andere, die in regelmäßigen Abständen ihre Fersen in eben diesen Boden stemmten und darauf bestanden, ihre Rechte und ihre Souveränität in entgegengesetzter Richtung auszuüben. Aber mit einer beständigen und einheitlichen Regierung der Föderierten Malaiischen Staaten an Ort und Stelle hatten die Briten nur wenig Grund zur Sorge, und ihre industriellen und finanziellen Interessen eroberten spielend Teile der Landwirtschaft und des Bergbaus.

Am Anfang prägten chinesische Geldgeber und eingewanderte Arbeitskräfte Getreideproduktion und Zinnbergbau. Mit ihnen zusammen fanden britische Pflanzer bald heraus, was in malaiischem Klima und Boden am besten gedieh. Die Plantagenproduktion von Kaffee und Zucker wurde Ende des 19. Jahrhunderts durch das Kautschuk-Geschäft verdrängt, wobei man die tamilischen Arbeiter, die aus Indien hereinströmten, ebenso energisch ausnutzte, wie ein extrem rapides Wachstum der Plantagen. Kautschuk-Plantagen und Zinnbergbau waren bald genauso typisch für Britisch Malaya, wie es die Zuckerplantagen für Britisch-Jamaika waren.

Mit Malaya verband sich außerdem eine unverrückbare britische Einstellung gegenüber dessen traditionellen Lebensweisen. Süßlich herablassend und mit einem Hauch von Mythos umgeben, zeichnete dieses Porträt die Malaien als harmlos und träge, nützlich für kleine Arbeiten im Haushalt und leichte Verwaltungstätigkeiten. Am besten geeignet für das Landleben auf den grünen Feldern der Dörfer, waren die Wege des modernen und hektischen Kapitalismus nichts für sie. Die viktorianische Mission durfte hier nicht Zivilisierung sein, sondern eine Konservierung, mit der Folge, dass die Föderierten Staaten um eine Regierung herum Form annahmen, die von britischen Beamten kontrolliert wurde, und um eine blühende Wirtschaft, die vollständig auf die Ansprüche der Dividenden europäischer und chinesischer Geschäfte ausgerichtet war.

Die Dividende war sicher besonders in Britisch-Indien zwingend. Als großer Teil des offiziellen Empire war seine Identität weder eine, die das Empire des Einflusses erzeugte, wie in Argentinien, noch die, die das Empire der Besiedlung erzeugte, wie in Australien, noch die der Autorität, wie in Malaya, noch die einer Kronkolonie wie Gibraltar. In den frühen Jahrzehnten des 19. Jahrhunderts wurde Indien zu einem lebenswichtigen Markt für Großbritanniens Hauptexport, Baumwolltextilien, und für die Aufnahme seiner Eisen- und Stahlerzeugnisse einschließlich ganzer Maschinen. Zu Beginn des Jahrhunderts waren etwa 66 Prozent der Importe britisch. Sie produzierten einen gesunden Überschuss, den Großbritannien dazu verwendete, sein Handelsdefizit mit Nordamerika und mit Kontinentaleuropa auszugleichen. Dahinter steckte die hilfreiche Arbeit der britischen Politik im ersten Viertel des Jahrhunderts, die die örtliche Textilindustrie unterdrückt hatte, um die Textilmühlen Lancashires von der indischen Konkurrenz zu befreien.

Und dies war noch nicht alles. Durch seine großen Exportüberschüsse im Fernosthandel konnten die Unternehmungen in Britisch-Indien auch

EINE BRITISCHE WELT

die Handelsbeziehungen mit anderen Ökonomien in jener Gegend kontrollieren. Es sollte nicht vergessen werden, was leider zu oft geschieht, dass ein Großteil dessen, was von dort exportiert wurde, Opium war, ein Narkotikum, das noch in den 70er Jahren des 19. Jahrhunderts den chinesischen Markt überflutete. Fast von Beginn an wurde die reguläre Erzeugung des Opiums für die Erhebung von Steuern als dynamisches staatliches Monopol entwickelt. Für die Idealisten des weltweiten britischen Laissez-Faire-Kapitalismus machte dies Indien zu einem Teil des Empire, über den man verlegen sein musste oder besser schwieg.

Seine angenehmen Handelsüberschüsse wurden dann abgezogen, um das Wohlergehen Großbritanniens durch ein faszinierend künstlich anmutendes politisches Arrangement zu erhalten, das alles so aussehen ließ, als hielte ein liberales London Indien aufrecht. Die Erhebung städtisch klingender Home Charges, Heimatsteuern, oder von indischen Zahlungen für das Privileg, von den Briten verwaltet und regiert zu werden, half dabei, ein indisches Handelsdefizit gegenüber Großbritannien zu schaffen. Diese Beziehung der Abhängigkeit wurde durch aufgeblasene Interessenszahlungen indischer Verschuldung an die Bankhäuser englischer Gentlemen in der City noch weiter festgenagelt. Nicht umsonst war dieses Land das Juwel oder der große Honigtopf des britischen Weltreiches im 19. Jahrhundert. Großbritannien steckte eine Menge hinein, aber das war nichts im Vergleich zu dem, was es herausbekam.

Zusätzlich zu seiner immensen Bedeutung für britische Geschäfte hatte Indien einen weiteren Vorteil für das Empire, nämlich seine Armee. In den frühen Jahren des 20. Jahrhunderts hatte sie eine Kampfstärke von mehr als 160 000 Mann. Sie stellte in Friedenszeiten rund die Hälfte der britischen Militärkraft weltweit dar, und so war die indische Armee deutlich mehr als nur eine Besatzungstruppe für die Verteidigung Indiens. Für einen Staat, der keine Wehrpflicht zu Verfügung hatte, war sie ein essentieller Wert für das ganz normale Geschäft kolonialer Kriegführung, Eroberung und Befriedung. Zusätzlich zu ihrer enormen Größe hatte die indische Armee den weiteren Anreiz, billig zu sein. Imperiale Arrangements waren am besten, wenn sie scharf kalkuliert waren und dem britischen Steuerzahler nur wenig auf der Tasche lagen. Ein politisches Prinzip verpflichtete die indische Regierung, für die Armee auf ihrem Grund und Boden in Friedenszeiten zu zahlen und für die Kosten indischer Truppen, die in Übersee dienten, aufzukommen. Auf dieser wirtschaftlichen Basis wurde die indische Armee gegen Ende des Jahrhunderts dazu eingesetzt, britische Positionen entlang eines großen Bogens kolonialer Interessen im Osten durchzusetzen, der sich halbmondförmig von Fernost bis nach Ostafrika erstreckte. Inmitten der ständigen Unruhe über die Bürde, die auf Großbritannien in Form der Kosten für die Verteidigung seiner Kolonien lastete, waren Indiens fast unerschöpfliche militärische Ressourcen eine höchst rühmliche Ausnahme.

Die Notwendigkeit für Großbritannien, seine absolute politische Kontrolle über Indien zu behalten, stand praktisch außer Frage, und man war bereit, für die Aufrechterhaltung dieser Vormachtstellung weit zu gehen, indem man einen großen Teil der Außenpolitik sowie der militärischen und maritimen Kapazität aufwandte, um den Klammergriff dort zu halten. Es stimmt, dass sich Großbritannien den größten Teil des 19. Jahrhunderts kaum Sorgen über eine ernsthafte Bedrohung irgendeiner seiner imperialen Besitzungen vonseiten einer konkurrierenden Macht machen musste. Die Vereinigten Staaten von Amerika warfen ihren Schatten über Kanada, aber sie gingen kaum soweit, ihre Krallen nach stabilem Territorium auszustrecken. Die Kanadier waren jedenfalls nicht die eine große Sache, das Juwel in der Krone. Dessen Glitzern schien schon eher durch die begehrlichen Blicke der Russen in Gefahr.

In den 20er Jahren des 19. Jahrhunderts begann die russische Expansion nach Zentralasien und in den Kaukasus den Briten ominös vorzukommen, besonders in Hinblick auf Britisch-Indien: Wenn Russland seine Kontrolle über Zentralasien ausdehnte, so erkannte man, und Afghanistan, Persien und Teile des verwundbaren Osmanenreiches in seinen Besitz brachte, würde es gegen indische Grenzen stoßen: Sollte der bedrohliche russische Einfluss dann in das Land sickern, um die politische Situation anzufachen, dann könnte das britische Supremat tatsächlich aufgebrochen werden. Um diese Bedrohung abzuwehren, konzentrierte sich Großbritannien darauf, eine starke und schützende Grenze in Nordwestindien zu ziehen und den Dorn des Einflusses zu stärken, den es nach Afghanistan, den Mittleren Osten und Richtung Persischer Golf hineingetrieben hatte. Danach sollte Indien auf Linie gebracht werden.

Der Versuch, all diese Taktiken zu verbinden, erwies sich als harte Probe, bei der man auch bewaffnete Expeditionstrupps über die indischen Grenzen schicken musste, in der Absicht, in den angrenzenden Territorien botmäßige, pro-britische Regierungen einzusetzen. Mehr als einmal kam es in jener Zeit zu katastrophalen Ausflügen nach Afghanistan, in denen man von schneidigen Lanzenreiter-Regimentern erwartete, dessen Herrscher davon zu überzeugen, britische Vermittler zuzulassen und ihrer aufgeklärten Führung zu folgen. In den 30er und 40er Jahren und erneut in den 70er Jahren führte sie die britische Schikane quasi erst in die Patsche hinein. Im Jahr 1879 unternahm man einen großen Feldzug, um afghanischen Widerstand niederzuschlagen und die Regierung des Landes in eine günstigere Richtung zu lenken, was die Sicherheitsbedürfnisse Britisch-Indiens betraf.

Nachdem der letzte aufbrausende afghanische Rebell von der imperialen Besatzungsarmee niedergemetzelt oder gehenkt worden war, wurde das Land zu einem britischen Protektorat. Der britische Löwe hielt seine Tatze auf der Außenpolitik, aber Afghanistan blieb starrsinnig und instabil, seine ununterbrochene Gärung ein ständiges Problem für das benachbarte Vizekönigtum Indien. Nie ein guter Stopfen für die Lücke nach Indien, stand diese Unsicherheit im Zentrum dessen, was später das imperialistische »Große Spiel« genannt werden sollte, jene Intrigen der Engländer und Russen um den Einfluss in Asien.

Großbritanniens Position innerhalb Indiens selbst wurde durch den großen Aufstand von 1857 massiv erschüttert, der selbst heute noch häufig herabwertend als die »indische Meuterei« bezeichnet wird. Er begann als Auflehnung rebellischer indischer Kavalleristen in Meerut wegen der Verletzung einer heiligen Sitte. Diese Truppen vereinigten sich mit Sepoys der East India Company, die öffentlich erniedrigt und verhaftet worden waren, weil sie sich geweigert hatten, eine neu ausgegebene Patrone anzufassen, von der das Gerücht umging, sie sei mit einem Gemisch aus Schweine- und Rinderfett geschmiert. Die überhebliche Arroganz war seit langem ein Charakteristikum britischen Verhaltens gewesen, und diese schamlose Order gipfelte darin, dass Muslime und Hindus gleichermaßen empört waren.

Die Meuterei der Soldaten wuchs sich schnell zu einer Rebellion auch innerhalb der Zivilbevölkerung aus, die sich über einen großen und dicht besiedelten Teil Nordindiens ausbreitete und die britische Autorität mit einem Knall zu Fall brachte. Sie erwies sich als hochansteckend. Fast alle Gruppierungen der indischen Gesellschaft beteiligten sich daran, angefangen bei Fürsten, die von der Kompanie geringschätzig behandelt worden waren und unter der britischen Herrschaft ihre Stellung eingebüßt hatten, bis zu Bauern, die unter den unerbittlichen britischen Forderungen nach

Steuereinnahmen ächzten und durch die rigide Enteignungspraxis im Falle der Nichtzahlung ruiniert worden waren. Obgleich die Anliegen und Motive fast ebenso breitgestreut oder gemischt waren, scheint es, als wären es eine allgemeine Angst vor der sich ausbreitenden britischen Autorität und ein glühender Hass auf ihre Administration mit ihrer kostenreichen Einmischung in die Abläufe der Wirtschaft und Gesellschaft des ländlichen Indien gewesen, die die Menschen in der Hoffnung, die Briten zu loszuwerden, auf die Straße trieben.

Nachdem Großbritannien für kurze Zeit vollständig die Kontrolle über ein großes Stück seines indischen Territoriums verlor, reagierte es mit erbarmungsloser Härte, um seine Autorität wieder zu erlangen, und der Raj setzte sich durch. Begleitet von wohlkalkuliertem Abschlachten auf beiden Seiten, waren die Verluste dieses Aufstandes furchtbar. Britische Zivilisten, darunter Frauen und Kinder, wurden ermordet, genauso wie die britischen Offiziere von Sepoy-Regimentern. Meuterer aus der Armee, Rebellen und jene, die man für schuldig hielt, mit ihnen konspiriert zu haben, wurden sofort getötet, entweder erschossen, gehenkt, lebendig verbrannt oder vor einen Kanonenlauf gebunden und von der Kugel in Stücke gerissen. Von einer extremen rassistischen Dämonisierung und Feindseligkeit geprägt und unter dem Drängen nach Blut und Rache hinterließ der Aufstand ein bitteres Vermächtnis und vergrößerte die breite Kluft zwischen Kolonialherren und Untertanen. Diese exzessive Orgie der Gewalt erstickte im Grunde jeden vorsichtig aufkeimenden Optimismus, dass sich Indien unter britischer Vorherrschaft zu seinem Besten entwickeln, seine Leiden loswerden und dem Ideal einer zivilisierten Freiheit entgegengehen könnte. Die autoritären Einwanderer waren gekommen, um zu bleiben, und ihre alltägliche Arbeit in Indien würde sich mit doppelter Anstrengung der ordnungsgemäßen Weiterentwicklung des Steuerwesens, der Justiz, der Eisenbahn und des Bildungssystems widmen müssen.

Nach dem Aufstand vertraute man die Verwaltung und Organisation Indiens nicht länger der East India Company und ihrer Ansammlung untergeordneter indischer Kollaborateure an. Stattdessen wurde die Regierung im Jahre 1858 direkt Krone und Parlament unterstellt. Als oberste Macht über etwa 600 Fürstenstaaten, von denen einige, wie z.B. Hyderabad, so groß waren wie England selbst, wurde die imperiale Herrschaft indirekt ausgeübt, gefiltert durch Herrscher, deren Aktivitäten von einem britischen Beamten überwacht wurden. Er regelte die örtliche Verteidigung

Ein anglo-indischer Stutzer stellt seine Männlichkeit unter Beweis: ein 12jähriger indischer Fürstensohn hat einen weiteren Bengalischen Tiger erlegt, gegen das Klima geschützt durch feine britische Stoffe wie Flanell und Kordsamt. *Illustrated London News, Juni 1895.*

und die äußeren Angelegenheiten, wobei viel von seiner Wachsamkeit abhing. Das eigentliche Britisch-Indien, Regionen wie Bengalen und der Punjab, wurden von einem sogenannten Civil Service direkt regiert, der von einer Elite qualifizierter Engländer geführt wurde, süchtig nach Bridge-Parties und Regency-Villen in den Ausläufern des Himalaja, die meist eine feine Balance zwischen der Bestrafung von Dienern und der Kultivierung der höchst notwendigen Annehmlichkeit indischen Wohlwollens hielten.

Doch selbst hier bewegte sich die imperiale Herrschaft nur an der Oberfläche. Auf ihrer Höhe um die Jahrhundertwende bestand die europäische Elite des Indian Civil Service (ICS) nur aus etwa 1300 Beamten, inmitten einer Bevölkerung von 250 Millionen Menschen. Da sich einige von ihnen als Vermittler oder Unterhändler jenseits der Frontlinien zwischen den Geldverleihern in den Dörfern und den verschuldeten Bauern hielten, benötigten die versprengten ICS-Beamten einen Kreis williger Schützlinge, um ihre Aufgaben zu erfüllen. Ihr Einfluss beruhte auf einvernehmlichen Allianzen mit Fürsten, Großgrundbesitzern und führenden Geschäftsleuten, und auf einer Schicht westlich gebildeter indischer Angestellter und Übersetzer, die die entscheidende Grundlage in den Büros der britischen

Verwaltung darstellten. Diese Gruppen waren fest an den Raj gebunden und kümmerten sich innerhalb der provinziellen und dörflichen Gesellschaft um britische Belange, zogen Steuergelder ein, sammelten Informationen über jene, die den Frieden gefährdeten, und bevölkerten neue und wachsende Arbeitsbereiche in verschiedenen Berufs- und Handelszweigen.

Im Allgemeinen ruhte die Herrschaft der Krone und ihre ausgefeilte imperiale Prägung in Indien auf einer etwas verworrenen Mixtur von Kräften. Auf der einen Seite entwarf die britische Kolonialregierung, die sich selbst als den fürstlichen Nachfolger der alten Mogulkaiser und ihrer Vasallen betrachtete, ein ostentativ traditionelles Bild von Autorität, und ihre aufgesetzten öffentlichen Rituale und aufwendigen Zeremonien spiegelten den Glauben wider, dass es orientalische Pracht war, die die Gemüter adliger und anderer pflichtbewusster Inder am meisten beeindrucken würde. Übereifrige Missionare und andere Christen auf dem Kreuzzug wurden durch einen Raj gezügelt, der um die althergebrachte Autorität der hinduistischen und islamischen Glaubensordnungen besorgt war und der die Inder großenteils ihren eigenen kulturellen, religiösen und sozialen Praktiken überließ.

Während die Briten also wenig Interesse daran hatten, Indien zu anglisieren und zu evangelisieren, erforderten ihre wirtschaftlichen und auch andere Interessen auf der anderen Seite, dass das Land in anderen Bereichen einen modernisierenden Sprung nach vorne machte. Eisenbahnlinien, Straßen, Telegraphen- und Postdienste, Hygiene, Bewässerung und damit verbunden öffentliche Arbeiten veranschaulichten die viktorianische Idee von einer außergesetzlichen Verbesserung für jene nach Tennyson niederen Rassen. Was das Gesetz betrifft, so brachte die britische Justiz nicht nur neue und schwerwiegende rechtliche Differenzierungen in Fragen der Landpacht, des Landrechts und der Arbeitsverträge, die vor allem die arme Landbevölkerung zu Fall brachten, sondern die Spielregeln einer höheren britischen Gerechtigkeit bedeuteten auch die Einführung einer neuen Gleichheit vor dem Gesetz. Wenn man seine Glaubwürdigkeit im Großen und Ganzen behalten wollte, mussten die Gerichte hin und wieder eine hochgestellte Person verurteilen. Privilegierte Brahmanen und andere vornehme Männer konnten nun verhaftet oder sogar gehenkt werden.

Für den britischen Staat und sein Weltreich war Irland nicht ganz gleich Indien, aber es teilte die Plage der Feindschaft zwischen Großgrundbesitzern und Pächtern mit diesem und auch eine Tendenz, in anti-britische Unruhe zu verfallen. Die formale Vereinigung der Königreiche Großbritannien und Irland im 19. Jahrhundert war eine Annexion, überstrichen mit parlamentarischem Lack, da die Situation Irlands die einer Kolonie blieb. Die imperiale Bürde war hier eher noch schwerer als in weiter entfernten Kolonien, die die Kontrolle über ihr eigenes Steuer- und Abgabensystem hatten, sich nicht daran beteiligen mussten, dass die imperialen Truppen marschierten und nicht ausgeblutet wurden, um die nationale Verschuldung zu tilgen. In den späteren Jahrzehnten dieser Periode wurde der steuerliche Beitrag Irlands zu den Kosten von Marine und Armee und anderen imperialen Einrichtungen ernstlich überdehnt. Gleichzeitig blieben die britischen Investitionen in Irland – anders als in Indien – gering, und das Einkommen aus Eisenbahnen, Banken und Versicherungen wurde durch einen bescheidenen Fluss von Pachteinnahmen aus Landgütern vergrößert, die in der Vergangenheit ein Lockmittel für feiste englische und schottische Siedler gewesen waren.

Auch unter anderen Gesichtspunkten fand der koloniale Horizont der Briten Irland nicht sonderlich profitabel oder ansprechend. Die schwierige innere Kontrolle erforderte eine massive paramilitärische Präsenz und die dauerhafte Stationierung einer noch größeren irischen Besatzungstruppe, die in den letzten Jahrzehnten des 19. Jahrhunderts größer war, als jedes andere britische Kolonialkommando mit Ausnahme von Indien. Seine Soldaten waren mit überwältigender Mehrheit Engländer und Schotten, von denen man wusste, dass sie sich nicht mit den Feniern einlassen und auch nicht zu zartfühlend sein würden, was die bürgerlichen Freiheiten der Menschen betraf, die in ihren vielen Garnisonsstädten wohnten.

Wenn überhaupt, war die Belohnung für Irland eine Art Kronkolonie-Khaki. Der Widerwille gegen die Pläne des napoleonischen Frankreich hatten die Einverleibung der westlichen Insel beschleunigt, und seine Nähe zur britischen Hauptinsel sorgte dafür, dass es auch weiterhin als strategisch wichtig betrachtet wurde, ein Gibraltar der Irischen See, wenn auch nicht ganz so lebenswichtig für Londons maritime Sicherheit. Ideen, die Insel mit unternehmungslustigen Engländern und robusten Schotten von Grund auf neu zu besiedeln, liefen auf nichts heraus, trotz der beträchtlichen und andauernden Emigration der irischen Bevölkerung im 19. Jahrhundert. Die britischen Siedler, die dorthin kamen, neigten dazu, sich um Dublin und Belfast zu sammeln, um dort eine qualifizierte städtische Stellung anzunehmen.

Eine englische Bildung wurde zum Vehikel, mit dem man einen anglisierenden Kulturimperialismus betreiben konnte, und das nationale Bildungswesen nach 1830 verbreitete die englische Sprache unter den rohen keltischen Barbaren, ungefähr zur gleichen Zeit, als Matthew Arnolds vor den Inselbanausen seiner englischen Heimat die Qualität der keltischen Literatur und Sprache rühmte. Aber die Einimpfung des Englischen diente mehr dazu, die Effizienz von Regierung und Kommunikation zu fördern, als dass sie eine Politik war, mit der die irischen Untertanen in Adoptivbriten verwandelt werden sollten. Die eingefleischten rassistischen Einstellungen britischer Imperialbeamter, Politiker, Generäle und anderer schoren die Iren auch weiterhin mit den barbarischen Horden Afrikas und Asiens über einen Kamm. In den 90er Jahren des 19. Jahrhunderts teilten der konservative Premierminister Lord Salisbury und die Fabianisten Sydney und Beatrice die gängige Meinung, dass die unfähigen Iren in ihrer evolutionären Unvollkommenheit an die »Hottentotten« Südafrikas erinnerten.

Während irische Separatisten und Nationalisten gegen die erzwungene Bindung an die englisch-imperiale Zivilisation wetterten, machte eine Anbindung an das Empire durch die Union protestantische Loyalisten natürlich eher zu vollwertigen Bürgern des Mutterlandes als zu kolonialen Abhängigen. Das Empire war eine Chance. Tatsächlich waren im Laufe des 19. Jahrhunderts mehr gebildete und qualifizierte irische Protestanten und auch einige Katholiken in der Lage, eine Beschäftigung in den kolonialen Diensten zu ergattern und taten ihre Pflicht im ICS, arbeiteten als medizinisches Personal oder bauten in Kanada oder Australien den öffentlichen Sektor aus. Und für die Söhne des protestantischen irischen Landadels gab es wie für ihre schottischen Standesgenossen Posten in der indischen Armee oder anderen Kolonialtruppen. Man kann behaupten, dass es die Verlockung eines bewaffneten Dienstes war, die am meisten dazu beitrug, bei der Verteidigung britischer Interessen in Übersee eine besondere Gattung blutrünstiger Iren hervorzubringen, deren Aggressivität es in verschiedenen späteren Kriegen des viktorianischen Empire zu einiger Berühmtheit bringen sollte. Aber zur selben Zeit war eine irische Herkunft oder Verbindung für gefeierte britische Krieger wie den spartanischen Horatio Herbert Kitchener keine Empfehlung, ganz gleich ob protestantisch, katholisch oder vom Tau der Home Rule befeuchtet.

Für die einfachen Iren des 19. Jahrhunderts war es daher eine extrem gute Empfehlung, in Kolonien mit einer wachsenden weißen Siedlerschaft auszuwandern. Hunderttausende irische Auswanderer wurden mit Hilfe von staatlichen Transportsubventionen und Versprechungen von Landzuweisungen verschifft und machten Ende des 19. Jahrhunderts einen bedeutenden Teil der kolonialen Bevölkerungen von Ländern wie Kanada oder Australien aus. Freilich hatte auch die von der Regierung unterstützte Auswanderung nach Australien etwas vom Zwang früherer Zeiten. Für eine Kolonie, der es an Sklaven mangelte, war die Verfügbarkeit von neuen Häftlingen für die Haus- und Feldarbeit ein beträchtlicher Trost für Siedler, die sich über die Engpässe an billiger Arbeitskraft aufregten.

Der Strom der Iren in die Siedlerkolonien war sicher nur ein Beitrag zur Entwicklung dieser kolonialen »Britannias«. Reduziert auf das Wesentlich hatte das ländliche Kanada eine sichere politische und kulturelle Ausrichtung hin zu Großbritannien und scheinbar unbegrenzt Platz, aber es mangelte ihm an Indiens Millionen imperialer Untertanen. Auf dieser Ebene ist die Tatsache, dass der britische Teil Nordamerikas in den frühen Jahrzehnten des 20. Jahrhunderts den größten Anteil an der überseeischen weißen Siedlerbevölkerung stellte, nicht so bemerkenswert, wie sie zunächst vielleicht scheinen mag. Zahlenmäßig war dies nicht mehr als die Bevölkerung Groß-Londons. Auffälliger war da vielleicht der Zustrom von Frauen und Kindern, ein Ergebnis besonderer Emigrationspläne für Frauen, um den groben, maskulinen Charakter einer Auswanderergesellschaft zu ändern, die ihre Ursprünge größtenteils im Pelzhandel hatte. Vom klassischen viktorianischen Geist der Reform und der Kreuzzüge zur Verbesserung der Situation genährt, stellten sich die kolonialen Reformer vor, dass die Ankunft zarter europäischer Ehefrauen die moralische Gesundheit heben würde. Sie würde den losen Lebenswandel von Pelzhändlern und Holzfällern stabilisieren, die in verwahrlosten Zelten lebten, zeitweise gar mit »Prärie-Squaws« als allzu intimer persönlicher Gesellschaft.

Die Verwandlung von Siedlerterritorien wie Kanada in mustergültige Horte familiärer Tugenden würde die sozialen Eigenschaften und Einrichtungen der britischen Kanadier stärken. Gleichzeitig wurde das Los der Ureinwohner immer bedrückender, während Krankheiten, Alkohol und die Ausrottung der Büffelherden dazu betrugen, ihren Anteil an der Bevölkerung von etwa 20 Prozent Anfang des 19. Jahrhunderts auf ein Prozent am Vorabend des Ersten Weltkriegs zusammenschrumpfen zu lassen. Als der Druck der Immigranten, mehr billiges Land und den Zugang zu Ressourcen zu bekommen, anstieg, beschlossen die Behörden die Schaffung begrenzter Reservate, damit die indianische Bevölkerung sesshaft wurde und einen ordentlichen Lebenswandel sowie eine Hausapotheke zu schätzen lernte. Alles übrige Land wurde ihnen bequemerweise als offenes »Ödland« entzogen und damit für den Erwerb verfügbar.

Als Kanada 1867 ein selbstverwalteter Staatenbund wurde, war es ein klassisches Beispiel für die beleibte Natur einer britischen Imperialidentität in seiner konstitutionellen Großzügigkeit, mit der es sich in ein immer größeres Niveau der politischen Unabhängigkeit für loyale, weiße, britische Untertanen fügen konnte. Dennoch, während das anglophone Kanada als ein verantwortungsbewussteres Nordamerika gewertet werden konnte, war es kaum einer der besten Handelskunden des Empire. Obwohl Großbritannien bis um 1900 fast 90 Prozent des gesamten Kapitals stellte, das dort investiert wurde, pulsierte Kanada abgesehen vom Bau seiner Eisenbahnen und Kanäle nicht gerade vor Märkten oder Rohstoffen. Früher von einiger strategischer Bedeutung für die Marine, lief sein Holzhandel nach dem Beginn des 19. Jahrhunderts auf halber Kraft, und neuere Entwicklungen gab es danach nur in geringem Umfang. Das Wachstum des Bergbaus war eher schwach, und auch die kurze Euphorie des Goldrauschs am Yukon konnte nicht in eine spektakuläre britische Expansionsbranche verwandelt werden. Anders als Südafrika mit seinem größer werdenden Markt von Minenanteilen, die an der Londoner Börse »Kaffer« genannt wurden, würden Spekulationen mit kanadischen Steinen und Minen wohl niemals den Ton bei ihren ununterbrochenen Rhythmen der Bullen und Bären angeben.

Ein größerer Appetit auf imperiale Gelegenheiten lag in den westlicheren Bereichen der Pazifikregion. Von den Überzeugungen des Seefahrers James Cook im vorangegangenen Jahrhundert begeistert gingen die Briten davon aus, dass auf den Inseln und dem australischen Festland Vermögen gemacht werden konnten, Siedlungen errichtet und vielleicht heidnische Seelen gerettet. Am Beginn des 19. Jahrhunderts setzten eingewanderte freie Kolonisten mit zunehmender Regelmäßigkeit von New South Wales nach Neuseeland über, das einen günstigen Ausgangspunkt für ausgedehntere Reisen über den Pazifik und für den Handel mit den Maoris bot, bei dem man auf der Basis eines überwiegend friedlichen Kontaktes und Miteinanders sowohl Waren als auch Wissen austauschte. Eine kleine Minderheit, nicht mehr als wenige Hundert, von Händlern, Walfängern und Missionaren machte ihren Weg in einer Maori-Umwelt und wurde dort nicht nur toleriert, sondern wegen ihrer Werkzeuge, ihrer Handelspraktiken und ihres Scharfsinns geschätzt, den die handfesten Maoris ihren eigenen Zielen anpassten.

Als die britischen Besucher und Bewohner zu einer großen Einwanderungswelle wurden, belastete dies die guten Beziehungen. Das Interesse an Neuseeland stieg unter Gruppen und Firmen, die als Reaktion auf Arbeitslosigkeit und Missstände zu Hause verlässliche Kolonien suchten, und die feine Balance von Handel und Kontakt geriet aus den Fugen. Dubiose Landkäufe durch private Mittelsmänner und die zunehmende Einmischung der Briten in die örtlichen Angelegenheiten der Maoris führten zum Aufflackern von Unruhen und immer gewalttätigeren Auseinandersetzungen, die 1840 eine Intervention von London provozierten. Neuseeland wurde annektiert, um die Ordnung und die souveräne Autorität der imperialen Zivilisation herzustellen.

Die offiziell geregelte weiße Besiedlung wurde in einer Regierungszeremonie in Kraft gesetzt, zu der auch die Unterzeichnung des Vertrages von Waitangi im Jahre 1840 gehörte, gemeinsam mit den örtlichen Stammesführern, die glaubten, die Ansprüche der Maoris schlössen ihr Selbstbestimmungsrecht unter einer höheren Autorität mit ein. Die Vorstellung der Briten jedoch sah etwas anders aus, nämlich, dass sie als souveräne Staatsmacht in Neuseeland dazu berechtigt seien, all seine Einwohner zu regieren, Maoris genauso wie irische Katholiken, schottische Presbyterianer oder englische Freimaurer. Konfrontiert mit einer kleinen, aber zähen und kraftvollen Maori-Gesellschaft, die sich dem Verlust ihres Landes und ihrer politischen Autonomie widersetzte, gelang es der britischen Ordnung nicht, hinreichende Zustimmung oder Anerkennung zu erlangen, und so musste sie mit Zwang durchgesetzt werden.

Als Meister im Einsatz gegen imperiale Truppen gaben die Krieger zwischen 1840 und 1880 in einer Reihe von Maori-Kriegen eine glänzende Vorstellung, bevor sie unter dem Gewicht der deutlichen Überzahl der Briten einbrachen. Niederlage, Demoralisierung und der folgende Verlust politischen Zusammenhalts schwächten ihre unabhängige Kraft und machten es den Briten leicht, den Maoris Millionen Quadratkilometer ihres Landes wegzunehmen. Ein konstanter Zustrom von Einwanderern ließ ihre Position nach 1880 zu der einer Minderheit innerhalb einer viel größeren Siedlerbevölkerung zusammenschrumpfen. Die Ansichten über die Misere oder das Anliegen der Maori unter den britischen Missionaren in Neuseeland waren gemischt, aber was letztlich zählte, war, dass ihre

Niederlage und ihre Enteignung das Land zu einem attraktiven, zahmen Gebiet für zukünftige Siedler machte. In Werbekampagnen, mit denen Einwanderer für eine neue und weitentfernte Kolonie gewonnen werden sollten, zeigten wohlwollende Porträts die Maoris als vertrauenswürdige Arbeitskräfte, einen guten Markt und eine freundliche Stammesbevölkerung, die dem herben Hochgefühl des neuseeländischen Lebens in der Wildnis einen lyrischen Ausdruck verlieh. Vielleicht war das koloniale Neuseeland schon auf dem Wege, zum Teilzeit-Maori zu werden, bevor es ihm selbst bewusst wurde.

In den 50er Jahren des 19. Jahrhunderts begann sich seine koloniale Landwirtschaft auf die Wolle als wertvolles Hauptexportgut zu konzentrieren, aber die Einführung der Kühlung auf Schifftransporten in den letzten beiden Jahrzehnten des Jahrhunderts stimulierte eine sehr rasante Entwicklung der Verarbeitung von Fleisch und der Milchwirtschaft und produzierte riesige Mengen an Lamm, Butter und Käse zu Kosten, die nur ein Minimum von denen der heimischen britischen Produzenten betrugen. Mit Fleisch und Molkereiprodukten als Hauptstütze seiner Exportwirtschaft wurde Neuseeland zur klassischen imperialen Ergänzungswirtschaft, praktisch ein regnerischer Fortsatz der Weiden und Marktstädtchen von Lincolnshire oder Wiltshire. Obwohl im Jahre 1856 eine Regierung eingesetzt wurde und das Land eine maßvolle politische Loslösung erfuhr, banden britische Investitionen und Märkte für Nahrungsmittel Neuseeland noch fester an die Finanzkraft Londons. Neuseeland war der pflichteifrige jüngere Cousin Großbritanniens selbst.

Gleichzeitig fanden der koloniale Aufstieg und die imperiale Macht im Pazifik einen breiten und festen Anker in Australien, während es sich langsam von der Strafkolonie in der Botany Bay in ein riesiges Land der Möglichkeiten verwandelte, in denen Siedler etwas machen konnten. Australien war ebenfalls ein gutes Stück von London entfernt. Aber es besaß den Reichtum des Pazifik, die Arbeitskraft der Gefangenen, einen Überfluss an Land, über das man kraxeln konnte, und eine dünne Kruste verwundbarer Aborigines, derer man sich ohne Probleme entledigen konnte, als sie von einer neuen und sich ausdehnenden Kolonialgesellschaft eingewanderter Briten zahlenmäßig überholt wurden. Das Land wurde insbesondere für riesige Schafherden genutzt, und nach 1830 wurde Wolle zum führenden und dauerhaftesten australischen Exportgut dieser Periode. Als britisches Kapital begann, in die Landwirtschaft zu fließen, entwickelten sich noch andere wichtige Farmprodukte, besonders Rinder, Weizen und Zucker. Mit der Möglichkeit des gekühlten Gütertransports gelangten große Mengen tiefgefrorenen Lamm- und Rindfleischs auf den Weltmarkt, der fast ausschließlich über Großbritannien lief. Vom australischen Kontinent aus griffen Fischerei-Spekulanten auf den Handel mit der pazifischen Inselwelt aus und schufen ein hungriges, plünderndes Räderwerk, das Meeresfrüchte, Meerestiere, Sandelholz und andere Güter für den China-Handel aufhäufte.

Aber das wirtschaftliche Wachstum Australiens musste auf mehr aufgebaut werden als auf dem Umstand, ein weit entfernter Schafzuchtstandort des industriellen Großbritannien zu sein. Bodenschätze wie Gold, Kohle, Kupfer, Blei, Silber und Zink trugen wesentlich zu den Exportgewinnen und fiskalischer Unabhängigkeit bei, die einer der Schlüsselpfeiler des imperialen Systems war. Eine profitable Produktion für den Export band die neue australische Wirtschaft an das internationale Handelssystem und sorgte für die Gewinne, die man benutzen konnte, um die notwendige Infrastruktur zu finanzieren – den Bau von Eisenbahnlinien, Straßen, die Einrichtung städtischer Dienstleistungen usw. Großbritannien war eindeutig ein wichtiges Rad, damit dieses Getriebe lief, sowohl als Abnehmer als auch als Geldmarkt. Es machte allein mindestens die Hälfte des australischen Handels aus, und der gewichtige Anteil der City an den Kapitalinvestitionen spiegelte die Abhängigkeit der Kolonie von den Londoner Finanzmärkten wider.

Am Beginn des 20. Jahrhunderts hatte ein seit neuestem föderales weißes Australien nicht nur eine eigene Regierung erlangt und einen deutlichen Grad an konstitutioneller Freiheit. Es hatte auch begonnen, eine männlich-koloniale Identität zu kultivieren, als ein Land, in dem selbst die Gattung »verweichlichter Brite« durch ein kräftigendes Leben in der Sonne regeneriert werden und kernige anglo-australische Jungen zeugen konnte, von einer Sorte, die seit 1870 für englische Cricket-Teams eine echte Herausforderung darstellte. Dennoch gab es da noch jene einschränkende Realität, die Australien mit anderen Siedlerkolonien teilte. Seine großen Kredite in London auf der Square Mile, mit denen Regierung, Eisenbahn, städtische Infrastruktur und alle möglichen anderen Schwerpunkte nationaler Entwicklung finanziert worden waren, förderten die Doppelbödigkeit. Größere politische Unabhängigkeit ging einher mit größerer Abhängigkeit von der riesigen Finanzkraft des britischen Imperialismus.

Im späteren 19. Jahrhundert war London das unangefochtene Finanz-zentrum der Welt, als britische Investitionen in Übersee zwischen 1815 und 1914 von 200 Millionen Pfund auf 4 000 Millionen Pfund anstiegen und die heimische Wirtschaft winzig erscheinen ließen. Nur 5 Prozent die-ses Volumens blieben 1914 in Europa. Alle wichtigen Währungen waren an den internationalen Goldstandard gebunden, was im Endeffekt bedeu-tete, dass der Großteil des Welthandels von der Bank of England gezeich-net wurde. London war außerdem die Hauptstadt des größten Reiches der Welt, dessen administrative Macht ungleichmäßig über verschiedene Ab-teilungen und Agenturen in Whitehall verteilt war. Einige, wie das India Office und das Colonial Office, waren exklusive Horte des Papierkrams. Andere, wie das War Office, erledigten die härteren Pflichten, wozu ge-hörte, das Ganze zusammenzuhalten.

Während dieses Empire als loser Zusammenschluss verschiedener Interessen entstanden war, darunter die von Kaufleuten, Industriellen, Forschern, Missionaren, Auswanderungsgesellschaften – die Begeisterung für den Abtransport von Sträflingen inklusive –, ruhte es ansonsten auf einer besonderen Art britischen Phlegmas, das von der Idee einer natür-lichen Überlegenheit beherrscht wurde. In vielen Teilen des eigentlichen britischen Weltreichs konnte das Schwert in die Scheide gesteckt und die Haubitze fortgerollt werden, außer zu Exerzierzwecken, für zeremonielle Paraden, Salute und andere feierliche Darbietungen. Das patrizische Be-tragen und der studierte Ausdruck eines Lord Lytton in Indien oder Lord Charles Somerset in Südafrika verkündete den angelsächsischen Primat über niedere Völker und fest verwurzelte Erwartungen von Respekt und Zustimmung, auch wenn die angetroffenen Völkerschaften in ihren Reak-tionen merkwürdig zurückhaltend waren.

Innerhalb der britischen Nationalkultur prägten Internatsideale von der Bildung eines aufrechten Charakters eine eigene Klasse, die Regierung und Verwaltung bevölkerte und für die die Kolonien die natürliche Reife-prüfung wurde. Zu diesem Gespinst vom Beschützer gehörte ein dicker Vorrat an Ritualen und Praktiken, die dazu gedacht waren, die britische Autorität zur Schau zu stellen: die Beteuerung der Treue zur Krone von Seiten traditioneller Stammesführer in einigen Teilen Afrikas; das Nieder-knien zum Empfang des *Most Exalted Order of the Star of India*, dem »Allerhöchsten Orden vom Stern von Indien« als Anerkennung für einen arturischen Dienst als Retter oder Aufseher einer Domäne des Heiden-tums; die theatralische gepuderte Perücke englischer Gerichtshöfe im kolonialen Natal; die manchmal größeren und äußerst zeremoniellen paternalistischen Feierlichkeiten wie die Imperiale Versammlung 1877 in Delhi in Erinnerung an die Ausrufung Queen Victorias zur Kaiserin von Indien. Für britische Offizielle und loyale indische Fürsten sah es so aus, als verwandle der Raj Kanpur in Camelot.

Aber unter dem Glitzern und der auffälligen Zurschaustellung eines großen Machtstatus lag eine alte Insel, sicher meisterhaft geschult im Lauf des Welthandels, aber dennoch ungewöhnlich abhängig von diesem, was seine Märkte, seine Rohstoffe und die Gewinne aus seinen Investitionen betraf. Früher oder später musste ihre frühindustrielle Vormachtstellung von einer sich abzeichnenden globalen Konkurrenz herausgefordert werden. Und hier nagte Großbritanniens Industrialisierung und sein Freihandelsimperium ironischerweise seine eigenen Fundamente an. Denn diese Kräfte trugen dazu bei, in den 50er und 60er Jahren des 19. Jahrhunderts einen weltweiten kapitalistischen Boom auszulösen, in dem die Absorption britischen Kapitals und Know-hows, britischer Anlagen und britischer Technologie viele andere aufstrebende Staaten in die Lage versetzte, sich vergleichsweise schnell zu industrialisieren.

Die Industrialisierung in Deutschland und den Vereinigten Staaten konnte für die britische Weltmacht nur eine zunehmende Bedrohung darstellen. London hatte zwar immer seine maritime Stärke, um einen Weg für britische Güter in widerspenstige Märkte wie den Chinas freizuboxen und die Seewege zu erobern. Aber es konnte inzwischen industrialisierte Länder nicht dazu zwingen, sich der Aufrechterhaltung des Freihandels anzuschließen. Um sich selbst vor der Konkurrenz zu schützen, entschieden sich diese Länder für eine protektionistische Haltung und behaupteten, der Freihandels-Imperialismus sei eine kalkulierte Politik, um den industriellen Vorteil Großbritanniens noch besser auszunutzen.

Nach 1870 begann Großbritanniens Produktionssituation immer prekärer auszusehen, zu Hause wurden die Sorge und die Debatten darüber, wie man dies aufhalten konnte, immer drängender. Den Befürwortern einer Zollreform war der Preis der dominanten Ideologie des Freihandels nun zu hoch, da die industrielle Stärke Großbritanniens von amerikanischen und deutschen Fabriken unterwandert wurde. Wenn man seine Gewinne sichern wollte, musste ein Politikwechsel her, genauso, wie der rostige Protektionismus des alten Kolonialsystems einst zugunsten des Freihandels-

Imperialismus über Bord geworfen worden war. Im beginnenden 20. Jahrhundert ging dieses Gezänk um die Reform der Zölle und den Freihandel hin und her und her und hin.

Für die Reformer, die für einen »neuen Imperialismus« zu Felde zogen, erforderte der Umgang mit einer sich wandelnden Machtbalance in der Welt, dass Großbritannien seine überseeischen Besitzungen effizienter organisierte und dass es seine Industrie durch den Schutz einer kolonialen Bevorzugung sanierte. Indem es sein Weltreich in eine riesige Handelsunion schnürte, konnte der Freihandel intern weiter herrschen, während Zölle Güter von außen blockierten. Die Köpfe der britischen Industrie und des Handels wollten den uneingeschränkten Zugang zu allen Kolonien, nicht zuletzt zu jenen selbstregierten Siedlergebieten, die es nun für angebracht hielten, ihre eigenen jungen Industrien zu schützen und zu pflegen, um ihnen eine moderne Entwicklung zu ermöglichen. Ein formeller imperialer Ring würde letztlich auch eine effiziente Einfriedung der entscheidenden Versorgung der heimischen Bevölkerung und ihrer Hauptindustrien mit Nahrung und Rohmaterialien bedeuten.

Ende des 19. Jahrhunderts argumentieren angehende Enthusiasten des Protektionismus wie Joseph Chamberlain und James Froude, dass, genau wie das allgemeine Wohlergehen in den Segnungen eines Handelsimperiums wohne, ein weiterer Verdienst der Kolonien in dem liegen könne, was sie für die Beschäftigung und die festgestellte Degeneration der britischen Rasse tun könnten. Ein älterer Kehrreim des 19. Jahrhunderts wurde durch die lauter werdende Aufregung der Mittelklasse über die verderbliche Wirkung der städtischen und industriellen Armut und die Ausbreitung eines militanteren Bewusstseins innerhalb der Arbeiterklasse in eine schrillere Tonfolge verwandelt. Für die moralische Gesundheit kräftiger, aber verletzbarer britischer Arbeiter konnten förderliche Kolonien nur heilsam sein. Als sichere Märkte würden sie die industrielle Beschäftigung zu Hause stützen. Und sie konnten, was kaum weniger wünschenswert war, die Armut quasi hinausschleusen, wenn verzweifelte Briten in Queensland oder auf der Südinsel oder in Ontario oder sonstwo zu gewertschätzten Abnehmern britischer Waren wurden.

Darüber hinaus war die Motivation der protektionistischen Bewegung nicht allein eine kommerzielle. Systematisch entwickelte Siedlerkolonien würden auch dazu beitragen, die schwindende Energie der angelsächsischen Rasse zu stoppen und eine Verjüngung jener Virilität bringen, die in den vollgestopften und überfüllten Slums viktorianischer Städte verkam.

Einst hatte zuviel städtisches Leben die Kraft der Römer dahingerafft und sie zu schwach zurückgelassen, um irgendetwas gegen den endgültigen Untergang ihres Imperiums zu unternehmen. Es lag nun an den Briten von 1890, nicht denselben Weg der Dekadenz und des Niedergangs zu gehen.

In Übersee konnten Briten gesunde Ableger eines älteren und gesünderen England bevölkern und wären besser in der Lage, sein sterlingsilbernes Vermächtnis zu erhalten, da sie frei vom Virus des städtischen Schmutzes und Verfalls waren, der nun die Adern der Nation verseuchte. In dieser und anderen Sichtweisen beriefen sich die Zollreformer auf frühere Ideen, das Empire in ein nachhaltig angelsächsisches Weltreich zu verwandeln. Ein sich ausbreitendes britisches Christentum bot die Möglichkeit, dieses wahrhaft geeinte organische Ganze zu schaffen. Diese Perspektive versuchte, die vergangenen Jahrzehnte voller gezischter anti-kolonialer Meinungen, voll heimischer Kritik, die Kolonien gerieten mehr zur Bürde denn zum Segen, mit in die Betrachtung einzubeziehen. Manchmal als Sache internationaler Reibung und Rivalität bezeichnet und regelmäßig als Abfluss britischer Steuereinnahmen verunglimpft, waren sie in Disraelis bemerkenswerter Beurteilung sogar einmal der Mühlstein um Großbritanniens Hals genannt worden. Und doch hatte keine Regierung jemals in Erwägung gezogen, sich von einer der Kolonien zu trennen.

Der Imperialismus der Zollreform sollte dafür sorgen, solches Murren über die Kolonialpolitik zum Schweigen zu bringen. Kolonien, die lediglich als Protektorate der Krone verwaltet und durch Truppen und Diplomatie von London aus gehalten wurden, waren ohne Zweifel teuer. Aber gut besiedelte Kolonien voller loyaler weißer Untertanen konnten neben Großbritannien eingereiht werden, um direkt zu dessen nationaler Stärke beizutragen. Für Reformer wie Chamberlain konnte der fremde Wettbewerb durch ein angelsächsisches Weltreich ausgeschlossen werden, in dem das überlegene britische Kapital, britische Institutionen und Kultur keine Angst vor Konkurrenz oder Schwächung zu haben brauchten. Im Idealfall mochte ein imperiales Bündnis dieser Art sogar rosarote Visionen von Harmonie und Eintracht in Großbritannien selbst erfüllen. Wo dies nicht möglich wäre, wie z. B. in Indien, begründete die Ideologie von der Bürde des weißen Mannes die moralische Mühe, eine autoritäre und bevormundende Verwaltung aufrechtzuerhalten. Weniger zivilisierte Völker würden durch eine Treuhandschaft ihrer Angelegenheiten und die segensreiche Hand der indirekten Herrschaft durch einheimische Herrscher unter kolonialer Supervision vorangebracht. Dies jedoch war nicht der Bereich, in dem die Protektionisten versuchten, die Schlagzahl der imperialen Entwicklung zu erhöhen.

Und dennoch erwies es sich als unmöglich, ein radikales Programm durchzuführen, das die Idee eines imperialen Parlaments einschloss, das wie ein Schirm über den direkten Vertretungen der Siedler-Dominions gespannt war. Ihre Regierungen hatten nur wenig Interesse daran, um einer strengeren und protektionistischeren imperialen Einheit willen einen Schritt zurück zu gehen. Ihre Industriellen, deren Gewerbe gerade zu sprießen begannen, standen einem Freihandels-Kordon zum offensichtlichen Vorteil britischer Industrieller skeptisch gegenüber. Ihre Farmer waren überzeugte Freihändler, was den weltweiten Export ihrer Erträge betraf. Und ihre Bevölkerungen waren natürlich wild auf billige Waren und scherten sich nicht viel darum, ob diese Importe aus Großbritannien oder Amerika kamen. Die Wahl einer liberalen Regierung im Jahr 1906, die den Freihandel entschieden stützte und bis nach dem Ausbruch des Krieges 1914 im Amt blieb, besiegelte die Sache. Die britische Politik blieb auch weiterhin beharrlich dem Freihandel verpflichtet, und die von Chamberlain inspirierte Vision vom Empire als geschützter Handelsenklave verflüchtigte sich in den frühen Jahrzehnten des 20. Jahrhunderts und war nicht mehr als eine historische Kuriosität ängstlicher und flehender Fabrikanten.

All dem wohnte ein heikles Dilemma für den imperialen britischen Staat inne, ein Dilemma der Balance. Seine lange Expansion hatte sowohl ein offizielles Empire der Kolonien geschaffen als auch eine Art inoffizielles Weltreich der Einflusssphären und Satelliten-Ökonomien wie die von Argentinien.

Ungeachtet der Verteidigung und anderer finanzieller Verpflichtungen, die die Briten weit über Europa hinaus am Hals hatten, zogen sie einen wirtschaftlichen Nutzen unterschiedlichen Ausmaßes aus der Ausbeutung ihrer Handelskolonien. Am Ende des 19. Jahrhunderts kamen mehr und mehr ihrer Nahrungsmittel und Rohstoffe für die Industrie aus imperialen Quellen, darunter fast die Hälfte aller Weizenimporte. Der Anteil britischer Exporte, die in die Kolonien oder abhängige Märkte in Lateinamerika gingen, stieg ebenfalls an.

Zur gleichen Zeit, als die ausländische Konkurrenz in der Industrie nach 1870 immer stärker wurde, war es das Problem der britischen Fabriken, auf die Dauer an mehreren Fronten herausgefordert und übertroffen zu werden. Aber während die industriellen Magnaten und Geschäftsleute um Joe Chamberlain mit seiner Zollreform versuchten, den Takt vorzugeben, fand das wahre Rennen woanders statt. Die industrielle Kraft der Briten mochte ins Rutschen gekommen sein, aber es gab immer noch die weit größeren Gewinne, die man durch den alles beherrschenden Aderschlag von Finanzwesen und Handel machen konnte. Kapital, das in früheren Jahrhunderten der Plünderung auf den sieben Weltmeeren gewonnen worden war, stellte die Reserven für eine beträchtliche Intensivierung der Investitionen in Übersee. Da das internationale Geldsystem durch das englische Pfund Sterling geschmiert und das internationale Handelssystem durch die mächtigen Dienste Londons im Schiffs-, Versicherungs- und Bankwesen zusammengehalten wurde, war Großbritanniens finanzielle Überlegenheit über die sich entwickelnde Welt vielleicht sicherer als je. Zwischen den 70er Jahren des 19. Jahrhunderts und dem Ausbruch des Ersten Weltkriegs blühte das deutlich nach außen gerichtete Wesen des britischen Finanzkapitalismus auf einem nie da gewesenen Niveau, wobei etwa 40 Prozent der Auslandsinvestitionen ins Empire flossen. Für britische Finanziers, die ein wenig Knusperspeck wollten, sorgte eine stetige Investition von etwa 200 Millionen Pfund pro Jahr für ein zufriedenstellendes Brutzeln.

Der Erfolg heftiger imperialer Investitionen, besonders in die Förderung einer schnellen Entwicklung von Siedlerkolonien wie Australien, trug zudem dazu bei, ein ideologisches Selbstbild der britisch-imperialen Tradition zur vollen Blüte zu bringen. Als aufgeklärtestes aller Länder war die Rolle, die es in der Welt erfüllen musste, jene, kommerzielle Möglichkeiten aufzutun und danach die Bedingungen für den freien Fluss von Kapital, Waren, Menschen und Wissen in der Weltwirtschaft aufrechtzuerhalten. Für die Erhaltung dieses Freihandels-Ideals war es erforderlich, dass Großbritannien seine Vormachtstellung behielt.

Zur Jahrhundertwende wurde die Ideologie der *Pax Britannica* zur tragenden Bedingung. Es handelte sich dabei um die militärische Doktrin oder das strategische Prinzip, dass die Seerouten unter britischer Überwachung offen gehalten werden müssten und dass es keiner rivalisierenden Macht erlaubt werden dürfte, so mächtig zu werden, dass sie Europa kontrollieren konnte, wenn sie sich einer sicheren Landbasis zuwandte, von der aus Druck auf Großbritanniens etablierte Dominanz entscheidender Häfen und Küstenregionen ausgeübt werden konnte. Früher hatte Großbritannien Frankreich bekämpft, um zu verhindern, dass es in eine

Position unkontrollierter europäischer Hegemonie aufstieg und dadurch das britische Weltreich und die Sicherheit der Insel gefährdete. Im frühen 20. Jahrhundert machte man weiter und besiegte Deutschland in einem weiteren unvermeidlichen Imperialkrieg zwischen zwei Nationen, die auf Kolonien und Seemacht setzten.

Die andere Notwendigkeit, um die britische Vormachtstellung sicherzustellen – die von einigen liberalen »Anti-Imperialisten«, denen es so vorkam, als spiele Großbritannien nicht ganz fair, als unvorteilhaft betrachtet wurde –, war der beständige Besitz eines formalen Empire. Seinen Verfechtern schien dies nicht nur vollkommen fair, nein, es war eine selbstlose britische Pflicht, da es der Zweck früherer riesiger Annexionen gewesen war, ein offenes Welthandelssystem zu erhalten. Tatsächlich war für Halford Mackinder, einen Strategen der britischen Seemacht im frühen 20. Jahrhundert, eine Demokratie sogar gezwungen, sich ein Weltreich einzuverleiben, wenn dies sicherstellte, dass sie universale Bedingungen eines freien Handels zu erhalten in der Lage war. Es konnte daher gar keine Frage sein, sich vor einer weiteren Ausdehnung des formalen Empire zu drücken, wenn es den Bedarf und die Möglichkeit dazu gab.

Wie wir bereits gesehen haben, hatten die Briten ihre koloniale Autorität in Südostasien am Ende des 19. Jahrhunderts über die malaiische Halbinsel ausgedehnt und Burma aufgedrückt. Die Suche nach wichtigen Rohstoffen in einer größeren Bandbreite und Menge als je zuvor verwandelten den Kautschuk und das Zinn Malayas international gesehen in wichtige britische Vermögenswerte. Die Besetzung hatte auch Ägypten und den Sudan überrollt. Aber die größte Expansion des Empire in der großen Ära des Hochimperialismus oder Neuen Imperialismus nach 1870 war die Jagd um die Aufteilung Afrikas, durch die Großbritannien riesige neue Gebiete in Ost-, West- und Zentralafrika in seinen Besitz brachte und seinen Griff in Südafrika ausweitete. Um 1900 hatte Großbritannien einen großen Sprung heraus aus seiner dösenden Lethargie an den Küsten des Kontinents gemacht und sich den Löwenanteil an den Gewinnen der europäischen Eroberung im letzten Viertel des 19. Jahrhunderts gesichert.

Die Faktoren, die diese massive und rasante britische Besitznahme formaler Kolonien beeinflussten, sind vielfältig und komplex. Man kann als einen Grund strategische Erwägungen annehmen. Als andere lauernde

George Orwells Burmese Days (1934) verkündeten, dass »der Beamte den Burmesen festhält, während der Geschäftsmann seine Taschen durchwühlt.« Lässige Repräsentanten der britischen Präsenz, die Konzessionen für den Teak- und Reishandel sicher in den Taschen. *Navy and Army Illustrated, Dez. 1846.*

Mächte wie Frankreich und Deutschland begannen, an afrikanischem Territorium zu schnuppern, war Großbritannien gezwungen, sein Ansehen aufrechtzuerhalten, indem es seine Ansprüche auf die Gebiete absteckte, in denen seine Händler, Forscher und andere Vertreter seit Jahren still und leise aktiv gewesen waren. Die französische Bewegung vom Senegal in Richtung oberer Niger vor 1880 musste deshalb zum Stillstand gebracht werden, in diesem Falle durch das alte System der Handelsgesellschaften. Man ließ die Royal Niger Company von der Leine, um britische Ansprüche auf den Niger geltend zu machen. Von den kolonialen Initiativen seiner europäischen Rivalen wachgerüttelt war Großbritannien genötigt, mitzuziehen und seine politische Überlegenheit durch die Aneignung großer Bereiche tropischen Urwalds, trockenen Buschlandes und sogar trostloser, unproduktiver Wüste zu demonstrieren.

Eine weitere Interpretation legt das Gewicht auf die besondere Rolle, die wirtschaftliche Interessen in britischen Schätzungen vom Wert Afrikas für seine Position in der Welt spielten. Schon seit Jahren hatten Geschäftsleute mit einem Auge auf die Vorteile geschielt, die es haben würde, wenn man Afrika dem britischen Kapitalismus öffnete, damit die Grenzen, die ein anständiges Vorankommen des Handels behinderten, verschwanden. Nur durch die Ausweitung direkter kolonialer Kontrolle konnte ein solcher Plan Wirklichkeit werden, da sie für die notwendige Reform der eroberten afrikanischen Gesellschaften sorgen würde. Wenn erst die hinderlichen traditionellen Herrscher beseitigt oder in ihrer Macht beschränkt worden waren, wäre die koloniale Regierungsverwaltung frei, die örtlichen Arbeitskräfte für öffentliche Projekte wie die Telegraphenkommunikation, Eisenbahn- und Straßenbau zu beschaffen, ihr eigenes Steuersystem umzusetzen und friedliche, von Garnisonen überwachte Bedingungen zu schaffen, in denen Transaktionen mit bäuerlichen Produzenten zu einer stabileren und gedeihenden afrikanischen Wirtschaft führen konnten.

Und man hatte noch andere finanzielle Handschellen parat. Die koloniale Entwicklung beim Bau von Eisenbahnen, Straßen, Dämmen, städtischer Infrastruktur und anderen Bereichen bereiteten ein Feld für die Investition von Kapital in Afrika, ob nun als Staatsanleihe für Projekte wie den Suezkanal oder als private Kapitalinvestition in aufstrebende Zweige der Wirtschaft wie z. B. die Minen im Süden. Zudem gab es unter den Bedingungen zunehmender kapitalistischer Konkurrenz und wachsender internationaler Rivalitäten und Spannungen eine drängende Notwendigkeit, den Nachschub an tropischen Rohstoffen, Märkten und Investitionsmöglichkeiten sicherzustellen wie z. B. den Handel mit Palmöl, Elfenbein und wildem Kautschuk mit dem Niger. Man glaubte, dass solche Interessen unter einer verlässlichen kolonialen Kontrolle besser gesichert waren, als wenn man sie unabhängigen afrikanischen Gesellschaften überließ, die nur unter einem flatternden Schirm imperialen Einflusses standen. Es ist ebenso klar, dass die wirtschaftliche Situation für die formale Ausdehnung der Kolonialherrschaft in einigen Regionen nicht wirklich überwältigend war und dass die Lage trotz hartnäckigen Ringens um Profite, Steuereinnahmen und Handel unerfreulich blieb. Die Bevölkerung Afrikas war klein, die Märkte für Fertigwaren waren abgezehrt und der tropische Kolonialhandel in Afrika machte auch weiterhin nur einen kleinen Anteil des gesamten imperialen Warenaustauschs dieser Zeit aus. Aber für Großbritannien machte das Ausschwärmen in riesige neue afrikanische Schutzgebiete immer noch Sinn im Hinblick auf eine zukünftige Kontrolle über Ressourcen und die Ansammlung lebenswichtiger wirtschaftlicher und strategischer Besitztümer wie Ägypten.

Als Grundlage für die Entscheidung für eine koloniale Intervention war dies vielleicht nirgendwo deutlicher sichtbar als im südlichen Afrika, wo der Fund immens reicher Vorkommen an Bodenschätzen die Region in die größte Trophäe des britischen Kapitalismus auf dem Kontinent verwandelten. Die Entdeckung von Diamanten in Kimberley in den 60er Jahren des 19. Jahrhunderts heizte ein starkes Bestreben an, Investitionen zu tätigen, weiße Einwanderer ins Land zu bringen und ein Wachstum der Landwirtschaft zu erreichen, um den neuen städtischen Bedarf zu decken. Großbritannien kochte protektionistische Ansprüche auf Land auf, um so Protektorate über afrikanische Territorien wie Britisch-Betschuanaland einzufordern, das sich rein zufällig über Diamantfelder ausdehnte, oder das Königreich Basutoland, das unter der Kapkolonie lag, um diese dem Griff der burischen Republikaner des unabhängigen Oranjefreistaates zu entziehen.

Über seine Bastion am Kap drängte Großbritannien nun auf die Schaffung eines zusammenhängenden Südafrika der Siedler, mit einer vereinigten Wirtschaft, um Investitionen zu vereinfachen und den Aufbau eines effizienten regionalen Systems zu erleichtern, das knifflige Probleme wie die Versorgung mit afrikanischen Arbeitskräften und ihre Kontrolle lösen sollte. Dadurch, dass die überlebenden starken afrikanischen Königreiche Südafrikas wie der Zulu-Staat auch weiterhin unabhängig blieben, stauten sich dort die erhofften Arbeitskräfte, was zu örtlichen Spannungen führte. In den letzten Jahrzehnten des 19. Jahrhunderts konzentrierte sich die britische Imperialpolitik auf die Unterwerfung widerständischer afrikanischer Gebiete durch die Rotröcke.

Als es wie von selbst in alte Eroberergewohnheiten verfiel, provozierte London dieses Mal allerdings einen Krieg mit den Zulus. Obgleich seine Truppen Ende der 80er Jahre in Isandhlwana übel zugerichtet wurden, war Großbritannien entschlossen, den Zulus ihre Aufsässigkeit auszutreiben. Als der Widerstand schließlich gebrochen war, wurde König Ceteshwayo ins Exil geschickt und Zululand in mehr als ein Dutzend Teile aufgesplittert. Ein wenig weiter auf ihrem Weg wurde die britische Armee erneut von der Kette gelassen, dieses Mal, um die aufmüpfigen Pedi aus dem Weg zu schaffen. Bis etwa 1880 hatten britische Waffen dafür gesorgt, dass die umfassende weiße Überlegenheit in der Region unantastbar geworden war, obgleich die vielfach beteuerte imperiale Oberhoheit der Briten über Südafrika auch weiterhin ein umstrittenes Thema für die republikanischen und anti-imperialistischen Buren war. Aber sie waren ein relativ dünnes Haar in der Suppe. Großbritannien mochte bei seinem Drang zu einer Einigung Südafrikas lange Zeit auf der Stelle getreten sein, aber Zeit hatte es, um seine weißen Siedler schließlich zu bereden, eine verantwortungsbewusste Einheit mit Dominionstatus zu bilden, quasi ein Neuseeland mit Diamanten oder ein Kanada mit Zulus.

Aber den Briten lief plötzlich die Zeit davon, als man 1886 in dem unabhängigen burischen Territorium der Südafrikanischen Republik oder Transvaal riesige Goldfelder entdeckte. Am Ende der 90er Jahre waren die Goldfelder von Witwaterstrand die größte einzelne Produktionsstätte von Gold weltweit und erhöhten die Bedeutung Südafrikas für Großbritannien dramatisch, als seine immensen Vorkommen an Bodenschätzen abgebaut wurden, um den Wert des Pfundes Sterling und die Basis des gesamten internationalen Handels unter dem Goldstandard zu erhalten. Unter dem Antrieb seiner mineralischen Revolution erlebte Südafrika eine rasante Industrialisierung. Die spektakuläre Ergiebigkeit der Rand-Goldfelder verwandelten Johannesburg für britische Einwanderer in einen Honigtopf von einer Stadt, und für die Hochfinanz der City mit ihren massiven Exporten von Spekulationskapital in einen glitzernden Goldnugget. Die Anteile des fiebrigen, leicht zwielichtigen oder wenig respektablen südafrikanischen Minenmarktes wurden derb der »Kaffer-Zirkus« genannt, nach der Masse der billigen afrikanischen Wanderarbeiter, die in den unterirdischen Tiefen der Minenarbeit verschwand. Für die burischen Republikaner war dieses kapitalistische Großunternehmen eine Chance, die sprudelnden Gewinne aus den Minen dazu zu benutzen, ihre Unabhängigkeit zu festigen und den Würgegriff der britischen Dominanz in der Region zu lockern. Dieser Herausforderung musste sich der britische Imperialismus entgegenstellen. Die südafrikanischen Erzreserven waren ein zunehmend entscheidender Handelsgegenstand für den Schutz der finanziellen und kommerziellen Vorteile der Briten innerhalb des internationalen Handelssystems. Gold war von fundamentalem Interesse, und jede Tolerierung einer Missachtung der britischen Vorherrschaft wurde als strategisches Desaster betrachtet, denn wenn die absolute Macht in Südafrika bröckelte, mochten die imperiale Autorität und das Ansehen auch anderswo auf dem Spiel stehen. Transvaal war ein Jahrhundertwende-Guckloch in einen imaginierten post-imperialen Abgrund.

Von der Notwendigkeit überzeugt, die Gefahr des burischen Republikanismus zerschlagen zu müssen, schrieb sich der drakonische und extrem selbstsüchtige Cecil John Rhodes die imperiale Strategie der Konfrontation auf die Fahne, jener sprunghafte Agent, der in den 90er Jahren des 19. Jahrhunderts Land für die Krone beschaffte und dessen mit einem Freibrief ausgestattete British South Africa Company sich ihren Weg durch Süd- und Zentralafrika freigeknüppelt und getrickst hatte, um das zu etablieren, was zu Süd- und Nordrhodesien werden sollte. Dies machte ihn zum einzigen Geldmann im »Wettlauf um Afrika«, der seinen Namen einer kolonialen Besitzung verpassen konnte. Daneben sah Vancouver aus wie ein hübsches Bild der Bescheidenheit. Im Jahre 1895 versuchte Rhodes – mit dem stillen Einverständnis des britischen Kolonialministers –, die Regierung der Südafrikanischen Republik zu stürzen, um Transvaal und sein Gold in jenem Fiasko einer bewaffneten Expedition einzuheimsen, die Jameson Raid genannt wird. Dies war das Ende des politischen Piraten Rhodes.

Sie brachte aber auch den Krieg mit der Südafrikanischen Republik und ihrem republikanischen Verbündeten, dem Oranjefreistaat, im Jahr 1899, in dem die Ressourcen des britischen Empire mobilisiert wurden, um die Republiken unabhängiger weißer Siedler zu zerschlagen. Der Burenkrieg oder Südafrikanische Krieg von 1899 bis 1902 war der größte und härteste Imperialkrieg, den die Briten auf afrikanischem Boden austrugen, ein kostspieliger, grausamer und bitterer Feldzug für einen Frieden, in dem Großbritannien auf einer sicheren Position ruhen und ein geeintes Südafrika rekonstruieren konnte, das unanfechtbar an seine Geldsäckel gekettet war. Die Schwierigkeiten der Briten, ein paar burische Feinde zu besiegen, goss noch mehr Öl ins Feuer eines weitverbreiteten Unbehagens innerhalb der politischen und militärischen Elite, was die physische Degeneration der einst berühmten Kraft des britischen Volkes betraf, und der Sorgen über die nachlassende Effizienz und deren Bedeutung für die imperiale Sicherheit. Zur gleichen Zeit sorgte die Anwendung einer Strategie der verbrannten Erde und von Konzentrationslager-Methoden gegen weiße, protestantische Gegner bei den Quäkern und anderen Gruppierungen, die gegen den Krieg waren, für laute moralische Entrüstung über die Behauptungen der Regierung, ein edles Empire der liberalen Freiheiten und christlichen Ideale zu vertreten. Am Ende lief es darauf hinaus, dass die Buren den Preis der britischen Teilung Afrikas kennen lernten, die harte Hand der Eroberung und Einnahme.

Ob überstürzt wie in Südafrika, oder als schrittweise Erträge in anderen Teilen des Kontinents-Großbritanniens Investitionsspurt nach Afrika wurde von einer Bandbreite an neueren industriellen, technologischen, wissenschaftlichen und anderen Entwicklungen begleitet und erleichtert. Fortschritte bei der Dampfschifffahrt, im Eisenbahnwesen, in der Telegraphenkommunikation, der Präventivmedizin, Hygiene, Kartographie und Landvermessung, alles erleichterte den Weißen die Durchdringung von Gegenden wie West- und Ostafrika und senkte ihre Kosten. Man riskierte nicht länger automatisch sein Leben durch Malariamücken, Tsetsefliegen und andere ungastliche Bewohner Afrikas. Und der Khaki sorgte dafür, dass die Briten nicht jedes Mal vollständig zerschunden waren, wenn sie mal etwas länger durchhalten mussten.

Überlegene Waffentechnik, die größere Tötungskapazität eines disziplinierten und konzentrierten Einsatzes von Feuerwaffen und das kalkulierte, starke Aufgebot an afrikanischen Söldnern, damit zufrieden, gegen Lohn und einen Anteil an der Beute zu kämpfen, verschaffte Kolonialtruppen einen entscheidenden Vorteil gegenüber den zahlenmäßig überlegenen afrikanischen Armeen. Sie brachten Massaker und Zerstörung mit sich, während an britischen Leben gespart wurde. Bei einem dieser (sich oft wiederholenden) Zwischenfälle im Sudan Ende des 19. Jahrhunderts wurden 11 000 Bauern von einer britisch-ägyptischen Truppe niedergemäht, die selbst nur 600 Todesfälle zu beklagen hatte. Die offensichtlich überlegene militärische und technische Kapazität trug dazu bei, in spätviktorianischer Zeit und darüber hinaus eine zunehmend aggressive Imperialideologie zu fördern, mit einer stark rassistischen und militaristischen Volkskultur, die Eroberung und Unterwerfung verherrlichte. Die Einnahme afrikanischer Kolonien geschah schließlich zum Besten der Afrikaner selbst, deren politische Krise und Unfähigkeit zur Reform sie untauglich machte, sich selbst überlassen zu werden. Großbritanniens Triumphe in seinen Kriegen kolonialer Eroberung waren daher gekommen, dass seine Flagge ebenso die großartigsten Fähigkeiten im Kampfe symbolisierte wie ein hervorragendes nationales Verantwortungsbewusstsein. Aufsässige Gesellschaften wie die unabhängigen Buren, die gegenüber den Briten nicht fair spielten, konnten nur sich selbst die Schuld daran geben, wenn dies bittere Konsequenzen hatte. Der Krieg sei in der Tat ein schreckliches Geschäft, sinnierte Lord Salisbury, der Premierminister im Jahre 1901, und jene Republikaner hätten besser über seine furchtbare Bedeutung nachgedacht, bevor sie die Oberhoheit der Queen in Südafrika herausforderten. Eine weitere Rolle spielte der pseudo-wissenschaftliche Rassismus des Sozialdarwinismus, einer kruden Anwendung der Theorie Charles Darwins vom Überleben des Stärkeren in der Idee einer Hackordnung fester rassischer Kategorien. Schwarze Afrikaner standen auf der untersten Sprosse der Leiter, dazu bestimmt, von einer imperialen, zivilisierenden Mission beherrscht zu werden, da Macht und kulturelle Überlegenheit in der britischen Rasse zu Hause waren.

Rassistische Ideen von nationaler Überlegenheit, eine nachsichtige Kultur der Glorifizierung in Eroberungskriegen und die relativ geringen Kosten der britischen Expansion erhöhten auch die Ambitionen eines Lumpenpacks britischer Grenzoffiziere, Handelsbeamter, Agenten und Siedler in Gegenden wie Zentralafrika, die die imperiale Herrschaft manchmal bis an die Grenzen eigenen Gutdünkens trieben. Und christliche Missionsgesellschaften waren nicht weniger vom expansionistischen Fieber dieser Epoche befallen, während sie durch Spenden und private Patronage gestärkt in der günstigen Publicity badeten, die ihnen geradezu heilige Gestalten der Mission wie David Livingstone, das viktorianische Licht Afrikas, einbrachten. Ihnen fiel der gottgefälligere Teil des imperialen Auftrags zu, nämlich die Afrikaner von Barbarei und Wildheit in wertvolle christliche Gesellschaften zu verwandeln. Aber in ihrem Eifer hatten sie durchaus gemischte Gefühle. Wie jene britischen Kaufleute in Westafrika, die die Kolonialkriege ablehnten, weil ihnen durch sie ihre Kunden an der Goldküste und in Nigeria wegstarben, fanden nicht alle Missionare die destruktive Kriegführung der kolonialen Expansion gerechtfertigt.

Bei dem Versuch, der Zerstörung ihrer Unabhängigkeit Widerstand zu leisten, fanden jene afrikanischen Staaten, die sich letztendlich auf die – meist vergebliche – diplomatische Strategie verlegten, in London Unterstützung für ihre Sache zu sammeln, diese in den Bienenstöcken missionarischen und humanitären Einflusses. Das Wesen des Wettlaufs um Afrika selbst war ein weiterer Faktor, der dazu beitrug, sicherzustellen, dass der Imperialismus des frühen 20. Jahrhunderts nicht ohne die ihn begleitenden Kontroversen existierte, nicht zuletzt jene um die Frage, weshalb die Moral wie eine arme Verwandte abgetan wurde.

5 · DER ENDLOSE NIEDERGANG
1914 – 2000

In den Jahren, die das 20. Jahrhundert einleiteten, spielte die Sicherheit des Empire eine große Rolle in den nationalen Obsessionen der Briten. In Herrschaftskreisen wurden die Sorgen um die nationale Verteidigung und Sicherheit von Panikmache um die Möglichkeit einer Überraschungsinvasion der britischen Inseln durch einen kontinentaleuropäischen Rivalen angeheizt, und von den strategischen Folgen der großen Ausdehnung, die das Empire in den letzten Jahrzehnten des 19. Jahrhunderts angenommen hatte. Besonders sorgte man sich wegen der Frage, wie ein kleines imperiales Mutterland mit einer kleinen Berufsarmee von nicht mehr als 200 000 Mann regulärer Truppenstärke nicht nur Sussex und Kent gegen einen möglichen Überfall zu verteidigen in der Lage wäre, sondern ein Weltreich, das durch seine Größe verwundbar wurde. Mit seinem damaligen Wachstum und dem Zusammenschluss zu über 30 Millionen Quadratkilometern, auf denen ein Drittel der Weltbevölkerung lebte, wie sollte es da gegen den Alptraum eines Aufstandes oder die Bedrohung einer Intervention durch imperiale Rivalen gefeit sein? Am Vorabend des Ersten Weltkrieges wurden die meisten Kolonien eher von leichter Hand verwaltet und regiert, und nur in wenigen gab es dauerhafte und effektive Maßnahmen zur Verteidigung. Nicht alles konnte durch den Austausch ausgedehnter Ressourcen entlang bröckelnder Grenzen erstickt werden.

Was die Pessimisten alarmierte, war die Intensivierung der Feindschaft zwischen Engländern und Deutschen nach 1870. Großbritanniens Freude über die Gründung des Deutschen Reiches 1871 als strategischer Widerpart zu französischen Ambitionen in Kontinentaleuropa kühlte schnell ab, als die Auswirkungen der deutschen Expansion klar wurden. Hier war eine starke europäische Nation mit einer boomenden industriellen Wirtschaft, einer fabelhaft effizienten Armee und der steigenden Entschlossenheit, eine starke Marine aufzubauen und Kolonien für einen eigenen Platz an der Sonne zu erobern. Die Sorge über Großbritanniens Konkurrenzfähigkeit wandelte sich schrittweise zu der feindseligen Überzeugung, dass Berlins Ziel ein Wachstum auf Londons Kosten war. In den 90er Jahren des 19. Jahrhunderts schien dies mit absoluter Klarheit festzustehen, als Deutschland daranging, eine hochseetaugliche Kriegsflotte zu entwickeln, um zu einer Seemacht zu werden, die in der Lage war, die britische Überlegenheit zur See direkt herauszufordern. Die deutschen Ambitionen, eine Vormachtstellung vor Frankreich und die Gleichheit mit Großbritannien zu erreichen, waren Schritte hin zur Schaffung eines eigenen richtigen territorialen Reiches, einer erneuerten Expansion seines Kolonialreichs in Afrika und der Errichtung einer Weltmacht, die man in Großbritannien als direkte Bedrohung der eigenen Rolle als führende Macht in der Weltwirtschaft sah. Früher oder später musste dies auf einen imperialistischen Konflikt zwischen Deutschland und England hinauslaufen.

Als der große Krieg kam, hatte das britische Weltreich seine größte Ausdehnung erreicht. Während ratlosere Zeitgenossen sich stetig darüber wunderten, wozu genau es eigentlich gut war, verband es eine große Bandbreite verschiedener und unregelmäßig entwickelter Gebiete, die ganz offensichtlich wichtig für die britische Wirtschaft waren, weil sie Rohstoffe und Nahrung, Investitionsmöglichkeiten, Märkte und Zielorte für Auswanderer boten. Seit den neueren kolonialen Errungenschaften gab es noch mehr solcher Ziele, darunter Ost- und Zentralafrika, wo die kommerzielle Reichweite kleiner Gruppen weißer Siedler im frühen 20. Jahrhundert an Orten wie Nordrhodesien und Kenia ihren Griff oft überstieg. Landzuweisungen sorgten dafür, dass die Siedler mit ihren lauten Forderungen große Stücke guten Acker- und Weidelandes bekamen, die meisten davon Briten, aber die Konkurrenz afrikanischer Bauern, die die dringend benötigten billigen Arbeitskräfte behielten, half der verdienstvollen Sache weißer Hochlandbauern in Kenia, jener Quintessenz einer weißen Kolonie, nur wenig.

In einigen anderen frühen kolonialen Besitzungen wie dem ländlichen Uganda oder der Goldküste war der Einfluss von ein paar Beamten, Missionaren und eingewanderten indischen Händlern so unerheblich, dass die Einwohner fortfuhren zu leben wie bisher, so, als ob die Briten praktisch gar nicht da wären. Britische Beamte unternahmen vorsichtige Vorstöße in die oft feindlichen umliegenden Gebiete, aber der Tropenhelm war mehr Dekoration, als dass er den Mittelpunkt des Geschehens bedeckt hätte. Ihr kommerzielles Ziel, ganze Regionen schrittweise in Bargeldökonomien zu verwandeln, indem sie die Afrikaner dazu zwangen, ihre Steuern mit Geld anstatt in Vieh, Erzeugnissen oder anderen Naturalien zu bezahlen, wurde manchmal zu einer ermüdenden Angelegenheit. In Teilen Ostafrikas zum Beispiel führte der vorsintflutliche Wille der Afrikaner, am Tauschhandel von Getreide und Vieh festzuhalten, dazu, dass es auch weiterhin Rinder und nicht der Schilling waren, was man unter Kapital verstand. Für die Kolonialverwaltung und ihren Willen, sie sollten den zivilisatorischen Fortschritt übernehmen, gab es viel Grund zum Frust.

Als dieses zu anderen bohrenden Problemen kam – wie z. B. verschiedene Defizite im Kolonialbudget, Steuerausgaben für Verteidigungszwecke und die blutsaugenden, sich windenden weißen Siedler, die die kolonialen Mittel mit ihrem Bedarf an Agraruntersubventionen und anderer Unterstützung aus Steuergeldern ausbluteten, um wohlauf zu bleiben –, schien es skeptischen Liberalen und anderen Kritikern, als käme für die Briten immer noch das Empire an erster Stelle und erst dann die Lösung für die Dilemmata seiner Entwicklung. In neu erworbenen Schutzgebieten wurde nicht viel für die Erneuerung und Integration durch eine effizientere Verwaltung getan, von der Bestätigung des südlichen und östlichen Afrika als integralen Bestandteil des Empire einmal abgesehen. Hier gab nur es die Gier nach Kakao, ein paar geringfügige Spekulationen mit nigerianischen Zinnvorkommen und den Goldfeldern der Goldküste, um die Ausbeutung der Tropen anzukurbeln. Niemand aber schaltete die Tretmühle langfristiger Entwicklung einen Gang höher. Stattdessen stellte der Fluss der Investitionen aus formalen (und anderen) britischen Überseebesitzungen die ganze Zeit sicher, dass sich die Frage, ob das Empire des Kapitalexports seinen Nutzen hatte, für die Wohlhabenden in der edwardianischen Gesellschaft nicht stellte.

Dieser Nutzen wurde zwischen 1914 und 1918 auf andere Weise deutlich, als Großbritannien sich gegen Deutschland wandte, um dessen Ambitionen auf Weltmachtstatus zu zerstören und seine eigene Vormachtstellung zu erhalten. Mit Hilfe einer bemerkenswerten weltweiten sozialen und politischen Mobilmachung und der wirtschaftlichen Verwertung imperialer Ressourcen vermied Großbritannien nicht nur das absolute Desaster einer militärischen Niederlage, sondern blieb zudem dabei, standhaft an seinem Empire festzuhalten und den Großen Krieg mit Gewinnen ebenso wie Verlusten für seine globale Machtposition zu überstehen. Imperiale Territorien stellten kriegswichtige Rohstoffe und die entscheidende Versorgung mit Nahrungsmitteln bereit, wobei die Siedler-dominions als gewaltige Lager oder Kornspeicher dienten, um die Briten zu ernähren, während die deutsche Nahrungskette unweigerlich brach. Sie stellten außerdem riesige Einheiten an Kolonialtruppen und Versorgungspersonal: 1,3 Millionen Soldaten aus den Dominions, etwa eine Million Inder, 70 000 Menschen aus West- und Ostafrika und fast 10 000 von den Westindischen Inseln.

Viele Australier, Neuseeländer, Kanadier und Südafrikaner, in einer Vorstellung der Verwandtschaft mit dem Mutterland erzogen, waren loyale Freiwillige, die auf eigene Kosten nach Großbritannien reisten, um sich zur Armee zu melden. Krankenschwestern und Rot-Kreuz-Helfer vertieften diese Bande der imperialen Verwandtschaft und moralischen Verpflichtung, indem sie aus Übersee anreisten, um ihre Pflicht an den Betten verstümmelter Männer zu tun. Aber Großbritannien in seinem Krieg beizuspringen, war nicht für alle imperialen Untertanen eine Option. Schwarze Afrikaner und jamaikanische Ärzte, die in britischen Krankenhäusern ausgebildet worden waren, hatten kein Glück, wenn sie als Offiziere im medizinischen Corps der Royal Army dienen wollten, denn Offiziere hatten definitiv von »reiner« europäischer Abstammung zu sein.

Ein großer Anteil west- und ostafrikanischer Soldaten und Hilfstruppen wurden zwangsverpflichtet, häufig als Steuerzahlung örtlicher Stammesführer, die damit auf Großbritanniens Hunger nach Rekruten für sein afrikanisches Kriegstheater reagierten. In der Kriegszeit erwies sich die indirekte Herrschaft der Briten durch Stammesautoritäten als wahrer Segen. Ein weiterer Segen für Expeditionskampagnen war, dass gemeine Soldaten billig waren. Westafrikanische Gefreite aus dem Volk der Hausa erhielten pro Tag drei Pence, gingen barfuß und mussten für ihre eigene Verköstigung aufkommen. Es muss im Grunde nicht erwähnt werden, dass die riesige Mehrheit schwarzer und asiatischer Imperialtruppen aus Nicht-Christen vom Land bestand, die nicht lesen und schreiben konnten und meist nicht die blasseste Ahnung hatten, weshalb sie in einem britischen Imperialkrieg kämpfen mussten.

Aber ausgebildete soziale Eliten der Mittelklasse, die neu entstehenden Nationalisten und Führer der Gewerkschaften in den Städten, indische Fürsten, nigerianische Emire und andere pragmatisch-traditionalistische Adelige, durch die die Briten herrschten, waren für den König und das Empire. Die meisten wischten das Murren oder die Agitation gegen die Diskriminierung und andere Härten der kolonialen Ordnung mit dem Argument vom Tisch, dies sei nicht die Zeit für einen unloyalen Durchhänger bei den Untertanen eines Weltreichs, das gerade für eine Zivilisation demokratischer Freiheit kämpfte. Einige hofften, dass die patriotische Pflichterfüllung ihnen eine Siegprämie von Whitehall bringen würde, indem es begann, seine Versprechen von einem Empire universeller Rechte und Freiheiten ernster zu nehmen. Jene, die unter der rassistischen Diskriminierung und Unterdrückung in weißen Siedlerkolonien oder einer Dominion wie der neuen Südafrikanischen Union stöhnten, dass es den durchschnittlichen britischen Distriktsbeamten oder Kaufmann beschämte, hofften sehr auf eine direkte Einmischung des Parlamentes in London als oberster Behörde, damit diese die Exzesse unter der ihr verantwortlichen Herrschaft weißer Kolonisten eindämmen würde. Andere verschrieben sich der Sache des Krieges aufgrund eines Gefühls, so eine hoffnungsvolle Verbindung zur Macht und zum Einfluss von Krone und Imperium zu bekommen. Diese Vision sah den Imperialstaat als mythische Monarchie, in der die Aufrichtigkeit eines edwardianischen Oberhäuptlings mit einer sehr großen Perücke für ultimatives Wohlergehen all seiner Untertanen stand, ohne Unterschied, gleich welcher Hautfarbe.

Die britische Propaganda jener Zeit war sicher darauf bedacht, diesen Unterschied zu verwischen. Es reichte nicht, den Heldenmut der weißen Gurkhas des Empire im Kampfe hervorzuheben, eine Gattung kolonialer Supermänner, die aus heißblütigen Anzacs, muskulösen kanadischen Holzfällern und vom Leben in der afrikanischen Steppe gebräunten Springböcken bestand. Zu ihnen gesellten sich unerschrockene indische Sepoys, mutige eingeboren Polizeitruppen aus Zentral- und Südafrika, Grauen erregende muslimische Krieger aus Nordnigeria und die zähen britischen Askaris aus Ostafrika. Nun, da sie nicht länger der Feind aus vergangenen Kolonialkriegen waren, waren sie Teil des rhetorischen Reizes und der Macht der imperialen Familie geworden, in Loyalität geeint für die große britische Sache.

Die Sache siegte, im Sinne eines vollständigen Sieges über Deutschland 1918 anstatt eines unterzeichneten Friedens. Eine wesentliche politische Folge war die Neuaufteilung der kolonialen Welt und der Zusammenbruch der Position, die Deutschland im Wettlauf um Afrika errungen hatte. Deutsch-Südwest wurde der Verwaltung Südafrikas unterstellt, Kamerun und Togo wurden zwischen Großbritannien und Frankreich aufgeteilt, und die Briten erhielten Deutsch-Ostafrika und nannten es Tanganyika. Im Prinzip standen die ehemaligen deutschen Kolonien unter einem treuhänderischen Mandat des Völkerbundes. Aber ihre offizielle Verkündung als heiliges Eigentum der Zivilisationen, um das sich ihre Besatzungsmächte nur solange kümmern mussten, bis sie auf eigenen Füßen stehen konnten, hatte kaum praktische Konsequenzen für die Verwaltung dieses Besitzes im Sinne britisch-imperialer Interessen.

Aber nicht nur die Deutschen erlitten Verluste an die Briten. Für die Türken war das Kampfbündnis mit Berlin der Todesstoß. Im Nahen Osten hatte das ausfransende Osmanische Reich, das auf einem für die Briten interessanten Gebiet ruhte, weil es die Wege nach Indien umschloss, unter aufrechten liberalen Imperialisten fortgesetzt Verachtung hervorgerufen. Im Jahre 1914 verunglimpfte Lloyd George, der Politiker, der die Buren Südafrikas und ihre Republik als Helden der Sache des kleinen Mannes gegen die vereinte Gier der City und ihrer monopolistischen Finanziers verklärt hatte, die Osmanen als ein unheilbares krebsartiges Geschwür, das entfernt werden müsse, um die Gesundheit ihrer unterdrückten Untertanen zu retten.

Nun hatten die Briten die wunderbare Chance, ihre Vorrechte geltend zu machen, da der Krieg der Auslöser für eine neue Runde kolonialer Bemächtigung gewesen war. Um die Auflösung der türkischen Macht zu beschleunigen, ermutigte Großbritannien arabische Völker, sich gegen die türkische Herrschaft zu erheben, indem man ihnen zu verstehen gab – und manchmal sogar versprach –, dass die Emanzipation von den Osmanen zu Unabhängigkeit und der Schaffung zukünftig freier arabischer Staaten auf der Grundlage der Selbstbestimmung führen würde. Solcher Ansporn wurde ab 1916 durch eine ausgedehnte Aktivität des militärischen Geheimdienstes unterstützt, in der der extravagante T. E. Lawrence, »Lawrence von Arabien«, eine einflussreiche und wichtige Rolle spielte.

Als irregulärer Kämpfer und bekannter britischer Arabist war Lawrence nicht der Typ, der sich in der Wildnis arabischer Wüsten in sein Dinnerjackett warf. Für ihn war es das industrielle Großbritannien, das eitel und zügellos geworden war, wohingegen die Stammesangehörigen der Bedus in Arabien ein fast utopisches alternatives Königreich darstellten, das nicht von Geld und Maschinen regiert wurde, sondern von den Qualitäten, die die Engländer verloren hatten – Einfachheit, Zähigkeit und die bereichernden Lektionen der Entbehrung. Zurück im Nachkriegsengland, ging Lawrences Desillusionierung weiter, erschüttert von dem, was er als zynischen Verrat an den Hoffnungen der Araber sah. Sicher hatten sie nicht gekämpft, damit aus türkischen Herren britische oder französische wurden, sondern um das Recht, zu besitzen, was er gern »ihre eigene Show« nannte, in einem Bündnis befreundeter Staaten.

Die imperiale Berechnung in dieser Zeit verleitete Großbritannien auch zu dem Versprechen, mit der Balfour-Deklaration von 1917 in Palästina ein Land für die Juden einzurichten, ein Anreiz, mit dem man in jenem Schicksalsjahr russische Juden gewinnen wollte, weil man hoffte, dass sie trotz der Revolution daran arbeiten würden, Moskau im Krieg gegen Deutschland zu halten. Großbritannien verhandelte auch geschickt mit noch anderen Verbündeten, die Ansprüche auf osmanische Besitzungen erhoben, und stimmte zu, die arabischen Gebiete des Nahen und Mittleren Ostens in feste Einflusssphären für Paris und London aufzuteilen.

Wie dem auch sei, bis 1918 hatte Großbritannien andere Pläne in dieser Region, nachdem Jerusalem Ende 1917 und einige Monate später Bagdad an seine hauptsächlich aus Indern bestehende Armee gefallen waren. Als die Briten ihre regionale Position in Palästina und Mesopotamien ausbauten, wurde Transjordanien zu einem weiteren britischen Mandat, ebenso wie der Irak. Die Briten sicherten sich den schwankenden Irak, indem sie dessen von ihnen abhängigen arabischen Monarchen, König Faisal, auf die Beine halfen, und durch den Einsatz der Royal Air Force, mit der sie einen ländlichen Aufstand durch Terror aus der Luft niederschlugen, eine neue und billigere strategische Option, als eine große Armee zu schicken.

Was Persien betraf, so behielten die Briten einen unterschwelligen Zugriff auf seine wesentlichen Wirtschaftszweige und strategischen Interessen, obwohl die Bolschewiki eine anglo-russische Übereinkunft von 1907 nicht mehr anerkannten, die Persien in formale Einflusssphären unterteilte, und obgleich in den frühen 20er Jahren ein pro-russischer Schah an die Macht kam. Da die Royal Navy kurz vor dem Krieg von Kohle auf Öl umgestiegen war, gehörten zu den wichtigen Wirtschaftszweigen Persiens nicht zuletzt die boomenden Geschäfte der englisch-persischen Öl-Gesellschaft, an der die britische Regierung nicht versäumt hatte, sich zügig einen entscheidenden Anteil zu sichern. Auch in anderen Teilen des Mittleren Ostens hielt man Gebiete auf ähnliche Art. Die wichtigsten darunter waren die Scheichtümer am Persischen Golf mit ihren ansprechenden ölreichen Zukunftsaussichten wie Bahrain und Kuwait. Dort konnten die Briten allein von jeder blubbernden Quelle profitieren, da sie exklusiv die Konzessionsrechte an den Ölkompanien hielten.

Dies alles bedeutete für die Welt nach dem Krieg summa summarum, in den 20er und 30er Jahren, eine Konsolidierung der Position Großbritanniens gegenüber seinen Rivalen als die überwältigend dominante ausländische Macht im Nahen und Mittleren Osten, durch die sich alle weiteren Sorgen um den Durchlass nach Indien erübrigten. Nach Norden abgezäunt durch die Bastion eines besetzten Palästina, war der Suezkanal nun buchstäblich wasserdicht. Trotz nationalistischen Grollens über die ungetreuen Briten und einiger anderer taktischer Probleme schien die Erfahrung die Lebensfähigkeit einer erneuerten Phase des inoffiziellen britischen Imperialismus zu erweisen, indem man Gruppen von Mandanten aus der Ober- und Mittelschicht aufnahm und ihre Kabinette und Amtszimmer mit der weisen britischen Supervision erfüllte, sodass ihre sich selbst regierenden Länder immer weiter in eine Verantwortlichkeit gegenüber Großbritannien hineinrutschten.

Wenn man darauf schaute, was mit einem stabilen Irak bei den geringen Auslagen für die informelle Form des Imperialismus offenbar erreicht worden war, schien es auch zukünftig noch riesige Möglichkeiten für einen beherrschenden Einfluss zu geben. Ägypten war ein weiterer Staat, der dies belegte. Der Ausbruch des Krieges hatte London dazu veranlasst, Ägypten zum britischen Protektorat zu erklären und seine Rechte für eine strategische Besetzung Zyperns aus viktorianischer Zeit in eine formelle Annexion umzuwandeln. Für wutschnaubende ägyptische Nationalisten jedoch war die Zeit des Protektorats bei Kriegsende abgelaufen. Da eine fortgesetzte britische Besatzung inakzeptabel war, machte man sie durch eine allgemeine Unzufriedenheit im großen Stil auch unhaltbar. 1922 wurde das Protektorat aufgegeben, und ein versöhnliches Großbritannien erklärte, es sei ein, wie man sich ausdrückte, souveränes, unabhängiges Land geworden. Es handelte sich allerdings um eine etwas kraftlose Form der Souveränität. Unter den neuen Bedingungen behielt Großbritannien die Kontrolle über die Außenpolitik, die Position des Sudan, die imperiale Kommunikation und die Verteidigung. Angesichts des gesicherten leichten Zugangs zur ägyptischen Baumwolle, die für die Textilindustrie so wichtig war, und der vollständigen Bewegungsfreiheit für die Tommies, um durch das Land zu reisen, konnte London alle ernsthaften Sorgen über die entmutigenden Schwierigkeiten der Entwicklung Ägyptens einfach abschütteln.

Gleichermaßen deutete auch an anderen Fronten nur wenig an der instabilen Lage nach dem Krieg darauf hin, dass sich die Briten bald mit den ersten Anzeichen der Dekolonisierung konfrontiert sehen würden, auch wenn ihre Macht erschüttert war. Sicher, die kriegsbedingten Nahrungsengpässe, die Störungen in der Schifffahrt, eine beißende Inflation, die willkürliche Beschlagnahme von Besitz und die Umsetzung repressiverer Arbeitsregelungen fachten die Klagen quer durch die imperialen Ökonomien an und brachten unzufriedene südostasiatische Bauern und Arbeiter aus den Reismühlen, südasiatische Kunsthandwerker und westafrikanische Transportarbeiter in vielen verschiedenen Agitationskampagnen auf die Straße.

Als der Aufruhr das Wachstum von Gewerkschaften in Indien und auf den Westindischen Inseln stärkte, spulten die verstörten Kolonialbehörden die ganze Bandbreite der Geheimdienstmethoden ab und nutzten autoritäre Formen wie verschärfte Dekrete für Zensur und strengere Gesetze gegen Aufwiegelung. Aber die nationalistische, anti-koloniale Herausforderung nach 1918, ob nun in Ostafrika, auf Trinidad oder den Neuen Hebriden, wurde meist mit Hilfe der Polizeigewalt einfach beiseite geschoben und verdrängt. Gegen jene Revolten, die bereits ausgereifter daherkamen, wurde rücksichtslos vorgegangen, und sie wurden mit extremer Gewalt von Militäreinheiten niedergeschlagen. In Britisch-Somaliland gab das Niedermetzeln der Rebellen durch die Royal Air Force einen frühen Einblick in das, was man alles mit Flächenbombardements erreichen konnte. In der indischen Stadt Amritsar löste das Massaker an einer unbewaffneten Menschenmenge durch britische Truppen im Jahre 1919 den Widerstand der Straße aus, und wenn die imperiale Ordnung den hohen Preis moralischer und politischer Diskreditierung dafür zahlen musste.

Gleichzeitig gab es kluge politische Konzessionen und Kompromisse, um eine friedliche Vereinbarung der heiklen Kolonialpolitik mit imperialistischen Interessen zu erreichen. In Indien hatte die Montagu-Deklaration Großbritannien bereits 1917 von der Entwicklung einer Struktur für die Selbstverwaltung überzeugt, die zur Blüte eines verantwortungsvoll regierten Indien als integralem Bestandteil des Empire führen sollte. Die Gesetzgebung übertrug im Jahre 1919 die Bereiche Landwirtschaft, Bildung und andere Verpflichtungen der Regierung auf die neue Verwaltung unter indischen Ministern, die örtlich gewählten Versammlungen verantwortlich waren. Und in den 30er Jahren wurden Indien die Kosten des Krieges, Billionen von Rupien einer künstlichen neuen Verschuldung, durch massiv verbesserte Zolltarife auf Kosten von Großbritanniens eigener Baumwollexport-Industrie erleichtert.

Die Krise in Irland schien auf ihre Weise ebenfalls eine Art zweite Runde zu sein. In der Folge gescheiterter Versuche der Liberalen, die übliche imperiale Einrichtung der Home Rule oder Autonomie in Fragen des Inneren zu erreichen und des fehlgeschlagenen Osteraufstand des Jahres 1916 erklärten die rebellierenden irischen Nationalisten am Ende des Krieges die unabhängige Republik Irland. Die britische Regierung war nicht gewillt, dies hinzunehmen und erklärte, dass ein freies Irland oder sogar eines mit Dominionstatus sich wahrscheinlich vor seinem Anteil an den Kosten des Krieges drücken und wohl auch ungünstige Zölle auf britische Güter erheben würde. In den Augen Lloyd Georges ließ dies einen Krieg und die vollständige Rückeroberung unvermeidlich erscheinen, als wäre er ein walisischer Cromwell.

Während es nicht ganz so ablief, wurde in den Jahren 1920 und 1921 das Kriegsrecht und eine Politik gegen die Aufständischen von britischen Truppen durchgesetzt, die von der Royal Irish Constabulary und deren paramilitärischen Hilfstruppen unterstützt wurden. Diese bestanden aus zwei Einheiten, den Auxiliaries, deren Mitglieder eher Schlägertypen waren, und einer Hauptabteilung, bekannt unter dem Namen *Black and Tans*, deren Angehörige aus nicht-irischen ehemaligen Soldaten rekrutiert wurden. Während man sie weitgehend sich selbst überließ, um ihre eigene Vorstellung von kolonialer Befriedung umzusetzen, wurden sie schnell berüchtigt für ihre Brutalität und die harsche Schikane der Zivilbevölkerung, die sie im Grunde ohne Unterschied als Fenier mit Mordabsichten behandelten. Als die Zeichen der Zeit auf eine unausweichliche und dauerhafte Trennung deuteten, schlitterte Großbritannien in einen bösartigen und bitteren Guerilla-Krieg mit den Nationalisten hinein, deren Irish Republican Army, kurz IRA, ihren Ruf als ungeschliffener Diamant durchaus verdiente.

Im Jahre 1921 änderte die britische Regierung ihren Kurs und entschied sich, mit ihrem nationalistischen Feind zu verhandeln. Ein anglo-irischer Vertrag brachte eine irische Regelung, die eine Teilung vorsah und dem größten Teil des Landes den Dominion-Status gewährte, während einige vorwiegend protestantische Grafschaften in Ulster eine unionistische Home Rule innerhalb des Vereinigten Königreiches zugesagt bekamen. Viele Faktoren spielten bei diesem Ergebnis eine Rolle, von denen keiner etwas mit einem plötzlichen Ausbruch imperialer Erleuchtung in der Frage nationaler Selbstbestimmung zu tun hatte. Die repressive Handhabung der irischen Probleme hatte in Amerika Proteste entzündet, die politische Temperatur unter der irisch-stämmigen Bevölkerung in den Dominions erhöht und auch zu Hause Abscheu vor den kolonialistischen Methoden der Befriedung ausgelöst, die normalerweise für irgendwelche Eingeborenen an den weiter entfernten Enden der Welt reserviert waren. Brutale Truppen in unverhüllter Aktion so nahe zu Hause deuteten darauf hin, dass die moralgeschwängerte Sprache des liberalen Imperialismus etwas von ihrer Aufrichtigkeit eingebüßt hatte. Die nicht unerheblichen Kosten einer starken Militärpräsenz forderten ebenfalls ihren Tribut. Über Irland führte die politische Zersetzung durch die Kriegsmüdigkeit zu einem fundamentalen Willensverlust in britischen Herrschaftskreisen.

Während der irische Freistaat nur unter Zwang innerhalb des Empire verblieb, setzten andere weiße, sich selbst regierende Staaten ihren maßvollen Trott auf dem Wege eines sicheren Rückzugs aus dem Empire fort. Das Westminsterstatut aus dem Jahre 1931 bestätigte auf dem Papier, was bereits allgemeine Praxis war, nämlich, dass das Parlament in London kein Recht hatte, die Gesetzgebung für die Dominions zu bestimmen, obgleich der britische König natürlich Staatsoberhaupt blieb. Die Verbundenheit mit der Krone blieb jedoch stark unter Australiern, Neuseeländern, englischen Kanadiern und englisch-burischen Loyalisten, ebenso wie unter vielen schwarzen Südafrikanern. Sie besaßen immer noch eine eindeutige imperiale Staatsangehörigkeit, in der sie sich selbst als britische Staatsbürger definierten. Vor dem zweiten Weltkrieg war die einzige Dominion, die ihre eigene Staatsbürgerschaft festlegte, wenig überraschend, der irische Freistaat mit dem geradezu unverschämten *Nationality and Citizenship Act* von 1930, der die Briten genau wie alle anderen Nicht-Iren als Ausländer definierte.

Die britische Einstellung zur Politik einer größeren Autonomie der Dominions in den 30er Jahren stand unter dem Motto »bis hierhin und nicht weiter«. Die starke Abhängigkeit von und die Verschuldung bei den Kapitalmärkten der City stellten sicher, dass Großbritannien seinen unterschwelligen wirtschaftlichen Einfluss in den schrecklichen Jahren der Weltwirtschaftskrise während der Zwischenkriegszeit aufrechterhalten konnte. Die Schaffung des Sterlingblocks nach 1931, der den größten Teil des anerkannten Empire ebenso einband wie Staaten, die von britischen Märkten abhingen, wie z. B. Argentinien, den Irak oder Ägypten, war eine effektive Kalkulation mit den Hauptbüchern der Herren Investitionsfinanziers, da er dabei half, Londons führende Position als internationaler Devisenmarkt zu erhalten.

Das imperiale Währungssystem lief wie am Schnürchen, da sich die Kolonien auf das Pfund Sterling als Tauschwährung verließen und von der Unantastbarkeit der Londoner Tresorräume, in denen die Reserven lagerten, abhängig waren. Der Wert des Empire für die britischen Überseeinvestitionen stieg in der Zwischenkriegszeit ebenfalls durch den besonderen Vorteil der Stabilität und Sicherheit, die es bot. Selbst in den schlimmsten Turbulenzen der Wirtschaftskrise gingen Großinvestoren in Aktien von Kolonial- oder Dominionsregierungen kein großes Risiko ein. Während alle möglichen kränklichen ausländischen Kreditnehmer den Zinszahlungen regelmäßig nicht nachkamen, konnte man mit den Gewinnen aus imperialem Kapital über Staatsanleihen in den 30er Jahren sicher rechnen.

Die Hinwendung zu einer größeren Regulierung des Handels durch die Einrichtung der Vorzugszölle war ebenfalls von Vorteil für britische Interessen. Die protektionistischen Abgaben für den britischen Handel, die in den 30er Jahren eingeführt wurden, galten nicht für landwirtschaftliche, industrielle und andere Waren aus ihren Kolonien und Dominions. Im Gegenzug erpresste Großbritannien harte Vertragsbedingungen, die die Exportkosten seiner Güter auf den Märkten der Dominions senkten und die abhängigen Kolonien dazu zwangen, Importen aus dem Empire den Vorzug vor allen ausländischen Waren zu garantieren. Und es gab noch andere Polster. Jene klassischerweise unsichtbaren Quellen, Einnahmen aus Bereichen wie Transporten auf See oder dem Versicherungswesen, sahen nicht so aus, als würden sie jemals versiegen. Und ebenso wenig tat dies der Markt für Waren britischer Herstellung innerhalb des Empire. Er blieb auch unter den ansonsten miserablen Bedingungen für die Exportwirtschaft der 30er Jahre stabil, da im Grunde jede Kolonialregierung willens war, britische Produkte anzunehmen, sowie durch Geschmacksbildung und Werbung mit der hohen Qualität von Marken wie *Raleigh*, *Humber* und *Enfield* in Großregionen wie Asien und Afrika und natürlich die Vorlieben der Konsumenten, ausgewanderten Briten. Während die Zahl der britischen Gesamtexporte Mitte der 30er Jahre um fast 30 Prozent gesunken war, war der Verlust bei den Exporten innerhalb des Empire nur etwa halb so groß. Als Folge brachten die Einnahmen aus den Märkten der Imperialökonomie die günstige Handelsbilanz von mehr als 150 Millionen Pfund ein, während Großbritannien aus dem übrigen Außenhandel gegen

Ende der Weltwirtschaftkrise ein bescheidenes allgemeines Handelsdefizit von knapp unter zwei Millionen Pfund angesammelt hatte. Ein weiterer Nutzen, der jeden Glanz, der der britischen Staatskasse durch die immensen Kosten für die imperiale Verteidigung verloren ging, mehr als aufwog, kam noch hinzu. Als Ergebnis des Wachstums und der immer ausgereifteren kolonialen Bürokratie in jenen späten Jahren der Zwischenkriegszeit wurden Vermarktungskommissionen geschaffen, die die Entwicklung von Cash Crops, des kommerziellen Anbaus, durch afrikanische Bauern kontrollierten, und die als erklärtes Mittel, die Einkommen der Bauern, die unter der Depression gelitten hatten, stabil zu halten, die Preise festsetzten.

Großbritannien nutzte seine Fähigkeit, die Fäden des Finanzwesens zu ziehen, und setzte die Kommissionen dazu ein, direkte Großeinkäufe bestimmter Exporternten durch die Regierung in London zu tätigen. In den abhängigen Kolonien, die keine Verhandlungen führen konnten, wurden die Preise künstlich niedrig gehalten und ein gutes Stück unterhalb des Weltmarktpreises festgesetzt. Dies war die Basis, auf der der britische Staat Ende der 30er Jahre die gesamte Kakao-Ernte Britisch-Westafrikas aufkaufen konnte, eine Übereinkunft, die auf praktisch alle wichtigen tropischen Rohstoffe und Lebensmittelimporte ausgeweitet wurde, darunter strategisch wichtige Bodenschätze zu Beginn des Zweiten Weltkriegs.

Die Pläne der britischen Regierung für Großeinkäufe sahen Güter wie Baumwolle und Sisal aus Ostafrika, Tee und Kautschuk aus Ceylon, Bananen und Limetten von den Westindischen Inseln und Zitrusfrüchte aus Palästina vor. Produkte aus dem Empire konnten als gut für die Moral und die gesunde Ernährung der Bürger des Mutterlandes dargestellt werden, aber der entscheidende Nutzen lag woanders. Der leichte Profit, der aus diesen Großeinkäufen zu ziehen war, wurde von den Ministern in Whitehall oder den vielen Vermarktungs-Kommissionen selbst abgeschöpft. Diese großen Summen wurden dann in Großbritannien als nützliches Gewicht deponiert, um das Pfund Sterling zu stützen. Es sollte erwähnt werden, dass die Nachfrage nach Importgütern und sein System der großen Regierungsankäufe, die bis in die 50er Jahre weitergingen, einiges dafür taten, viele ländliche Produzenten vor dem wirtschaftlichen Abgrund zu bewahren und für kleine Minderheiten besser gestellter Bauern in Afrika und Asien sogar einen gewissen Wohlstand zu schaffen. Und die Rhetorik des Colonial Office machte viel Wind um diese Handelsstrategie für Entwicklung und Wohlergehen durch die Zunahme der Produktivität und organisatorischen Effizienz ländlicher Wirtschaftsformen, Schutz und Hilfe für die Steigerung der Einnahmen verarmter Bevölkerungsmassen und die Stabilisierung unruhiger sozialer Umstände. Größtenteils aber stellten sie einen Gewinntransfer von den Bauern in den Kolonien zu den Reserven des britischen Staates dar.

Zusätzlich zu den Mengenkäufen vieler Exporte aus den Kolonien gab es noch eine andere für die Briten vorteilhafte Handelsstrategie. Es war die herrische Durchsetzung von Quoten auf ihren Kolonialmärkten. In den 20er Jahren vom Niedergang in ihrer Textilausfuhr und anderen Exporten in die Kolonien angeschlagen und bedroht durch die steigende Konkurrenz ausländischer Fabrikationen in den 30ern, verlegten sich die Briten auf Quoten, um den Anteil an Importen von Handelsstaaten außerhalb des Sterlingblocks zu kontrollieren. Wegen der effektiven Beschränkung auf dem Dollar basierender Ankäufe durch die Kolonien in den 50er Jahren wurde die britische Regierung häufig verflucht. Die Unzufriedenheit kam nicht nur aus den Kolonien, sondern auch von britischen Geschäftsleuten, die von den ausgelegten Stolperdrähten auf der Schnellstraße des liberalen Freihandels aus der Bahn geworfen wurden. Jene, die nicht durch die imperialen Quoten ausgeschlossen wurden, waren die natürlichen Nutznießer des Exports, so wie die Textil- und Bekleidungsindustrien von Lancashire und Northamptonshire, und jene blassen Plutokraten dunkler britischer Schokolade, *Cadburys* in Bournville und die Rowntree-Kakaowerke in York. Ihre Quäker-Eigentümer wussten sehr genau um die Vorteile guter Werke, sogar im Handel.

Nichts hiervon soll unterstellen, dass der Erste Weltkrieg kein schlimmer Schlag für das britische Weltreich und seine internationale Position in der Welt nach 1918 war. Die Briten waren gezwungen, ihre Stellung als führende Kreditgeber-Nation der Welt aufzugeben, vor allem, weil sie, um die Ressourcen für den Kampf gegen die Deutschen aufzutreiben, einen großen Anteil ihrer Anlagen in den Vereinigten Staaten von Amerika flüssig machen mussten. Die Verschuldung der Briten bei den Handelsbanken der Yankees an einer Ostküste, die einst ihnen gehört hatte, führte dazu, dass die USA den Krieg als größer Kreditgeber-Staat der Welt beendeten. Um ihre eigene imperiale Macht zu behalten, hatten die Briten den Vereinigten Staaten bei ihrem Aufstieg zur Weltmacht im Grunde einen Dienst erwiesen.

Nicht länger fähig, quasi endlosen Nachschub an Kapital zu exportieren, musste London nach 1918 New York als neue wichtige Kraft im internationalen Finanzwesen zu Kenntnis nehmen. Es musste sich zudem mit einem Land verbünden, das einige irritierend vertraute Charakterzüge aufwies und international eine Linie verfolgte, die jeder alten europäischen Imperialmacht ein Dorn im Auge gewesen wäre. Amerikanische Politiker ignorierten die britischen Empfindlichkeiten, was die Freiheit der Iren und ihre Gefahr für die Wahlorgane betraf, und in ihren Wahlkreisen wurde bereitwillig jede Art von populistischen anti-britischen Gefühlen aufgesogen. In den frühen 20er Jahren verfocht ein Kongressabgeordneter aus Montana, einem Bundesstaat, der eher für seine Bären als für seinen lateinischen Anstrich bekannt war, einen Gesetzentwurf, mit dem Englisch durch »die amerikanische Sprache« als Amtsprache der Vereinigten Staaten ersetzt werden sollte. Indem er erklärte, dass die Unsterblichkeit folgte, sobald die Amerikaner nur begännen, authentisches Amerikanisch zu schreiben, forderte der Washingtoner Abgeordnete Jay McCormick die Bostoner und andere weiße Bildungsbürger Neuenglands auf, ihre Überzieher und Gehstöcke fortzuwerfen und die raue und ehrliche Diktion anzunehmen, die aus dem kräftigen Erbe einer Grenzkultur, aus Mokassin, Wildleder und Tomahawk stammte. Der Wunsch des Kongressmannes McCormick ist heute vielleicht mehr als erfüllt worden, wenn auch nicht auf die Weise, die sich James Fenimore Cooper, Walt Whitman oder Dashiel Hammett vielleicht vorgestellt hatten.

International gesehen hatte die neue amerikanische Weltmacht praktisch keinen Nutzen von der Aufrechterhaltung eines Systems der Kolonialherrschaft. Sie gefiel sich darin, sich in isolationistische, anti-imperialistische Posen zu werfen und versteckte kaum ihre ablehnende Haltung, was den Aspekt der direkten Herrschaft des britischen Imperialismus betraf. Dies wurde schon früh daran sichtbar, wie die maritimen Machtbezüge nach dem Krieg wieder aufgebaut wurden. Ein wichtiges Kriegsziel der Briten war es gewesen, die überlegene Seemacht gegenüber Deutschland und kampflos gegenüber allen anderen Staatenzu behaupten. Aber auf der Washingtoner »Rüstungskonferenz« nach dem Krieg gab ein amerikanischer Minister den indignierten, aber verschuldeten britischen Delegierten zu verstehen, dass die Aufrechterhaltung der absoluten maritimen Vorherrschaft nicht länger toleriert werden würde. Brav gab London seine Zustimmung, dass die Macht der britischen Admiralität begrenzt werden würde.

Nachgewiesenermaßen vorbereitet von Senator Charles Borah aus Idaho, einem ehemaligen Shakespeare-Darsteller aus der Provinz, ratterte der

Minister, Charles Hughes, sogar die Namen von fast zwei Dutzend Kriegsschiffen der Royal Navy herunter, die außer Dienst gestellt werden mussten, um Größe und Kapazität der britischen Flotte zu verringern und eine akzeptable Balance zwischen den USA, Großbritannien und Japan zu erreichen. In den 20er Jahren war das US-Verteidigungsministerium misstrauisch wegen des anglo-japanischen Flottenabkommens und drängte auf den Aufbau einer Marine, die so mächtig sein sollte, wie die Großbritanniens und Japans zusammen. Die USA machten kein Geheimnis daraus, im Falle eines Falles für eine maritime Konfrontation mit den Briten bereit zu sein. Dieses Gehabe stand jedoch für eine im Grunde viel unspektakulärere Sache, nämlich den schrittweisen Aufbau der amerikanischen Vorherrschaft auf See.

Nach 1918 waren eingefleischte Whitehall-Imperialisten wie Arthur Balfour und Winston Churchill von der Möglichkeit angewidert, sich in einer Lage zu befinden, in der man Befehle von den USA schlucken musste, was das Vorgehen der Imperialpolitik in Ländern wie Ägypten oder Kanada betraf. Churchill erkannte außerdem, dass hinter dem Humbug vom amerikanischen Antikolonialismus eine eigene expansionistische Ideologie steckte, angetrieben von einer Wirtschaftsordnung, die ein steigendes Bedürfnis danach hatte, Macht und Einfluss in den Netzwerken des Handels und Rohmaterialien aus Kolonien zu erlangen, die von Großbritannien und Frankreich dominiert wurden. Als unerschütterlicher Verteidiger des bestehenden imperialen Systems mit seinen Vorzugsgeschäften und des Ansehens des Goldstandards, der zwar zu Kriegszeiten außer Kraft gesetzt, aber 1925 vollständig wiederbelebt worden war, befürchtete Churchill, dass die USA Pläne schmiedeten, das Britische Weltreich zu unterminieren.

Und es gab durch den Krieg noch andere Rückschläge für die Briten. Die Wiederauferstehung des vielgepriesenen Goldstandards, dazu gedacht, die britische Führung im internationalen Währungsaustausch zu sichern, endete damit, dass man ihn 1931 wieder abschaffen musste. Amerika drang in die Märkte der Briten in Lateinamerika ein, obgleich sie es schafften, die Herausforderung durch die USA in Argentinien und Brasilien ebenso abzuwehren wie im Deutschland der Zwischenkriegszeit. In Indien und Ostasien öffnete die abnehmende Konkurrenzfähigkeit britischer Exporte den Japanern Türen, durch die sie sich hineinquetschen konnten. Während Großbritannien seine Position als wichtigster ausländischer Investor in China im Verlauf der 20er und über einen Großteil der 30er Jahre behalten konnte, halbierte sich sein Anteil am chinesischen Importmarkt, während Japan seinen Anteil deutlich erhöhen konnte.

Die Notwendigkeit der großen Mobilisierung während des Krieges und die Hinwendung zur Massenproduktion für den absoluten Krieg nach 1915 förderte in Dominions wie Australien und in den wichtigen Kolonien Südasiens merklich die Industrialisierung. In Indien, um ein willkürliches Beispiel herauszugreifen, ging es Fabrik- und Mühlenbesitzern sehr gut durch den unvermeidlichen Aufschwung bei den Preisen für die lebenswichtigen Juteprodukte wie Leinwand und Sandsäcke, und große Fänge aus einem plötzlich entstandenen Meer der Spekulation mit Jute ebenso wie mit anderen lukrativen Waren spülten Kapital herein, das in der Zeit nach dem Krieg dazu genutzt wurde, die ersten Jutemühlen zu gründen, die indischen Magnaten gehörten. In Städten wie Bombay waren indische Industrielle und Spekulanten während des Krieges zudem Nutznießer ungeregelter Konditionen des britischen Heimatgeschäftes, als ihre Industrien für Baumwollstoffe eine Phase deutlichen Wachstums auf Kosten der Textilmühlen Nordwestenglands durchliefen.

Bis zu einem gewissen Punkt können die Schwächung von Großbritanniens Position in einigen seiner imperialen Besitzungen, sein Verlust von Reserven und die zunehmende Stärke der internationalen Konkurrenz alle als Zeichen gesehen werden, dass die imperialistischen Kräfte der Briten in diesen frühen Jahrzehnten des 20. Jahrhunderts nachzulassen begannen. Aber sie müssen nicht zwangsläufig zu einer Übertreibung des sehr relativen Ausmaßes dieser Schwächung führen. Ebenso wenig zwingen sie zu dem Schluss, den einige Historiker ziehen, die Briten hätten zwar den Krieg gewonnen, aber den Frieden verloren, weil ihre Macht ins Rutschen geriet und sie ihre führende Rolle in der Welt an die Vorstandsetage von J. P. Morgan und die Brücken der Sechsten Flotte abgaben. Immerhin konnte die imperiale Mission noch immer einen explizit kolonialen Weg ebnen, ohne für eine angloamerikanische Weltmacht die Drecksarbeit machen zu müssen, von der jene Männer der Vorsehung, der Sherry schlürfende Woodrow Wilson und der megalomanische Rhodes, von unterschiedlichen Standpunkten aus beide so gern träumten.

Lord Curzon, ein Vizekönig von Indien, dessen Amtszeit den Wandel vom viktorianischen zum edwardianischen Empire überspannte und der ein unübertroffener Blender war, hatte über diese imperiale Mission einmal bemerkt, dass es niemals etwas so großes in der Geschichte gegeben habe wie das Britische Empire, das beste bekannte Mittel zum Wohle der Menschheit. Obgleich dies in den Ohren vieler seiner etwas abgelegener lebenden Untertanen reichlich hohl klang – darunter einige jenseits der Irischen See –, hatten auch Großbritanniens spätere Machthaber nur wenig Schwierigkeiten dabei, diese Basis seiner imperialen Besitzungen zu legitimieren.

Im Verlauf der 20er und 30er Jahre verhielten sie sich erwartungsgemäß und taten den Antiimperialismus des vordringenden amerikanischen Imperialismus einfach als unaufrichtig ab, womit sie in gewisser Weise ja auch recht hatten. Bis zum Ausbruch des Zweiten Weltkrieg hatte sich diese Haltung besonders verfestigt. Man lehnte ab, was man als mutwillig ignorante Kritik von Washingtons Diplomaten im Mittleren Osten betrachtete, die den Imperialismus der Briten mit dem der Deutschen und Italiener in einen Topf warfen. In einer klassisch brummig-scharfen Antwort gab sich Churchill 1943 mehr als unverfroren. Der Premierminister erklärte, dass einige Meinungen Washingtons über das Britische Weltreich ausreichten, damit »ich mir die Augen reibe« und reagierte damit zornerfüllt auf Vorwürfe, Großbritannien versäume es, sich dem unausweichlichen Konflikt von Imperialismus und Demokratie zu stellen. Die Amerikaner hatten die Genialität der Briten verkannt, beide zu vereinbaren, behauptete Churchill. Seiner Ansicht nach war der entscheidende politische Punkt am Empire, dass es die Demokratie weiter verbreitet hatte und noch verbreitete, als jedes andere Regierungssystem seit Anbeginn der Zeit. Als Äußerung eines hohen Politikers, der in den 30er Jahren selbst öffentlich Zweifel an der Tugend der Herrschaft durch ein allgemeines Wahlrecht in Großbritannien geäußert hatte, mochte dies doppelbödig sein, aber es war nicht vollkommen heuchlerisch.

Die Weitergabe einer friedlichen Ordnung und guten Regierung von oben, quasi auf dem Silbertablett, war es, was das Gegengewicht zu den unmittelbareren und eher diesseitigen imperialen Angelegenheiten bildete, die eher in Profit als Macht bestanden. In jenen Jahren kam es während des Krieges zu Streitereien zwischen Briten und Amerikanern über wirtschaftliche Privilegien, als amerikanische Ölfirmen und andere Wirtschaftszweige, die der Regierung des Iran Konzessionen abschwatzten, versuchten, das Handelsmonopol der United Kingdom Commercial Corporation zu brechen. An dieser Front kam es zur bemerkenswerten Bestätigung von Präsident Roosevelts Versprechen 1944, dass Amerika nicht mit, wie er es nannte, Stielaugen auf die Ölfelder der Briten in Iran und Irak schielte. Ob dies Downing Street beruhigte, ist nicht bekannt. Aber es gab zu jener Zeit keinen Mangel an anderen Problemen für Churchill, wie z. B. die unerfreuliche Bedrohung der Ordnung im Orient durch arabische Nationalisten, besonders jene, die er mit der für ihn typischen ungehobelten Art als ägyptische Kameltreiber bezeichnete.

In den unmittelbar vorangegangenen Jahrzehnten hatten viele britische Politiker und Kolonialbehörden ebenfalls wiederholt verlauten lassen, dass sie unerschütterlich an ihrer Herrschaft festhalten würden, um Gewinne zu machen und die Ordnung für die wirtschaftliche und soziale Entwicklung ihrer Besitzungen aufrechtzuerhalten, und deren Einwohner zu einem vagen oder undurchdringlichen Zustand »politischer Reife« zu führen, der eingeborenen Völkern erst die letztendliche Erlaubnis zur Selbstregierung einbringen würde. Zur Zeit des Zweiten Weltkriegs jedoch dachte man in der Politik noch nicht sehr systematisch darüber nach. Dennoch zeigten das einhellige Wachstum der selbstverwalteten weißen Dominions, das 1917 widerwillig gegebene Versprechen, Indien erhalte eine »Selbstregierung«, die verfassungsmäßige Einrichtung sogenannter Legislative Councils, gesetzgebenden Versammlungen, in Nigeria und der Goldküste sowie die Zusage einer gewählten inneren Selbstverwaltung für Jamaika 1944 eine gewisse Richtung an.

Diese Pfade waren tolerabel, selbst wenn dazu gehörte, dass man die Aussicht schluckte, Indien in den frühen 40er Jahren den Dominionstatus einzuräumen. Was zählte, war, dass man jenen Menschen, die der Minister für die Kolonien in jener Zeit, Oliver Stanley, »koloniale« Völker nannte, Führung angedeihen ließ, um sicherzustellen, dass sie nicht auf die schiefe Bahn gerieten. Dies war die Straße zur Selbstregierung, mit dem Britischen Empire als Fahrgestell. Kooperative und brüderliche Beziehungen zwischen Mutterland und Dominion würden Schritte der kanadischen oder australischen Regierung an Washingtons Tafel überleben, ganz gleich, was die Amerikaner auf den Tisch brächten. 1930 konnten in Indien unter dem Druck des Nationalkongresses bedeutende Reformen umgesetzt werden. Die Indisierung des Civil Service und der Armee schritt voran, und gewählte indische Politiker wurden mit einer Reihe von Ressorts betraut, die durchaus genießbar waren, von Zuständigkeiten für die öffentliche Wohlfahrt, von Gesundheits- und Bildungswesen bis zur Überwachung der Landwirtschaft und des Transportwesens. Am Ende jenes Jahrzehnts erreichte Indien sogar die fiskalische Autonomie.

Was eine solche finanzielle Gesundheit deutlich machte, war die große Glaubwürdigkeit des Raj und seine Fähigkeit, den Interessenskreislauf von Großbritanniens Investitionen zurück zur gesellschaftlichen Crème de la Crème seiner Gesellschaft in den Clubs der City, Stadtvillen in Mayfair und Häusern an der Strandpromenade von Brighton und Hove zu bedienen, und keinesfalls eine stillschweigende Resignation, das Juwel unter den imperialen Vermögenswerten bald zu verkaufen. Am Vorabend eines Krieges, der damit enden sollte, dass die imperiale Macht in den Seilen hing, war das Interesse der Briten an Indien ungebrochen. Sie würden, so glaubten sie, ihre Rolle als natürliche Führer und Hüter behalten, mit ihrem professionellem Personal am Ellbogen des indischen Civil Service und seiner großen Armee, und mit jenen härteren Regierungsaufgaben, die mehr zählten und deshalb für sie reserviert waren, wie Verteidigung, Justiz und Finanzen. Tatsächlich gingen Großbritanniens Khaki-Strategen noch am Ende des Krieges davon aus, dass im Falle der vollständigen indischen Unabhängigkeit eine solche Übertragung nur unter dem Vorbehalt eines günstigen Verteidigungsabkommens mit der neuen Regierung in Delhi stattfinden würde, nachdem sie die Erhaltung der Luftwaffenstützpunkte in Nordwestindien als entscheidend wichtig für die Möglichkeit von Vergeltungsschlägen gegen sowjetrussische Städte eingestuft hatten.

Trotz all der zunehmenden Unordnung, die die Briten dort aushalten mussten, schien Indien ein gutes Beispiel für die Vision kolonialer Nationen zu sein, die Oliver Stanley 1943 geäußert hatte. Sie war sicher weniger autoritär in den großen Fragen als jene von Großbritanniens Mann in Ägypten Ende des 19. Jahrhunderts, Sir Evelyn Baring, der spätere Lord Cromer. Wie sein »indischer« Zeitgenosse Lord Curzon, der es unvorstellbar fand, dass es jemals eine Beteiligung von Indern an der Gestaltung Britisch-Indiens geben könnte, war das Fundament des Empire die Tugend der Hüterschaft durch eine altruistische Autokratie. Jedes Vorgehen bei der kolonialen Entwicklung würde sicherstellen müssen, dass es für Generationen fest und unverbrüchlich bestehen bleiben müsse, selbst über unzählbare Jahrhunderte. Immerhin hatten es führende Imperialisten wie Curzon und Cromer schon in ihren Eingeweiden gefühlt. Die moderne Selbstverwaltung durch gewählte Regierungen war nichts für jene Untertanen der Krone, die keine weißen Männer waren, jene, die nur mit den unterentwickelten Fähigkeiten südasiatischer »Orientalen« oder afrikanischer »Eingeborener« ausgestattet waren. Rassische und kulturelle Unterschiede bestätigten nicht allein die Unratsamkeit, nein, auch die Gefährlichkeit dessen, wovor Cromer warnte, sich nämlich jemals dazu hinreißen zu lassen, Institutionen, »deren natürliches Habitat Westminster ist«, auf den unergiebigen Boden Kalkuttas oder Kairos zu verlegen. Dies war die prokonsularische Rechtfertigung der britischen Doktrin einer indirekten Herrschaft durch Stammesführer, Sultane und Fürsten in ihrer klarsten Form und ohne Tricks. Auf der anderen Seite war die liberale Idee von einem Indien, das eine freie Nation innerhalb eines doch irgendwie weiterbestehenden britischen Klammergriffs werden sollte, nicht liberal genug für Mahatma Gandhi und die anderen Alles-oder-Nichts-Vertreter des Indischen Nationalkongresses. Was ihnen vorschwebte, war die Erlangung vollständiger nationaler Freiheit auf der Basis ihrer legitimen Rechte und politischen Reife, die Macht im Staat zu kontrollieren, um Indien als neue Nation zu schaffen.

Das Empire hatte dies natürlich zu einem besonders schwierigen und häufig nervenaufreibenden Geschäft gemacht, und zwar nicht nur für Indien. In der optimistischsten Sichtweise sollten die kolonialen Untertanen durch ein sie nährendes Empire schließlich in knospenden Nationalstaaten zusammenkommen, deren Umrisse fast immer auf den einzelnen Kolonien basierten, die durch die britische Expansion entstanden waren. Es ist fast überflüssig zu erwähnen, dass nur wenige der pluralistischen kolonialen Bevölkerungen als natürlicherweise konstituierte Nationen bezeichnet werden konnten in dem Sinne, dass sie eine tiefe und einende Vergangenheit besaßen oder eine gemeinsame Sprache und Kultur teilten. In dieser Hinsicht könnte man sagen, dass die Völker von Kolonien wie Britisch-Indien, Britisch-Malaya, der Britischen Goldküste oder Britisch-Njassaland, keine reineren Nationen waren, als das Belgien oder Italien des 19. Jahrhunderts oder auch das Großbritannien früherer Zeiten.

Indien war ein südasiatischer Subkontinent mit einem Gewirr verschiedener hinduistischer, islamischer und anderer Religionen, verschiedenen Sprachen und Gebräuchen und unterschiedlichen ethnischen Identitäten und Kulturen, und mit modernen Grenzlinien, die durch die Reichweite der britisch-imperialen Eroberung definiert wurden. Malaya war ein Konglomerat fester Identitäten bestimmter Gemeinschaften, Malaien, Chinesen und Indern. Die kolonialen Territorien Afrikas waren aus den Kalkulationen der europäischen Einteilung und zweckdienlicher Verträge und Übereinkommen geboren. Die kolonialen Grenzen, die sie fixierten, waren größtenteils Zufall oder Willkür. Auf diese Weise wurden die Menschen, die in diesen neuen Kolonien lebten, nicht durch die Bande derselben Sprachgruppe oder einer gemeinsamen ethnischen Identität zusammengehalten, wie die Yoruba- oder die islamischen Hausa-Untertanen in Nigeria.

Die Entwurzelungen und Vertreibungen durch die Eroberung im 19. Jahrhundert hatten ebenfalls viel dazu beigetragen, Migration und Vermischung unter den Afrikanern zu fördern und die Stammesidentitäten weiter zu verkomplizieren, sodass die Stammeszugehörigkeit veränderlich wurde. Manchmal machten einfache Afrikaner das meiste aus einer flüchtigen Umwelt und gaben sich selbst gegenüber britischen Arbeitgebern oder Beamten mal als das eine, mal als das andere aus, sei es aus Notwendigkeit, Bequemlichkeit oder Jux. Im Falle der Südafrikanischen Union spielten einige schlaue und kreative Individuen das koloniale Spiel ein wenig zu gut. Während des Ersten Weltkriegs erklärte eine Reihe von Männern, die auftauchten, um sich als Reaktion auf die Rekrutierungskampagne für ein Kontingent aus eingeborenen Südafrikanern an der Westfront einzuschreiben, entweder Zulus oder Basutos zu sein. Als dies von einem altgedienten weißen Polizisten hinterfragt wurde, der intuitiv erkannte, dass ihre Namen eine Xhosa-Herkunft verrieten, antworteten die Freiwilligen, so wird behauptet, sie wüssten, dass der König für die Verteidigung des Empire nur die zähsten Stämme wünsche, die er bekommen könne. An sie ginge das ganze Prestige und die besseren Vergünstigungen.

Ob auf der Basis ungenauer Informationen oder als absichtliche politische Manipulation, jene, die die Kolonien verwalteten, direkt als Beamte oder indirekt durch die Beaufsichtigung einheimischer Behörden, hatten bis zum 20. Jahrhundert eine komplexe Bandbreite an Stereotypen über die einzelnen »Rassen« der »eingeborenen« Völker, an kolonialem Vokabular und sozialer Anerkennung entwickelt. Die Zulus waren nur eine der bewunderten »kriegerischen Rassen«. Im Osten Afghanistans rangierten die furchteinflößenden Paschtunen nicht weit darunter auf der Skala der Bewunderung für Krieger.

Wo die politischen Amtsträger traditionelle Stammesführer dazu benötigten, ihre Autorität durchzusetzen, wie z.B. in Westafrika, mussten sie wählen, mit wem sie ein möglichst fruchtbares Bündnis eingehen sollten, oder sich sogar selbst neue Oberhäupter heranziehen, die ihre Weisungen befolgen würden. Neue anthropologische Erkenntnisse in Form einer Ansammlung jeder Art von Hokuspokus über afrikanische Identitäten und Sitten spielten dabei ihre Rolle. Christliche Missionare spielten eine weitere, da die vereinheitlichten einheimischen Sprachen, die sie in geschriebener und gedruckter Form erst erschufen, als nützlich angesehen wurden, um eindeutige Stammesidentitäten festzustellen. Ein fester Zugriff auf die Identität von Untertanen der Krone war auch in den Kolonien Zentral- und Ostafrikas ein Hauptanliegen der Briten, wo die Notwendigkeit bestand, dafür zu sorgen, dass die Grenzen weißen Landes nicht zu porös wurden. In Nordrhodesien, Njassaland und Kenia war der Status der sogenannten »Mischlinge« oder »Halbkasten« eine Hauptfrage für die Generalbevollmächtigten und ihre Gerichte. Es waren nicht jene, die man als nach der »Art und Weise« oder dem »Modus« afrikanischer Gemeinschaften lebend einstufte, die die Gemüter der Regierenden erhitzten. Jene, die gebildet waren, die größere Hoffnungen hatten und es ablehnten, als »Eingeborene« behandelt zu werden, machten Probleme, wenn sie gegen eine Besteuerung als Afrikaner oder gegen die Verweigerung von Pachtrechten auf Land in Gebieten, die für eine Besetzung durch »zivilisierte« Einwohner reserviert waren, Einspruch vor Gericht erhoben. Sie waren der ärgerliche Makel bei der Einrichtung ordentlicher und sauberer Schubladen für die kolonialen Gesellschaften.

Andere Ärgernisse waren die schwarzen und braunen Büroangestellten, Journalisten, Anwälte und andere Schreibtischarbeiter oder Berufsgruppen, die unter der britischen Herrschaft entstanden waren. Im Großen und Ganzen sahen die Briten lieber die Stammesoberhäupter, Fürsten, Sultane und Emire an der Spitze ihrer Kolonialgesellschaften und die kräftigen Bauern und kernigen Krieger eher an deren Fuß. Besondere Ablehnung und sogar Feindseligkeit wurde für jene westlich gebildeten Männer reserviert, sogenannte Sixpences aus den afrikanischen Missionen oder indische Babus, die durch den europäischen Einfluss dazu verleitet worden waren, sich selbst über ihren Stand zu erheben. Und doch konnten die Kolonialregierungen in Nigeria nicht ohne ihre qualifizierten christlichen Angestellten oder in Südasien nicht ohne ihre westlich gebildeten bengalischen Beamten auskommen. Noch konnte man eine Erhöhung der Investitionen in die Bildung umgehen, um genügend Nachschub zu haben. Für Justiz, Planungswesen, Volkszählungen und alle Arten anderer Aktivitäten der kolonialen Routine brauchte man Einheimische mit der Ausbildung und den Fähigkeiten, die Bürokratie diszipliniert am Laufen zu halten, Protokolle zu schreiben, die Bücher zu führen und Haushalte zu planen.

Natürlich sahen die Briten nicht, dass sie moderne, gebildete Eliten form-
ten, die eines Tages immer bestimmter Anspruch auf Rechte und Freiheiten erheben würden. Aber ihre zunehmende Leistungsfähigkeit, mit
der die verstimmten modernen Eliten in den 30er Jahren die nationale
Unzufriedenheit in den Kolonien schürten, wurde durch eben die Kräfte
geweckt, die die Briten in ihre asiatischen und afrikanischen Kolonien gebracht hatten, von Bildungswesen und Presse bis zum Aufbau von Eisenbahnen, Straßen und Postwesen. Sie förderten die Verbreitung von Bünd-
nissen mit einer breiten Basis, die durch die steigende Opposition gegen
die Ungerechtigkeiten und Bürden der Kolonialherrschaft entstanden. Auf
einige wohlhabende Leute wirkte nicht einmal eine britische Ausbildung
besänftigend – Jawarharlal Nehru z. B. hatte seine Ausbildung in Harrow
und Cambridge bekommen.

Die Berichte einiger Militärstrategen aus den 30er Jahren, das Empire
gerate in Schwierigkeiten, wenn es von mehr als einer größeren Macht an-
gegriffen würde, klangen ebenfalls nicht gerade beruhigend, und das mit
gutem Grund. Im Jahr 1942 schien das britische Weltreich am Rande eines
unvorstellbar tiefen Abgrundes entlang zu taumeln. Wenn in seiner Reichweite auch nicht ganz so imperialistisch wie der Erste Weltkrieg wurde der
Zweite Weltkrieg von Großbritannien doch ebenso sehr geführt, um seine
imperiale Position zu behalten, wie darum, seine Grafschaften gegen die
gestiefelte Bedrohung des deutschen Nazi-Totalitarismus zu verteidigen.
Nicht einmal der letzte jener schuldigen Männer der Beschwichtigungs-
politik der 30er Jahre, sei es Premierminister Stanley Baldwin oder Premierminister Neville Chamberlain, hatte die geringste Absicht, das Empire
als Folge der Friedenspolitik mit Adolf Hitler liquidiert zu sehen.

Als es statt einer anglo-deutschen Verständigung zum Krieg kam, kam
die schlimmste Bedrohung für die imperiale Position der Briten allerdings
nicht von den europäischen Achsenmächten. In Nordafrika vereinigten
sich britische Truppen mit imperialen Kontingenten, in denen indische,
sudanesische, zypriotische, ostafrikanische, westafrikanische und südrho-
desische Soldaten dienten, um Mussolinis römische Legionen in die Flucht
zu schlagen. Obgleich sich im Nahen Osten durch den größeren Druck der
Deutschen ein verzwickteres Bild bot, wurde er nicht den Feinden des Empire überlassen. Malta widerstand allen Angriffen und half, die Macht und
die Verbindungen der Briten im Mittelmeer zu stützen, ebenso wie dies auf
ihre Weise der Besitz des Suezkanals und die Ölfelder in der Wüste taten.

In den frühen Phasen des Krieges wurden der Iran, der Irak und Syrien von alliierten Truppen überrannt, während Churchills Generalstab 1942 in Kairo die Füße hochlegte. Dort übte Großbritannien seine Wächterfunktion über die Verteidigungsangelegenheiten Ägyptens aus und wurde mit der Einsetzung einer anti-britischen Regierung auf eine Weise fertig, die jeden von Palmerstons Kanonenbootkapitänen beeindruckt hätte. Nachdem er bewaffneten Geleitschutz angefordert hatte, donnerte Londons Botschafter in Kairo, Sir Miles Lampson, hinauf zum königlichen Palast, stürmte in die Gemächer des Königs und befahl diesem, den Premierminister zu entlassen und die Bildung einer neuen Regierung anzuordnen, die britischen Interessen gegenüber freundlich gesonnen sein würde. Einer, den diese unwürdige Beflissenheit zutiefst erzürnte, war ein Infanterieleutnant mit Namen Gamal Abdel Nasser.

Tokio und nicht Berlin sorgte dafür, dass das Empire in den frühen 40er Jahren in den Mündungslauf eines Gewehrs starrte. Im Lichte des verpfuschten Malaya-Feldzugs, der die Japaner nur 10 000 Mann kostete, die Briten jedoch 140 000, von denen die meisten beim Fall Singapurs zur Kapitulation gezwungen worden waren, schienen nur noch wenige britische Stellungen in Asien sicher zu sein, angefangen bei den Kautschuk-Bäumen und Zinnbergwerken. Dies betraf auch die Seemacht, deren Schwäche durch die Lufthoheit derjenigen deutlich wurde, die Churchill, wie immer ganz er selbst, die »Spaghettifresser des Pazifik« nannte. Und es betraf auch die alten Allüren vom Prestige des britischen Empire und seiner Unverwundbarkeit, dem optimistischen moralischen Motor, dem Politiker und Beamte so lange soviel Bedeutung beigemessen hatten.

In Australien war Panik darüber ausgebrochen, wohin sich die japanische Invasion als nächstes wenden würde. Die öffentliche Unterstützung für die britischen Krieganstrengungen war in Indien nicht nur höchstens lauwarm, sondern der allgemeine Wunsch und das Streben nach Unabhängigkeit führte viele Inder dazu, den Feind des Feindes zu unterstützen. Sie reihten sich entweder hinter der die Freiheit Asiens fordernden Propaganda der pro-japanischen Indian National Army oder der pro-deutschen India Legion ein. Der im Exil lebende nationalistische Radikale Subhas Chandra Bose fand Unterschlupf bei den Japanern und frohlockte in einem Funkspruch aus Deutschland hämisch über den Fall Singapurs als Zeichen des Zusammenbruchs eines verderbten britischen Imperialismus.

Und als ob dies noch nicht genug gewesen wäre, musste sich der Raj intern bald mit der Quit-India-Bewegung herumschlagen, einer massiven Kampagne des zivilen Ungehorsams, der Gandhi und andere führende Kongressmitglieder Leben eingehaucht hatten. Am Ende des Jahres 1942 war diese Kampagne zur gefährlichsten Bedrohung des Raj seit dem großen Aufstand von 1857 geworden. Clement Attlee, der Führer der Labour-Partei, bat Churchill, einen staatsmännischen Schritt zu tun, da ein weiteres Zaudern bedeuten würde, Indien gänzlich an eine feindliche Allianz zu verlieren, die sich hinter Schildern versammelte, auf denen in mindestens fünf Sprachen »Boykottiert britische Waren!« stand. Verfassungsinitiativen für eine Form des Dominionstatus für Indien waren eine Reaktion auf das alarmierende Ausmaß der politischen Herausforderung, der sich die Briten in den 40er Jahren gegenüber sahen. Eine andere von der Obrigkeit in Neu Delhi war die grausame Niederschlagung der Quit-India-Kampagen und die Einschränkung der Freiheiten indischer Untertanen, um den Widerstand auch weiterhin niederzuhalten.

Während Indien auf der Kippe stand und Australien offenbar in den Seilen hing, mussten zusätzlich zu Singapur und Malaya auch Hongkong und Burma mit seiner lebenswichtigen Reede für Öl und Versorgungsgüter auf die Verlustliste gesetzt werden. Wäre der Krieg mit Japan über das Ende der Feindseligkeiten in Europa hinaus weiter gegangen, hätte die Sicherheitskrise des Empire gut in einer Katastrophe enden können, denn Großbritannien fehlte es am nötigen Kleingeld ebenso wie an möglicher öffentlicher Unterstützung für die beschwerliche und von Zermürbung begleitete Kampagne in Asien und dem Osten.

In diesem Zusammenhang klangen die amerikanischen Atombomben wie Champagnerkorken zur Genesung der britischen Imperialmacht. Die plötzliche Niederlage Tokios brachte endlich Erleichterung nach den langen, erschöpfenden und blutigen Feldzügen britischer, indischer, afrikanischer und chinesischer Soldaten, um Japan aus den Gebieten zu vertreiben, die London interessierten. Im Fernen Osten oder Südasien nahmen kleine und hochmobile britische Truppen ihre kolonialen Gebiete recht rapide wieder in Besitz, getrieben von der Begierde und Hinterlist, den amerikanischen Streitkräften eine Nasenlänge voraus zu sein. Eine amerikanische Hilfestellung bei der Wiedereinnahme der Kolonialgebiete hätte London möglicherweise dazu gezwungen, ein unangenehmes, ihm von den Amerikanern aufoktroyiertes Arrangement internationaler Treuhandschaften zu akzeptieren, anstatt des beruhigenden und vertrauten Anblicks kolonialer Regierungen, die wieder an der Arbeit waren. Am Ende des Krieges enthüllte die imperiale Bilanz die Tatsache, dass nicht eine einzige britische Kolonie dauerhaft durch eine direkte Eroberung oder Besatzung durch den Feind verloren worden war.

Inzwischen hatte der Krieg das imperiale System auch an anderen Fronten erneuert, von denen einige schon Routine waren. Als die Briten die militärischen Ressourcen ihres Weltreichs in nie gekanntem Ausmaß mobilisierten, kam es unvermeidlich zu einer Erhöhung der autoritären Kontrolle durch das Zentrum. Da die Überseefinanzen einmal mehr die Achillesferse in diesem Weltkrieg darstellten, wurde der Sterlingblock sehr viel strenger reglementiert, um sicherzustellen, dass Kolonien und Dominions alle Gewinne aus fremden Devisen in London deponierten und horteten. Abhängige Ökonomien wurden durch offizielle Kontrollen über ihre Produktionsleistungen, Preise und Vermarktungsstrategien intensiv reguliert, und im Falle einiger Kolonien wandte man sich in großem Stil dem Arbeitsdienst zu, in manchen sogar der Zwangsarbeit.

So wurden in Nordnigeria nach 1941 etwa 100 000 Bauern zur Arbeit in den Minen zwangsverpflichtet, um nach dem Verlust der malaiischen Minen an die Japaner 1941 im Tagebau den Nachschub an Zinn zu sichern. Auf ähnliche Weise wurden in Tanganyika ungefähr 85 000 Menschen zusammengetrieben und an die Arbeit geschickt, wo sie auf Landgütern und kommerziellen Farmen dringend benötigte landwirtschaftliche Erzeugnisse produzierten wie Sisal und Kautschuk. In vielen anderen Kolonien wurden zögerliche Formen der Demokratisierung wie Gewerkschaftsrechte, bürgerliche Rechte und Freiheiten und eine freie Presse, die sich im Laufe der 30er Jahre entwickelt hatten, entweder beschnitten oder, was meist der Fall war, ganz abgeschafft. Sir Miles Lampson war nur einer unter vielen, die bemerkten, dass man von Großbritannien wohl kaum erwarten konnte, einen Krieg auf Leben und Tod auszufechten, um sein Weltreich zu behalten, und dann zuzusehen, wie seine kolonialen Untertanen noch immer mit Bannern in der Hand herummarschierten. Oder, noch schlimmer, mit Stöcken. Das nationale Überleben hing von der Ausnutzung der Macht und der Ressourcen des Empire ab. Dies erforderte die strengstmögliche Kontrolle der Kolonien, die wiederum von glaubwürdigen Kräften unterstützt werden musste, was streikende afrikanische Industriearbeiter des Nordrhodesischen Kupfergürtels und Aktivisten der marxistischen Sama-Samajist-Partei auf Ceylon zwischen 1939 und 1945 am eigenen Leibe erfuhren.

Aber auch so gaben die Briten neben Autoritarismus und Zwang auch alte koloniale Pläne nicht auf, als sie in dieser neuen Notlage gefangen waren. Tatsächlich schien die Krise des Krieges ihrem imperialen System nur neues Leben einzuhauchen. Zugegebenermaßen gelang es der formlosen und unweigerlich etwas wirren Propaganda des Londoner Informationsministeriums zur Frage des großartigen britischen und alliierten Kampfes für Demokratie und Freiheit kaum, vielen indischen oder afrikanischen Nationalisten in den Kolonien mehr als ein Schulterzucken oder Grinsen abzuringen. Während sie beteuerten, in ständiger Angst vor dem Faschismus zu leben, waren sie vielleicht der endlosen Heuchelei und Rassendiskriminierung des Empire noch viel müder. Und doch zahlte sich die effektive, weltweite Koordination der Imperialmacht im Krieg, der als Kampf der britischen Commonwealthfamilie oder Partnerschaft dargestellt wurde, aus, und zwar nicht schlecht.

Zahllose greifbare und auch symbolische Momente illustrierten dies, eine Phase, in der viele der festgefrorenen Differenzen, die die kolonialen Bande zu Großbritannien belasteten, plötzlich zu tauen begannen. Zur Erleichterung des Staatsschatzes nahmen die Dominions die finanzielle Bürde auf sich, für ihre sehr großen Streitkräfte aufzukommen. Südafrika wurde von Jan Smuts' Koalition in den Krieg geführt, obgleich diese kein öffentliches Mandat von der Wählerschaft hatte, die in englische und anglo-burische Loyalisten und einen beachtlichen Rumpf entfremdeter burischer Nationalisten und Republikaner, die gegen den Krieg oder für Deutschland eingestellt waren, gespalten war. Selbst Irland pflegte die imperiale Verbindung mit der Meldung von 40 000 freiwilligen Bürgern in den britischen Truppen.

In Westafrika hatten die Behörden in der nigerianischen Stadt Kano keine Schwierigkeiten, für die Kosten einer Spitfire mehr als 10 000 Pfund an Spenden zusammen zu bekommen. In der Zwischenzeit machten in Accra, der Hauptstadt der Goldküste, wohlhabende muslimische Colanuss-Händler spontane finanzielle Schenkungen für die Kriegsausgaben, währen ihre Söhne davonzogen, um gegen die Italiener in Abessinien und die Japaner in Burma zu kämpfen. Dort dienten sie bis Kriegsende als schwarze Tommies. Natürlich war die Segregation nach Rassen und Diskriminierung für die Hunderttausenden nichteuropäischer Soldaten des Empire in Afrika, dem Mittleren und Fernen Osten an der Tagesordnung. Wenn zum Beispiel ausgebildete westafrikanische Imperialbeamte und

Büroangestellte feststellten, dass sich ihr Posten in »Übersee« in einem »weißen« Land wie Kenia befand, war Nairobis ganz eigene Siedlerapartheid ein besonders schlimmer Angriff auf die Würde dieser Afrikaner. Und Unteroffiziere des Afrika-Regiments, die sich selbst ein gutes Stück über jenen ansiedelten, die sie als lokale »Dienstboten«, »primitive Stammesangehörige« oder »rohe *askaris*« betrachteten, erkannten in ihren dienstfreien Zeiten bestürzt, dass sie von den Klubs, Kasinos und Krankenhäusern ausgeschlossen waren, die weißen Soldaten offen standen.

Auf der anderen Seite mag »Heimat«-Dienst für die britischen Freiwilligen des Empire die Scheinerlösung in der Churchillschen Rhetorik der 40er Jahre über die flexiblen und doch stählernen Bande gewesen sein, die jene aus allen Teilen der Länder Seiner Majestät in einem Kampf für die Sache der Demokratie vereinten, in dem man entweder gemeinsam unterging oder gemeinsam siegte. Obgleich es 1939 zu Zwischenfällen kam, bei denen westindische und afrikanische Freiwillige der Mittelklasse für das Panzerkorps der Royal Air Force abgelehnt wurden, befand das reformerische Colonial Office die Rassendiskriminierung in den bewaffneten Streitkräften für unangenehm und politisch unhaltbar. Da es sich immer mehr mit der großen Frage beschäftigen musste, wie man den Hoffnungen und Erwartungen einer gebildeten afrikanischen Elite entgegenkommen konnte, drängte es fest auf die Aufhebung der diskriminierenden Gesetzgebung für Armee und Luftwaffe.

Ein Monat nach Kriegsbeginn wurde erklärt, dass alle kolonialen Untertanen, ungeachtet der Hautfarbe, berechtigt seien, sich in ihren Ländern freiwillig zum Militär, auch für eine Offizierslaufbahn, zu melden. Bis 1940 gab es ein Regiment mit einem schwarzen Offizier. Verständlicherweise gab es bei der RAF als modernstem Teil der britischen Streitkräfte die meisten Ernennungen zu Offizieren. Darunter waren zwei Piloten, Oberfeldwebel der Luftwaffe James Hyde aus Trinidad und der indische Oberfeldwebel der Luftwaffe Mahinder Singh Pujji, die in der Schlacht um Britannien geflogen waren. Obgleich er Nordnigeria und den berühmten Vertreter der indirekten Herrschaft nicht kannte, hatte Hyde ein Maskottchen namens Lugard. Sein Landsmann, der auch beim Fliegen seinen Turban trug, hatte keinen Talisman mit dem Namen eines Generalgouverneurs, aber vielleicht half ihm die Tatsache, dass er am Steuer einer Hurricane mit dem Namen Amritsar über den Weald of Kent flog.

Das Colonial Office für seinen Teil war einige Zeit vor dem Krieg mit gewichtigeren Dingen beschäftigt gewesen als der Mobilisierung brauner und schwarzer Patrioten im Dienste des Mutterlandes. Dazu gehörten Planungen für die Bedürfnisse der kolonialen Wirtschaftsentwicklung und des Fortschritts einzelner Gemeinschaften, denn sowohl auf dem Lande als auch in der Stadt waren die Bedingungen eine Schande und hemmten das Fortkommen: schlechte Wohnverhältnisse, Hygienestandards, Ernährung und nicht einmal eine rudimentäre Schuldbildung. In den 40er Jahren zog man das Tempo an, und das koloniale Personal arbeitete hart daran, die Cash-Crop-Produktion der Bauern für den Markt zu erhöhen, die sozialen Reformen voranzubringen und die schlimmste Armut zu lindern. Mehrere zehn Millionen Pfund wurden dafür durch Maßnahmen wie den *Colonial Development and Welfare Act* (Gesetz für Koloniale Entwicklung und Wohlfahrt) aus dem Jahre 1945 für Initiativen zur Verfügung gestellt, die zum Ziel hatten, die Bedingungen zu stabilisieren. Dazu gehörten medizinische Massenkampagnen auf dem Lande und ein Angebot an höherer Bildung. Dies half dabei, das Ansehen des Empire ein wenig aufzubessern, das Lloyd George in den 30er Jahren als ein verwahrlostes Weltreich bezeichnet hatte. Aber es hätte wohl mehr als einer Leidenschaft für Entwicklung und Wohlfahrt bedurft, um den letztlich recht überstürzen Rückzug aus den Kolonien etwas abzubremsen.

Es ist fast banal, darauf hinzuweisen, dass das Britische Empire aus dem Zweiten Weltkrieg hervorging, ohne dass die Einheit seiner essentiellen Territorien beschädigt worden wäre. Aufseiten seiner Herren hatte sich ein Sinn für die Aussichten seiner Erneuerung durch eine ehrenhafte koloniale Politik der »konstruktiven« Entwicklung und völker-übergreifenden »Partnerschaft« herausgebildet. Für Indien stand die unmittelbare Selbstverwaltung an, und auch für das restliche koloniale Empire war sie in absehbarer Zeit zu erwarten. Dies beruhte auf dem Glauben, dass alles geplant und kontrolliert werden konnte. Es ist ebenso banal, die illusorische Qualität dieses historischen Augenblicks zu betonen. Denn das Schicksal von Großbritanniens Empire nach 1945 sollte der rapide und vollständige Zerfall in bemerkenswert kurzer Zeit sein. In wenig mehr als 25 Jahren wurden aus einer Reihe von kolonialen Gebieten konstitutionell souveräne, unabhängige Staaten, und eine ganze Welt der formalen britischen Herrschaft und informellen Macht gab es nicht mehr. Nicht länger in der Lage, alles durch seine militärische und wirtschaftliche

Scharfschützen des Punjab-Regiments um 1890, die unter der Bewunderung der Briten litten: Die Gesellschaft des Punjab wurde vom Raj für ihre angeblichen martialischen Qualitäten gepriesen und war wegen ihrer Loyalität sehr beliebt. Wen auch immer geschickte Paschtun- oder Sikh-Infanteristen von hinten erstachen, ihre Dolche bohrten sich nicht in britische Rücken. *Navy and Army Illustrated, Okt. 1896.*

Macht zusammenzuhalten, trat Großbritannien den imperialen Rückzug an.

Aus dem ehemaligen Juwel in der Krone des Imperiums zum Beispiel war ein Chaos geworden, in dem die Briten die Kontrolle verloren hatten, während sich die Ereignisse überstürzten und sie sich der massiven Präsenz des indischen Volkes gegenübersahen. Die Einkerkerung der hinduistischen Kongressführer durch die Briten während des Krieges und die Entfremdung innerhalb ihrer nationalistischen Gefolgschaft hatten zu einer Vertiefung alter Brüche zwischen Hindus und Muslimen geführt, als sich der Raj der taktischen Zusammenarbeit mit der aufstrebenden und immer wichtiger werdenden Muslim-Liga zuwandte. Alte Regierungsgewohnheiten aus kolonialen Zeiten, mit bestimmten Gruppierungen Bündnisse zu favorisieren und andere niederzuhalten, hatten in Indien eine besonders lange Tradition. Einst diente es der Macht des Raj, durch regelmäßige Kontrollen sicherzustellen, dass sogenannte martialische oder kriegerische

Rassen wie die Punjabis eine bevorzugte Stellung innerhalb der militärischen Ränge genossen. Nun bekam die Kontrolle durch manipulative Teilung der Gesellschaft ein explosives Potential.

Die Chancen auf einen geregelten Übergang der konstitutionellen Macht auf eine freundlich gesinnte Regierung waren durch die unversöhnlichen Forderungen des Kongresses nach einem geeinten Indien und dem Bestehen der Liga auf der Schaffung eines getrennten Staates namens Pakistan gesunken. Die britische Fähigkeit, die Ordnung in einer steigenden Flut von interreligiöser Gewalt aufrechtzuerhalten, die bereits seit einiger Zeit schwach und nun unermesslich fragil war, schwand jetzt vollends dahin. Bereits 1946 plante der Vizekönig Lord Wavell ein Unterfangen, das er trocken »Operation Irrenhaus« nannte: die vollständige Evakuierung aller Briten aus Indien, Frauen und Kinder zuerst. Das Chaos der geteilten Unabhängigkeit unter Nehru und Muhammad Ali Jinnah wollte nicht recht zu der Vision des Colonial Office oder der rückständigen Verteidigungsstrategie des Komitees für die imperiale Verteidigung passen. Aber es lag direkt vor dem letzten Ferret-Panzerwagen.

Palästina war ein weiteres Chaos, das durch die in sich widersprüchliche britische Imperialpolitik überkochte. Das Sprießen zionistischer Gefühle aus Gründen der Diplomatie im Ersten Weltkrieg wurde beschnitten, um 1939 den Erfordernissen der Diplomatie im Zweiten Weltkrieg zu begegnen, den guten Willen der Araber zu kultivieren, indem man die Rate der jüdischen Einwanderung begrenzte und sie der Zustimmung der Mehrheit unterstellte. Großbritanniens Absicht für sein Mandat in Palästina war ein unabhängiger arabisch-jüdischer Staat mit einer dauerhaften arabischen Mehrheit, in dem die eigenen Oberbefehlshaber die strategisch wichtigen Luftwaffenstützpunkte würden behalten können, die, so beteuerte man, für ein glaubwürdiges Auftreten im Nahen Osten der Nachkriegszeit von essentieller Bedeutung waren. Als sich der Bürgerkrieg zwischen palästinensischen Arabern und Zionisten verschärfte, weil letztere entschlossen waren, ganz Palästina zu ihrem Staat zu machen, waren die bedrängten Briten nicht in der Lage, die Ordnung aufrechtzuerhalten oder einen einvernehmlichen Transfer ihrer Mandatsgewalt durchzusetzen. Für den Labour-Premierminister Clement Attlee, der die Analogie von 1946 und 1947 erkannte, waren Palästina und Indien eins wie das andere und ihm ganz gleich.

Aber Palästina war im Schatten des Holocaust auch eine internationale Frage, nicht nur ein Schutzgebiet der britischen Krone. Während er eine im Niedergang begriffene britische Macht dabei beobachtete, wie sie ihre Gelder und ihr Guthaben in einer Region verausgabte, deren Kosten beides überstiegen, hofierte der amerikanische Präsident Harry S. Truman jüdische Wählerstimmen mit der Forderung nach Wiederaufnahme der Immigration und der Schaffung eines unabhängigen israelischen Staates, während er sich weigerte, eine internationale Verantwortung für eine Erhaltung des Friedens im Mandatsgebiet anzunehmen.

Die Angriffe zionistischer Terroristen auf britisches Personal und britische Einrichtungen zwangen die Behörden in geschützte Sicherheitszonen, die bewaffnete antibritische Banden verächtlich »Bevingrads« nannten – nach dem Labour-Außenminister Ernest Bevin. Dies alles geschah trotz des Einsatzes von etwa 100 000 Mann, der ungefähr 40 Millionen Pfund im Jahr kostete. Natürlich waren einige pathetische Kommentatoren von der Presse dafür, auszuharren, selbst wenn dies einen Soldaten pro 18 Einwohner in einem Gebiet bedeutete, dass nicht viel größer war als Wales. In diesem Blickwinkel waren die Briten durch ihre imperiale Geschichte einfach nicht die Art von Nation, die sich hinlegt und den Geist aufgibt. Aber selbst Churchill, der sich so sehr in Gandhi und Indien getäuscht hatte, konnte nicht erkennen, weshalb man in Palästina noch weiter herumfuchteln sollte. Als Oppositionsführer forderte er die Rückkehr der Rekruten für einen sinnvolleren Einsatz in der Heimat, nämlich die schwächelnde Industrie zu regenerieren. Im Jahr 1948 ließ Großbritannien sein Mandat fallen und überließ es dem Chaos, dem arabisch-israelischen Krieg und der Vertreibung oder Exilierung eines Großteils der palästinensisch-arabischen Bevölkerung.

Der Geist zuckte noch an diversen anderen siedenden Orten. Britische Truppen wurden in eine Folge anderer kleinerer Kriege in ihren Besitzungen hineingezogen, z. B. auf Zypern, in Malaya, Kenia und Aden. Aber diese konnten die Dekolonisierung höchstens verzögern in dem Glauben, es könnte immer noch eine kontrollierte Übertragung der Macht geben. Durch wohlüberlegte Konzessionen an die nationalistischen Mittelklasse-Eliten Asiens und Afrikas und durch das, was das Colonial Office eine graduelle, geregelte und ruhige Entwicklung hin zu demokratischen Regierungsformen nannte, sollten die Umstände für den Rückzug der formalen britischen Herrschaft zum richtigen Zeitpunkt zur Reife gebracht werden – dem Zeitpunkt, wenn die britischen Investitionen in die ökonomische und strategische Stabilität der unabhängigen Protektorate als sicher eingestuft werden konnten.

Natürlich blieb Großbritannien dort, wo die grundlegende Verantwortung noch zählte, z. B. in einem wertvollen Gebiet wie Malaya, um zu kämpfen. Malaya war ein höchst profitabler Teil des Sterlingblocks, dessen Dollargewinne aus riesigen Kautschuk- und Zinnlieferungen in die USA London praktischerweise für Darlehen zu niedrigen Zinsen zur Verfügung standen. Von einem kommunistischen chinesischen Aufstand bedroht, riefen die Briten ab 1948 den Notstand aus und verbrachten fünf Jahre damit, den radikalen Widerstand der Guerillas zu brechen. Hier stellte sich die Frage eines eiligen Rückzugs nicht. Das Gleiche galt im Großen und Ganzen für Ostafrika. Hier führte der Mau-Mau-Aufstand der 50er Jahre zu einem weiteren längeren Notstands-Kampf, den die Briten entschlossen waren, keinesfalls zu verlieren – aus Furcht vor den Konsequenzen, was den Machttransfer auf moderat-nationalistische Politiker und die Bewahrung lebenswichtiger britischer Anteile an Regionen am Indischen Ozean nach der Unabhängigkeit betraf.

Trotz alledem führte die formale Unabhängigkeit bei den meisten Ländern der zahlreichen Kolonien, denen Großbritannien bis zu den 70er Jahren die Souveränität gewährt hatte, zu einer weit vollständigeren politischen Loslösung von seinem Einfluss, als man vorhergesehen hatte, da diese Länder ihr Streben nach Unabhängigkeit und Freiheit ausbauten. Insgesamt waren die Briten immer weniger in deren postkolonialer Staatsführung involviert, selbst in jenen, in denen sie während des Kalten Krieges bis in die 70er Jahre hinein Einrichtungen zur Verteidigung, zu Geheimdienst und Überwachung unterhielten, die nicht gerade durch ein Hinweisschild gekennzeichnet waren.

Nach 1945 versuchten die Briten zudem, die alte imperialpolitische Idee der Föderationen, die man lange als Regierungsrahmenwerk für große und komplexe Gegenden betrachtet hatte, in die Tat umzusetzen. In Südostasien war eines ihrer Lieblingsziele die Verschmelzung oder Vereinigung von Singapur mit den malaiischen Staaten. Nachdem sie die Mau-Mau-Rebellion in Kenia niedergeschlagen hatten, versuchten die Briten, ein ostafrikanisches Staatenbündnis durch eine engere »Einheit« zusammenzuschweißen, in der afrikanische Eliten in Uganda und Tanganyika an ein multi-ethnisches Kenia angeschlossen worden wären, in dem eingewanderte Weiße die entscheidende Regierungsgewalt gehabt hätten. Weiter südlich wurde eine Zentralafrikanische Föderation lanciert, die in den 50er Jahren aus Süd- und Nordrhodesien sowie Njassaland gebildet worden war, um jede mögliche südafrikanische Expansion nach Norden zu verhindern. Das nationalistische Burentum Südfafrikas wurde als Bedrohung für den »alteingesessenen britischen Lebensstil« Rhodesiens betrachtet und sein Apartheids-Einfluss als Bedrohung für Großbritanniens aufgeklärtere und wohlwollendere Beziehungen unter den verschiedenen Volkstypen.

Wie es Gordon Walker, Labour-Minister für Commonwealth-Beziehungen, 1950 düster formulierte, hatte Großbritannien keine bedeutsame Macht, seine weißen Emigranten-Gemeinschaften in Afrika zu kontrollieren, sodass wütende Weiße aus Ost- und Zentralafrika, um den Aufstieg von Afrikanern zu vermeiden, durchaus ihre Loyalität zu Großbritannien aufgeben und sich der Südafrikanischen Union anschließen könnten. Wenn man sie dem Sog Südafrikas überließ, war das Risiko der Alptraum, die Verwandlung Kenias und Rhodesiens in »amerikanische Kolonien« mit ansehen zu müssen, entschlossen, ihren Kopf durchzusetzen. Die Zentralafrikanische Föderation schleppte sich noch ein Jahrzehnt weiter, bis 1963. Dann strauchelte sie unter der Erschütterung unnachgiebigen Widerstandes von ihrer afrikanischen Mehrheit gegen einen künstlichen Trick, mit dem die föderale Verteilung der Macht, auch »Partnerschaft« genannt, durch den die weiße Minderheitenherrschaft eingeschränkt werden sollte, genauso dazu benutzt wurde, eine Herrschaft der schwarzen Mehrheit abzubiegen. Auch andere Experimente führten zu nichts und wurden als verlorene Ideen fallengelassen. Sie taugten nichts, wenn sie die konstitutionellen Falten und Kniffe am Ende des imperialen Zeitalters nicht ausbügeln konnten.

Das einzige Vermächtnis der von Weißen dominierten Konföderation war das zähe Problem Südrhodesiens, dessen unersättliche Minderheit weißer Siedler auf eine sofortige Unabhängigkeit auf der Basis weißer Alleinherrschaft aus war. Als Großbritannien sich weigerte, hierzu seine Zustimmung zu geben, wurden sie tatsächlich zu rebellischen Kolonisten nach amerikanischem Vorbild und erklärten 1965 einseitig und unrechtmäßig ihre Unabhängigkeit. Das weiße Rhodesien zog am Ende der imperialistischen Ära ein müdes Großbritannien am Schwanz. Es kam ungefähr 15 Jahre ungeschoren davon und überlebte halbherzige Sanktionen, bis ein erbitterter Guerilla-Krieg mit weitreichenden Zerstörungen in einigen Regionen 1980 einen ratifizierten Übergang zur Unabhängigkeit der Afrikaner brachte.

DER ENDLOSE NIEDERGANG

Inzwischen durch und durch an die Rolle gewöhnt, die sie in der Nachkriegszeit spielten, auch wenn sie nicht gerade liebten, kehrten die Briten zurück, um die Fahne einzuholen. Eine Zeitlang war Rhodesien die letzte Redoute für einen dezimierten Stamm reaktionärer alter Imperialisten gewesen, Männer des Mutterlandes, für die das Desaster der Dekolonisierung den Verlust der bildungsmäßigen Disziplin und der Standards weißer, britischer Herrschaft an schwarze und braune Völkerschaften bedeutete. Danach gab es keine tiefen Fallen mehr, die das Abtrennen der Verluste hätte verkomplizieren könnten, von denen man sich schnell trennen musste. Der Rückzug aus dem informellen Empire in China gipfelte darin, dass man einige Inseln als Beobachtungsposten zur Pacht erhielt und seine Sachen packte, als es Zeit wurde, zu gehen. Nachdem die Briten nur noch Hongkong von China bis in die 90er Jahre gepachtet hatten, beugten sie sich 1997 der chinesischen Übernahme der Hoheitsgewalt über ihre ehemalige Kronkolonie.

Außer Palästina wurden nur wenige Krisenherde, die durch das Ende des Empire entstanden waren, zu Wasserscheiden von wahrhaft internationaler Bedeutung. Eine Ausnahme war jener berüchtigte Moment der Wahrheit 1956. Entschlossen, den Suezkanal zu verstaatlichen, um arabische Kontrollrechte geltend zu machen, provozierte der ägyptische Präsident Gamal Abdel Nasser eine übersteigerte Reaktion von der britischen Regierung, deren hitzköpfiger Premierminister Anthony Eden ihn mit Hitler verglich und erklärte, würde man nicht intervenieren, um den Vormarsch auf Suez zu stoppen, käme dies dem Münchner Abkommen gleich. In einer geheimen und sehr zweifelhaften Absprache mit Frankreich und Israel unternahm Großbritannien die halsbrecherische Suez-Expedition und marschierte in Ägypten ein, um den Vorrang britischer Interessen im östlichen Mittelmeer deutlich zu machen und in einer Zeit sinkenden Ansehens das nationale Selbstvertrauen zu stärken. Was folgte, war Chaos statt Triumph und die Demütigung, in einen entwürdigenden Waffenstillstand gezwungen zu werden, nur Stunden nach den verpatzten Landungen der Suez-Invasion.

Das britische Fiasko von Suez schien sich als weit schlimmer zu erweisen als alles, was man sich auch nur hätte vorstellen können. So mussten sich die Autofahrer zum ersten Mal seit dem Krieg mit Treibstoffrationierungen abfinden. Weit davon entfernt, in seinen spätkolonialen Unternehmungen die Zustimmung der Amerikaner sicher zu haben, sah sich die Eden-Regierung mehr als der üblichen Irritation Washingtons, das eine gewieft neutrale Haltung in imperialen Fragen einnahm, gegenüber. Die USA stellten sich in den Vereinten Nationen und anderswo entschieden gegen die geheime Absprache der Invasion mit Frankreich und Israel und kritisierten offen Großbritanniens Suez-Politik. Sie übten außerdem finanziellen Druck auf London aus. Amerika hatte natürlich längst entschieden, dass die britische Zeit im Nahen Osten ein für allemal vorbei war. Dies hatte General John Glubb bereits früher im Jahr 1956 gespürt, als er von König Hussein als Kommandeur der jordanischen Truppen entlassen worden war. Am Ende der peinlichen Suezkrise schlug der amerikanische Politiker Herbert Hoover Jr. eine formale Annäherung an die britische Regierung vor und Whitehall, nun, da Großbritannien im Nahen Osten offensichtlich »durch« war, zu fragen, ob die britische Regierung wünsche, dass Amerika ihre Engagements in der Region »übernehme«. Selbst Präsident Dwight D. Eisenhower fand dies ein wenig zu direkt, um es Harold Macmillan zu übermitteln, der nach Suez für Eden eingesprungen war, nachdem dieser sich nach Jamaika geschleppt hatte, wo er hoffte, Ruhe und Erholung für seine anspannten Nerven zu finden.

Zur letzten militanten Episode einer alten imperialen Vergangenheit kam es fast 30 Jahre später vor Argentinien. Inzwischen war Großbritanniens schwächer werdende Nachkriegswirtschaft schon lange nicht mehr in der Lage, Argentiniens Bedarf an Importen zu decken, der weit über Barbour-Jacken und Highland-Whisky hinausging. Tatsächlich war Großbritanniens Anteil am Lateinamerikahandel in den 80er Jahren auf weniger als zwei Prozent gesunken, was bedeutete, dass das Vereinigte Königreich nach Norwegen mehr exportierte als nach Südamerika. Trotz der friedlichen Vorgeschichte eines ruhigen Rückzugs aus den Besitzungen eines enormen informellen Empire in jener Region zog Großbritannien 1982 auf den Falklands in den Krieg, um argentinische Eindringlinge von dort zu vertreiben und eine dürre maritime Flanke seines formalen Imperiums zurückzuerobern. Auch wenn dies nicht viel mehr war, als eine bizarre imperiale Episode, schien der militärische Sieg anders als im Suezkrieg dieses Mal die Buße für einen Sündenkatalog des Niedergangs und des Scheiterns zu Hause zu sein. Und die Lektion der Eroberung im Südatlantik wurde hinausposaunt, um andere fremde Völkerscharen daran zu erinnern, dass Großbritannien entgegen allem Anschein noch immer eine Nation war, vor der man sich in Acht nehmen musste. Aber trotz der unbezweifelbaren Bedeutung der Leistung im Falkland-Krieg war dies kein

Weg nach vorn. Von dem politischen Vorteil, den Großbritanniens regierende Partei zu Hause daraus zog, einmal abgesehen, war er die plötzliche und unerwartete Aktion einer außer Dienst gestellten Nachhut.

Das Ende des Empire war natürlich schon eine Weile vor diesen Ereignissen gekommen, schnell und unerwartet. Weshalb das Ende des Zweiten Weltkriegs anstatt einer weitergehenden kolonialen Entwicklung die Auflösung gebracht hatte, bleibt eine allgemeine Frage, die auch weiterhin zu einer allgemeinen Art der Beantwortung führt, obgleich Historiker verschiedener Couleur immer noch die Gewichtung einer ganzen Bandbreite von Faktoren diskutieren, die als Erklärung herangezogen werden. Einer davon ist, dass, während Großbritannien die Folgen des Zweiten Weltkriegs abschüttelte, seine Investitionen in Übersee in neue Bahnen flossen, die nicht länger der Beschirmung durch das Empire bedurften. Die Besitztümer in China verlor man in den späten 40er Jahren an den Kommunismus, und die großen britischen Anteile in Lateinamerika wurden im Laufe desselben Jahrzehnts von einer amerikanischen Wirtschaftsoffensive beiseite gedrängt und lösten sich beinahe gänzlich in Luft auf. Die besten Ausgangslagen für Investitionen in Kanada und Australien wurden ebenfalls an amerikanisches Kapital verloren.

Ein weiterer verlorener Posten war Indien. Der Krieg hatte den Briten so viele Extrakosten für die Verteidigung ihrer Interessen in Indien verursacht, dass an seinem Ende eine Rechnung von 1,3 Billionen Pfund die Briten in Schuldner verwandelt hatte. Da Indien einer ihrer Kreditgeber war, schien nur wenig Anlass zu bestehen, die steigenden Kosten des Raj weiterhin zu übernehmen. Die Anteile, Dividenden und der Profit in den meist von Bauern dominierten Ökonomien des tropischen Afrika waren nie wirklich riesig gewesen, was ihren Wert betraf, und es schien keinerlei Grund zu geben, den Willen der nationalistischen Führer unabhängiger Staaten zu bezweifeln, die Konditionen für eine Protektion und die Vertiefung finanzieller und kommerzieller Anteilnahme aufrechtzuerhalten. Die Bedingungen für die Unabhängigkeit Kenias 1963 schützten den Privatbesitz, und die Kaffeeproduktion des Landes sollte noch weiter wachsen, wenn auch nicht länger als exklusives Monopol der Siedler, sondern auch als Unternehmen afrikanischer Kapitalgeber im ehemals weißen Hochland. Was die weißen Siedler-Regimes betraf, so blieb das Land, das die größte Rolle spielte, Südafrika, ein erquicklicher Kunde. Trotz der antibritischen Galle seiner von ihrer Überlegenheit überzeugten burischen

Machthaber nach 1948 blieb Abhängigkeit der Union von britischem Geld bestehen, besonders durch ihre Verbundenheit mit dem Sterlingblock bis in die frühen 60er hinein und ihr Engagement für den Schutz des Handels zwischen Großbritannien und Südafrika.

Allgemeiner gefasst konzentrierten sich die Institutionen der City auf die Gewinne und Risiken der boomenden kapitalistischen Ökonomien der USA und Westeuropas, sobald Großbritannien in der Nachkriegszeit wieder in der Lage war, Investitionen größeren Umfangs in Übersee zu tätigen. Indem man einer beliebigen Zahl ausländischer Banken Anreize bot, sich in London niederzulassen, lenkte das Herz des britischen Finanzsystems seine Arterien noch mehr dahin, als globales Finanzzentrum zu agieren. Das Empire bot nicht länger einen Fokus für die ökonomischen Bestrebungen von Bankern und Brokern.

Zusätzlich zu dem wirtschaftlichen Wandel und dem Verhalten britischer Investoren können noch viele andere Betrachtungsweisen herangezogen werden, um die Abwrackung des Empire zu erklären. Nach 1945 war die Stärke zur See, in der Industrie und im Finanzwesen recht deutlich und unwiderruflich auf die USA übergegangen. Großbritanniens Sieg im Zweiten Weltkrieg war nur ein Wort, denn danach hatte es weder die Kraft noch die Kapazität, an die Stärke der Amerikaner und ihrer Ressourcen als dominante Macht der Welt heranzureichen. Als seine militärische und industrielle Kraft abnahm, wurden die ewigen (und nun steigenden) Kosten der imperialen Verwaltung und Verteidigung zu einer untragbaren Bürde für einen im Niedergang begriffenen Industriestaat. Das Überleben des Empire hing nun unweigerlich von der Zustimmung oder Duldung der Amerikaner ab. Viele Jahre vor der Suezkrise unternahm Washington einen Schachzug in Hinblick auf das neue Pakistan, stockte dessen Waffenlager auf, beriet seine von den Briten ausgebildete Punjabikrieger-Elite und erbrachte damit bereits einen Hinweis dafür, wie die USA sich die britisch-imperiale Zukunft so vorstellten.

Der Druck, der durch die steigende Macht der internationalen Meinung erzeugt wurde, die dem Imperialismus und seinen kolonialen Systemen kritisch gegenüberstand, forderte ebenfalls seinen Tribut an Moral und Willen innerhalb imperialer Herrschaftskreise. Was immer unternommen wurde, um dem Empire ein positives Image als aufsteigender Commonwealth loyaler und gleicher Untertanen unter der Krone oder als konstruktive Partnerschaft multi-ethnischer Entwicklung zu verpassen, es

konnte nicht verbergen, wie die verschleppte Dekolonisierung in Kenia
oder der Widerstand gegen eine radikal-nationalistische Erhebung in
Aden in den Augen einer kritischen Weltöffentlichkeit aussahen. Es glich
nichts so sehr wie einer zu schleifenden imperialen Zitadelle, die ihren
längst überfälligen Abriss durch Verzögerungstaktiken und den Kampf um
jede einzelne Mauer verlängert.

In diesem Punkt war die Einstellung der amerikanischen Öffentlichkeit
ausgesprochen kühl gegenüber jeder Erhaltung des kolonialen Empire und
wurde angespornt von einer Außenpolitik, die die Selbstbestimmung rund
um den Globus unterstützte, von dem Gerede über das Recht unterdrück-
ter Völker, ihre demokratischen Bürgerrechte wahrzunehmen, und durch
Besuche von anti-kolonialistischen Nationalisten in den 50er Jahren, die
ihren Zuhörerschaften erklärten, dass das Leben unter den tyrannischen
Briten nicht im Geringsten besser war als das Leben in Sowjetrussland.

Wie auch immer die besondere Beziehung durch die Allianz im Krieg,
wirtschaftliche Bande und Verwandtschaft beschaffen gewesen war, die
amerikanischen Schüsse aus dem Hinterhalt auf ihren Kolonialismus waren für die Briten schmerzhaft und aufreibend. Dies traf ganz besonders
auf ihre älteren und erfahreneren Bürokraten hinter den Schreibtischen
der Abteilung für Angelegenheiten des Mittleren und Nahen Ostens im
Außenministerium oder des Afrika-Departments im Colonial Office zu.
Was sie verabscheuten, war das, was die USA als Alternative zu bieten hatten: Einen Imperialismus des aufdringlichen, störenden Kommerzes und
des strategischen Antikommunismus, der nur von Cash und dreisten
Unternehmungen abhing, der gegen das stand, was sie als den dem britischen Empire letztlich zugrundeliegenden Geist betrachteten. Dies konnte
niemals eine zivilisierende Mission sein. Aber gegen die neue Zeit, die nun
angebrochen war, war kein Ausharren mehr.

Schließlich sollte dem Anwachsen der Nervosität innerhalb Großbritanniens selbst Ende der 50er Jahre doch einige Bedeutung zugemessen
werden. Es bildete sich immer stärker die politische Meinung heraus, dass
der Einsatz kolonialer Truppen für den Erhalt kolonialer Positionen und
einer Linie gegen die Dekolonisierung zu einer immer unwürdigeren Angelegenheit wurde und die Reputation der Briten als ehrbare Kolonialmacht liberaler Milde in Gefahr brachte. Es wurde immer unbequemer,
die Selbstbestimmung um jeden Preis zu unterdrücken, besonders, als die
Kraft des Nationalismus unaufhaltsam geworden zu sein schien. Auf ihre

Weise höhlte auch die Scham über die Brutalität der britischen Dekolo-
nisationskriege in Malaya, Kenia und Zypern unter Labour-Anhängern,
Mitgliedern der Gewerkschaften und in anderen Bereichen der britischen
Gesellschaft das Vertrauen der Öffentlichkeit in jedwede Idee von einer
Fortsetzung der imperialen Mission aus.

Den Einfluss und die Kraft der nationalistischen Bewegungen in den Kolonien als letztes zu nennen, wenn es um den Auslöser für das Ende des Empire geht, soll nicht bedeuten, dass der wachsende Nationalismus seiner
Untertanen in ihrer jeweiligen Heimat der am wenigsten wichtige Faktor
war, als es darum ging, die Briten zurückzudrängen. Aber es soll bedeuten,
dass jede Erklärung, die das Ende der Kolonialherrschaft als unausweichlichen Triumph des Nationalismus über den Imperialismus sieht, wohl
doch zu einfach ist, ganz gleich, wie sehr jene Politiker, die in die Fußstap-
fen der Briten traten, die Unabhängigkeit als die Frucht eines vereinten
anti-kolonialen Kampfes und Aufbaus einer Nation feierten. Sicher er-
schütterten der Widerstand der Massen gegen die britische Kolonialherrschaft und der zunehmende Nachdruck der Forderungen der Nationalisten Londons Macht in einigen Fällen und unterminierten sie in anderen
oder waren ausschlaggebend bei der Durchsetzung der Unabhängigkeit zu
Fälligkeitstagen, die dem britischen Zeitplan für eine planvolle Dekolonisierung und Übertragung der Macht nicht entsprachen.

Aber die anti-britischen Nationalisten waren selbst nicht das Ergebnis
einzelner Visionen. Indien war nur ein, wenngleich führendes und frühes,
Beispiel. Auf Zypern war die griechisch-zypriotische Nationalkampagne
der 50er Jahre für die Unabhängigkeit als Vereinigung mit Griechenland
wohl kaum eine Inspiration für jene Zyprioten, die zufällig türkisch waren. Der bekannte Panafrikanist Kwame Nkrumah hielt den Anschein von
Einigkeit in der Goldküste bis zur Unabhängigkeit 1957 aufrecht, selbst als
seine Convention-Peoples-Partei mit dem hauptsächlich von Aschanti ge-
tragenen National Liberation Movement und anderen regionalen Interessensgruppen darum stritt, wer für die Unabhängigkeit als Hauptanführer
anerkannt werden sollte.

Mit anderen Worten: Wenn die Nerven der Kolonialmacht blank zu
liegen begannen, als ihr Griff über die nationale Sicherheit hin und her
schwang zwischen der Behandlung von Nationalisten als böse Ungeheuer
und der Notwendigkeit, mit ihnen politische Abmachungen zu treffen,
sobald sie erst ehrbare Männer in Anzügen geworden waren, so waren die

nationalistischen Bewegungen selbst nicht zwangsläufig einig oder besaßen eine gemeinsame Vision dessen, was eine unabhängige Zukunft bedeuten könnte. Letztlich war der örtliche koloniale Druck, den sie gegen die britische Verwaltung aufbrachten, nur ein Ruck unter anderen, der die imperiale Politik Richtung Machtübertragung zerrte. Denn schließlich saugten jene unter der Administration in den Hochkommissariatsgebieten von Betschuanaland, Basutoland und Swaziland die Zugehörigkeit zur Tswana-, Lesotho- oder Swazi-Nation wohl kaum mit der Muttermilch auf. Als es in den 60er Jahren zur Inszenierung ihrer formalen Unabhängigkeit kam, blieb wahrscheinlich die riesige Mehrheit der Frauen und Männer stur zu Hause. Vielleicht hatten sie, um es mit den Worten von T. E. Lawrence auszudrücken, schon immer gewusst, dass es ihr Land war, ihre Lebensweise, und die Zeit ihrer imperialen Herrscher kurz.

6 · EPILOG

Dieses Buch begann mit der Feststellung, dass Großbritannien seine letzte, pensionierte Kaiserin zu Beginn des 21. Jahrhunderts verloren hatte. Japan dagegen hat auch weiterhin seinen Kaiser, der in aller höfischen Pracht lebt. Aber da seine Untertanen nun einmal alle Japaner sind, ist es unwahrscheinlich, dass er, wenn er dereinst stirbt, dem Beispiel König George V. folgen und auf dem Totenbett nach seinem Weltreich fragen wird. China ist kein Imperium mehr, außer, man sieht die Sache vom Standpunkt eines bekümmerten tibetischen Mönches aus. Und dennoch, vor gar nicht allzu langer Zeit, am Vorabend des Ersten Weltkrieges, gehörten diese Staaten zu dem runden Dutzend, die abgesehen von Amerika den größten Teil der Welt beherrschten.

Danach hatten die anderen, zumeist Europäer, nichts als Ärger. Deutschland, Russland, Österreich-Ungarn und die Türkei waren die Nägel zu ihren eigenen Särgen, indem sie gegen andere Reiche Kriege führten und dabei schlecht abschnitten. Jene, die sich hielten, sammelten die Einzelteile auf und stellten in den Zwischenkriegsjahren ihre Leidenschaft und Entschlossenheit zur Schau, was überseeische Unternehmungen betraf. Aber die ruinösen Konsequenzen und extremen Kosten eines weiteren großen Krieges machten diese ebenfalls zunichte, und jene Weltreiche wurden in der Folge in den Jahrzehnten nach 1945 hinweggespült. Ihnen gesellten sich später jene modernen Imperien der kleineren europäischen Mächte wie Belgien, die Niederlande, Portugal und Spanien hinzu, die ohnehin eher vom Typ »lahme Ente« gewesen waren.

In den 60ern und 70ern war es vorbei mit den Weltreichen, oder besser, sie waren eindeutig erledigt in jedweder formalen Bedeutung, die noch irgendeinen Sinn gemacht hätte. Was davon übrig blieb, war die Sowjetunion und ihre rostenden Bekenntnisse zum Antiimperialismus. Aber auch sie sollte bald ihr eigenes altersschwaches Imperium bekommen, geerbt aus zaristischen Zeiten, das erst zurückschlug und dann auseinander fiel. Heute gibt es keine Großreiche mehr, die durch politische Grenzen oder aufgehellte Flächen auf der Landkarte definiert sind, davon, dass sie fast vollkommen aus der Mode gekommen sind, einmal ganz zu schweigen.

Der Lauf der Zeitgeschichte legt nahe, dass die Zeiten lange vorbei sind, in denen irgendein Aufsteigervolk oder eine Gründernation, getrieben von dieser oder jener imperialen Mission, sich selbst als geeignet oder prädestiniert betrachten kann, die Welt als Herrin der Menschheit zu regieren. Eine von George Clemenceaus bemerkenswerten und scharfsinnigen Beobachtungen war jene, dass der Krieg ein zu ernstes Geschäft sei, als dass man ihn Soldaten überlassen könne. Heute ist die globale Ordnung ein zu großes und undurchsichtiges Geschäft, als dass man es einem Kolonialdienst und seinen Distriktsbeamten überlassen könnte, und noch weniger irgendeinem Spezialisten Marke Uncle Sam, in Khaki unterwegs zur »Operation Hoffnung« oder »Wiederherstellung Freiheit«.

Natürlich ist da immer noch die konkurrenzlose Macht der Vereinigten Staaten von Amerika, stets willens und bereit, als Sondereinsatzkommando der Menschheit zu agieren oder, genauer gesagt, ihrer begehrten Ölvorkommen und anderer strategischer Ressourcen. Aber die unheilvolle Kombination von Hybris und Selbstbetrug in diesem Land trägt ihm jene Großmachterwartungen ein, die vielleicht viel zu extravagant und unrealistisch für sein eigenes Glück sind. Es ist eine Sache, Eisenbahnen, Tee, das Evangelium, den englischen Wortschatz und die Idee von der Herrschaft des Gesetzes fast um den ganzen Globus verbreitet zu haben. Zu versuchen, die Welt durch wiederholte Zurschaustellungen massiver militärischer Macht, die Einrichtung von Luftwaffenbasen in Klientenstaaten und die Versorgung mit klimatisierten Toiletten und dem *Time Magazine* zu dirigieren, ist eine ganz andere.

In anderer Hinsicht sind die modernen Spuren einer verschwundenen globalen Größe meist nur noch schwach oder in Schnipseln vorhanden. Auch heute noch ist Deutsch auf dem Balkan eine verbreitete Sprache. Frankophone Sprachen und Kulturen pulsieren durch das ehemalige Kolonialreich der Franzosen in West- und Nordafrika, und der schwere Tritt des formalen französischen Weltreiches hat einen recht störenden post-imperialen Einfluss in den ehemaligen Kolonien hinterlassen. Dies kann auch bewaffnete Truppen aus Paris und Geheimdienstoperationen einschließen, die schnell einen Nebenschauplatz eröffnen mit der schneidigen Gewohnheit, Fallschirme – die Kanonenboote unserer Tage – abzusetzen, um französische Interessen zu schützen, wann immer eine ihrer ehemaligen Kolonien in Flammen aufgeht.

Was den Rest betrifft, so sind vom spanischen, niederländischen, italienischen, portugiesischen und belgischen Imperialismus verhältnismäßig wenige Reste zu finden. In den heutigen lateinamerikanischen Staaten, die ihren Ursprung im ersten Spanischen Weltreich haben, gibt es eigene Versionen des Spanischen, aber kaum eine echte Verwandtschaft mit dem europäischen Spanien. Südafrikanische Afrikander denken seit Urzeiten nicht mehr an die Niederlande als »Heimat, liebe Heimat«. Was heute von Italiens heiliger Mission der Zivilisierung Afrikas übrigbleibt, sind Espresso im seltsam anmutenden Straßencafé von Addis Abeba und eine antiquierte Dampflok in Mogadischu.

Angola hat noch immer seine städtisch-lusophone Tönung und diverse amerikanische Ölfirmen, wo es einmal *prazos* gab, die feudalen Anwesen Portugiesisch sprechender Herren. Es war Albert Camus, der einst sinnierte, dass alles vergeht und nur die Erinnerung bleibt. Man kann sich nur darüber wundern, wie viel noch von der portugiesisch-afrikanischen Prahlerei und ihrer rosa gefärbten Landkarte übrig ist, die Angola und Mozambique so anmaßend vereinte. In der heutigen Demokratischen Republik Kongo findet man de facto keine Spur von Brüssel, von der urbanen Hülse des Französischen und einem Hauch Chanel an ihrer wohlbeleibten Elite einmal abgesehen. Wenn die verscharrten Rückstände dieser Reiche vielleicht auch weiterhin die Lebenswege und Identitäten einheimischer Völker auf komplexe Weise prägen, scheinen sie ihnen vor allem irgendwo in den Knochen zu stecken.

Es mag nicht einfach nur die Arroganz der englischsprachigen Welt sein, darauf hinzuweisen, dass es abgesehen vom römischen Imperium sicher das Empire ist, an das man sich heute noch am stärksten erinnert. Dies hätte Rudyard Kipling ohne Zweifel gefallen, der die Geschichte als eine Abfolge von Reichen betrachtete, die mit den Römern begann. Und bestimmt sahen sich die Briten auf dem Zenit des viktorianischen Zeitalters, der Ära der Schulschlipse und des sich an die Spielregeln Haltens, als moderne Römer. Offenbar gesalzen von der mystischen Kraft der englischen Scholle war ihr Appetit auf Kolonien, Handel und Migration ungeschlagen, ebenso wie ihre Träumereien, sich im Punjab, in Plumtree und Penang niederzulassen.

Genauso, wie sich das Imperium Romanum ein Gewirr von Kulturen, Religionen und Völkerschaften einverleibt hatte, hatte das britische Empire heterogene Völker und Lebensformen miteinander verbunden. Der berühmte Ausruf des sich ergebenden normannischen Soldaten, »Engeland hat mich genommen!« in Kiplings *Puck of Pook's Hill* (*Puck vom Buchsberg*, deutsch 1906) wurde als Echo – wenngleich aus einer größeren Distanz – zurückgeworfen von einer die Sinne berauschenden Reihe von Völkern, von Maoris bis zu Malaien. Die römische Vergangenheit hatte auch der Schriftsteller Henry James im Sinn, für den London so alt wie Rom selbst war, »die Stadt, der die Welt Tribut zollte.« Sowohl die Römer als auch die Briten hatten »die gleichen und vielgestaltigen Bedürfnisse, befriedigt auf der gleichen breiten Skala – im einen Falle durch Eroberung, im anderen durch die Industrie; die gleiche immense Entwicklung praktischer und materieller Ressourcen.« Der Fall Roms brachte das Auslöschen einer heiligen Reichsflamme und den Rückfall in die Barbarei, bis das Auftauchen eines dünnen roten Fadens die zivilisierenden Einflüsse von Gesetz, Gerechtigkeit und Barmherzigkeit zurückbrachte. Und wie in der römischen Tradition mussten diese immer gegen schier unüberwindliche Widerstände durchgesetzt werden.

Das Ausmaß, bis zu dem die herrschenden Briten ihr Weltreich dem der Römer angleichen wollten, und die Frage, ob es vorstellbar ist, sich ihres Imperialismus in dessen Begriffen zu erinnern, mag einen positiven Weg aufzeigen, seine Breitenwirkung zu erklären. Es ist – fast überflüssig zu erwähnen – nur einer von vielen, von denen nicht alle gesund sind. Von diesem weit gefassten Standpunkt aus war es das spätere Empire, das sein wahres römisches Potenzial am meisten verwirklichte. Was zählte, war nicht der lange, unterschwellige Aspekt weltweiter Ausbeutung, globalen Handels und Raubbaus. Und ebenso wenig war das Reich der Migration und der Besiedlung von gewichtiger Bedeutung, so wie beispielsweise das so genannte Erste Empire in Nordamerika. Letztendlich waren dessen Konsequenzen ja eher gemischt. Zusätzlich dazu, dass man über die verdrießliche Angelegenheit, dass weiße Siedler sich einfach ihre Freiheit genommen hatten, hinwegkommen musste, war da die Unverfrorenheit eines Thomas Jefferson, eines abtrünnigen englischen Gentleman, den Mythos Rom einfach für Amerika zu übernehmen, dieses Mal als Vorbild des Aufbegehrens für republikanische Tugenden.

In der »römischen« Vision war es jene Schaffung eines Zweiten Britischen Empire, die wirklich zählte, eines Empire, das Asien und Afrika quasi aufgeprägt und dann als gütige Obhut erhalten wurde. Der Aufbau eines Weltreichs dort wurzelte nicht allein in den schäbigen wirtschaftlichen Erwägungen einer fieberhaften kolonialen Eroberung, so wie in jenem ersten wilden Ansturm auf die Karibik. Und es war auch kein Geschäft der massiven Ansiedlung in Übersee, jedenfalls nicht bis zum späten 19. Jahrhundert, als man sich vor allem in Ländern niederließ, die man als leer betrachtete, wie Englisch-Kanada. Nein, vielmehr zeichnete sich ein Empire ab, das durch die blühende und kreative Kraft der Industrie im Dienste essentiell wohlmeinender Absichten ein gutes Stück über kleingeistigen Eigeninteressen schwebte. Dies war das epische Imperium von römischer Bedeutsamkeit, eines der Fürsorge und der Zivilisation, das auf einer überhöhten Hingabe an Pflicht und Anstand aufgebaut war.

Natürlich brachte die Macht der Fürsorge große Vorteile für Großbritannien mit sich, und zwar ökonomischer und strategischer Art. So gab es Kautschuk auf Malaya, Kupfer in Nordrhodesien, Zucker auf Jamaika, Tee auf Ceylon, Gold in Südafrika und Aden war ein wichtiges Tor zu lebenswichtigen Ölvorkommen und eine Bastion auf dem ebenso lebenswichtigen Seeweg nach Indien. Aber es war immer mehr als das, denn das imperiale Ethos speiste sich zum Teil aus idealisierenden Vorstellungen von menschlichem Fortschritt. Durch eine aufgeklärte Bekehrung konnte das rechtliche, kulturelle und politische Leben durch eine paternalistische und weise öffentliche Hand stufenweise zum Vorteil verschiedener Mengen von Menschen geformt werden.

Und dies war keineswegs die einzige Sentimentalität, die die Briten an den Tag legten, als sie die besseren Römer abgaben. Das britische Weltreich war, genau wie das römische, der Konstruktion großartiger öffentlicher Werke verfallen, eine meisterhafte Parade unverwüstlicher Eisenbahnen, Brücken, Häfen, Kanäle, Straßen, Dämme und anständiger Post-, Telegraphen- und Telefondienste, die alle eine dauerhafte Infrastruktur für die moderne ökonomische Entwicklung vieler Volkswirtschaften auf dem asiatischen und afrikanischen Kontinent bereitstellen würden. Diese waren nichts als Monumente der Nützlichkeit und logischer Zweckdienlichkeit, ob sie nun ein Land für Handel und Investitionen öffneten, es leichter machten, einen gestrandeten Missionar wieder zu finden oder die Geschwindigkeit zu erhöhen, in der ein belagerter Posten befreit werden konnte.

Weit mehr als nur das Sonntagsgesicht des Empire war dies die Mission, bei der die Briten ihr Bestes gaben, während ihre stolzen und idealistischen viktorianischen Weltreich-Erbauer davon besessen waren, die Welt

Dank britischer Investoren, Kaufleute, Unternehmer und technisch begabter Monteure
befand sich der Indische Elefant Ende des 19. Jahrhunderts in der beneidenswerten
Lage, für Reisen einige Zehntausend Kilometer Gleisstrecke zur Verfügung zu haben.
Navy and Army Illustrated, Febr. 1897.

zu einem besseren Ort zu machen. In der Empfindsamkeit war es das
Reich des Denkens und der hingebungsvollen Arbeit, der gewissenhaften
Nachforschung und ruhigen Recherche, des bejahenden Vertrauens und
der Interaktion zwischen den kolonialen Untertanen und denen, die über
sie herrschten, und des steigenden Fortschritts und der Verbesserungen
hin zu den rechten Sitten der Selbstständigkeit.

Und dann war da die lange und leidenschaftliche Hingabe an den
Marktliberalismus des Freihandels. Dies zeichnete die Briten als die aufge-
klärteste imperiale Nation in der Weltwirtschaft aus, da sie willens waren,
die Verantwortung auf sich zu nehmen, die Bedingungen für einen freien
Fluss des Kapitals, der Güter und der Arbeitskräfte im internationalen
System aufrechtzuerhalten. Die Phase der *Pax Britannica* war im Grunde
ein nationales Unterfangen, die geregelten, zivilisierten Konditionen zu erhalten, die für einen verlässlichen Handel notwendig waren, der in allen
Gesellschaften, die an der Weltwirtschaft teilnahmen, den Wohlstand steigerte und die Entwicklung vorantrieb.

Und als ob dies noch nicht genug gewesen wäre, verschafften die Verlockungen des Empire den fähigeren Mitgliedern der britischen Gesell-

schaft, darunter nicht zuletzt diejenigen, die eine teure Privatschule besucht hatten, eine neue und sinnvolle Aufgabe wie z. B. den Dienst als Eisenbahnmanager der *Federated Malay States Railway* in Kuala Lumpur oder als quer durch Burma reitender Assistenz-Unter-Vertretungsbeauftragter zweiten Grades für Opiumfragen. Und jeder, für den sich die Mittagssonne als zuviel erwies, konnte zudem auf wohl durchdachte Fürsorge zählen. Kolonialbeamte, die in Indien und Afrika einer mentalen Krankheit anheim fielen, wurden in speziellen Heimen für Europäer versteckt. Es wäre schlechterdings nicht auszudenken gewesen, dass koloniale Untertanen klinisch demente Briten begafften, die verstörten Gemüter und schwachen Leiber ein Verstoß gegen Status und Standards des Regierens. Im rauen Hinterland des Empire hatten nur die Mullahs verrückt zu sein.

Denn mit der klassischen Besetzung der Kasernen, des Hofes, der Clubs und der ordentlichen Verwaltungsbüros summte dieses gemütliche Empire gemeinsam zu der urtümlichen Melodik von Kiplings *The Roman Centurion's Song*. In diesem Stück bittet ein alternder Soldat den Legaten, ihn nicht zurück nach Rom zu schicken. Seine einfache noch verbliebene Pflicht, fleht er, sei es »zu bleiben«, um im Dienste einer guten Sache zu handeln:

Let me work here for Britain's sake – at any task you will –
A marsh to drain, a road to make or native troops to drill.
Some western camp (I know the Pict) or granite Border keep.
Mid seas of heather derelict, where our old messmates sleep.

(Lass mich hier arbeiten um Britanniens willen – an jeder Aufgabe, die du wünschst: Eine Marsch trockenlegen, eine Straße bauen oder einheimische Truppen drillen. Ein Lager im Westen (ich kenne die Pikten) oder eine granitene Grenze halten. Inmitten eines Heidemeers von Verfall, wo unsere alten Kameraden schlafen.)

Diese Sache hielt für jene pflichteifrigen Männer und Frauen die Aussicht auf einen lohnenswerten Dienst bereit, die für nicht mehr als ein angemessenes Leben in der Sonne unangenehme, stumpfsinnige Aufgaben übernahmen. Empfindlich aber unverzagt wussten sie, wie man die Qualen einer langen Trennung von der Heimat und den Lieben aushielt und damit zurechtkam, die *Times* erst sechs Monate nach Erscheinen zu lesen. Ganz in Pflichterfüllung und Arbeit aufgehend, erbaten sie wenig mehr zu ihrer

Britannia bei der Entdeckung der Quelle des Nil: »Aha, Mr. Nil! Habe ich Sie
endlich gefunden!« *Punch, or the London Charivari, 6. Juni 1863.*

Erholung oder Unterhaltung als eine verkratze Platte für ihr Grammophon, eine schwermütige Pfeife, einen Vorrat an *Bombay Sapphire Gin* und
die Möglichkeit, sich für einen regelmäßigen Besuch des Assistenzdistriktsbeamten oder Distriktsoberförsters von nebenan in Schale zu werfen.
»Nebenan« bedeutete normalerweise einige hundert Meilen.

Der Schlüssel zu all dem lag in den besonderen Bedeutungen und Mythen
des britischen – oder, genauer: englischen Charakters und seiner Ausgeglichenheit und Anpassungsfähigkeit an einen kolonialen Lebensstil. Sein
zentrales Bild war weit von dem Empire des mystischen und konfusen General Gordon, dem eitlen und angeberischen General Wolfe oder dem
grenzwertigen viktorianischen Wahnsinn von Stanley und Florence Baker
entfernt, deren Suche nach der Quelle des Weißen Nil sich immer weiter
hinzog, trotz hinderlicher Malariaanfälle, fast tödlicher Sonnenstiche und
Angriffen eines ergrimmten Nashornbullen.

Mehr als diese archetypischen Dramen heroischer Unterfangen und
Entbehrungen in einer fremdländischen Wildnis, die die viktorianische

Vorstellung oder das übliche Repertoire fiktionaler Heldentaten oder anderer theatralischer Posen, die Würde des weißen Mannes aufrechtzuerhalten, so sehr elektrisierte, war es eine stereotype britische Eigenschaft, die das imperiale Temperament definierte und die am besten als Bodenständigkeit beschrieben werden kann. In ihrer Entschlossenheit, sich immer nah an die Fakten zu halten, stand sie für eine leidenschaftslose Art umgekehrten Romantizismus, der auf klar denkender Einfachheit basierte. Die Begriffe »Mut« und »Standhaftigkeit« fassen die Unbeugsamkeit und Verlässlichkeit des idealen, lakonischen Typen zusammen, der von Liverpool oder Westafrika hinaus segelte, Individuen wie Alec Cook, Vater des gefeierten Humoristen Peter Cook, der ganz besonders fest schlief in dem Wissen, dass Nigeria nicht »von Teutonen, sondern von Briten« regiert wurde.

In den 30er und 40er Jahren mächtig stolz auf das, was er als die Unbestechlichkeit seiner Beamtenkollegen in den Distrikten Nigerias betrachtete, hatte Cook gleichzeitig einen sympathischen Zug des Humors und der Selbstironie in Hinblick darauf, was nötig war, um als Vertreter der britischen Zivilisation unter den Ibos etwas zu gelten. Wie er einmal andeutete, lag jenseits der weißen Uniform mit ihrem unbequem engen Kragen, ihrem Zeremonialschwert und den glänzend schwarzen Stiefeln, die immer dann getragen wurde, wenn er eine aufbauende Rede über die Pflichten und Privilegien der britischen Ordnung halten musste, ein gefährlicher Sumpf. Die Grenze dieses Treibsandes war die Schlüpfrigkeit der eisernen Treppe, die er bei öffentlichen Anlässen behutsam hinabsteigen musste. Während er nach Außen stets gesammelt daraus hervorging, nagte an Cook beständig eine Angst, dass die Sache eines Tages damit enden könnte, wie er vornüber aufs Gesicht fiel. Denn am Ende beruhte moralische Autorität auf physischer Agilität.

Alec Cook besaß zudem einen bescheidenen, selbstverachtenden Sinn dafür, was seinen Anteil an der Bürde des weißen Mannes ausmachte. Es waren nicht die Risiken für Leib und Leben, denn er erachtete »den durchschnittlichen Malarianafall« als »nicht schlimmer als eine schlimme Erkältung oder den leichten Anflug einer Grippe in England.« Die entscheidende Herausforderung war mentaler Natur, denn »es ist der Geist und nicht der Körper, der hier am härtesten auf die Probe gestellt wird.« Cook erzählte, wie die Folgen seiner jugendlichen Unerfahrenheit, seine Unkenntnis irgendeiner nigerianischen Sprache und seine klammernde Abhängigkeit von einem vertrauenswürdigen örtlichen Übersetzer zusammenkamen, um »enorm alarmierende Lebensumstände« hervorzubringen, besonders, wenn man »zu moralischen oder rechtlichen Entscheidungen über eine Gesellschaft, über die man, zumindest bei der Ankunft, rein gar nichts wusste, kommen« musste.

In dieser Umgebung hatte Cook nur selten eine vollständige Kontrolle über die näheren Umstände. In den Interaktionen mit traditionellen Autoritäten in den Dörfern musste er einen schmalen Grat beschreiten und von einem gerissenen örtlichen Stammesführer zum nächsten wandern, um bis zum Grunde der Zauberei, von »Trickserei und Juju« vorzudringen, unfähig, irgendeine gemeinsame Verständigung mit den Afrikanern über viele der grundlegenden religiösen, traditionellen und kulturellen Kodes ihres alltäglichen Lebens und Seins zu erreichen. In dieser eingeengten und prekären Lage bestand »der Trick«, sich über Wasser zu halten, darin, darauf zu setzen, dass man den richtigen afrikanischen Mittelsmann gefunden hatte, »zu hoffen, dass man einen ehrlichen Übersetzer gewählt hatte, denn anderenfalls war alles nichts als Unsinn.«

Gegen Ende seiner Dienstzeit gehörte es zu Cooks Aufgaben, bei der Einrichtung von Gremien, Behörden und Gerichtshöfen behilflich zu sein, um die Bürger Westafrikas auf das Leben in einem unabhängigen, postkolonialen Staat vorzubereiten. Dies war keine unwillkommene Aussicht für jemanden, der daran glaubte, dass das Vermächtnis der britischen Kolonialpolitik solide war. Seine einzigen persönlichen Bedenken bestanden in der Sorge, dass die Unabhängigkeit kommen könnte, bevor genug getan worden war, um der nigerianischen Gesellschaft eine »moralische Integrität« einzuflößen und ihre Würdenträger und traditionellen Führer gegen die gegenwärtige und zukünftige Zersetzung durch die »Westafrika arteigene Schiebung und Korruption« zu feien, die so lange der Anlass für »großes geistiges Elend« gewesen war. Vor einer nagenden Frage gab es kein Zurück: Hatte die Standhaftigkeit des britischen Kolonialismus die moralisch schlaffe Welt Nigerias ausreichend gefestigt?

Gleichwohl, wie unsicher er sich auch über die Antwort war, Alec Cook wusste, dass es keinen politischen Nachfolger außer dem nigerianischen Volke selbst geben konnte. Seine Pflicht, so war er überzeugt, war es, den rechten Weg nach vorn zu weisen und nicht selbst für immer dieser Weg zu sein. Umgeben vom leichten Schimmer eines Heiligenscheins hatte er ein gutes Stück seines Zweckes erreicht, nachdem er erst von Calabar zu seinem grünen Rasen in Eastbourne zurückgekehrt war. Es lohnt sich, sich den Tenor der größeren Geschichte, die hier erzählt wird, ins Gedächtnis zu rufen, ganz gleich, wie oft er bereits in historischen Darstellungen angespro-

Ein Bild, das die Augen jedes Distriktsbeamten zum Leuchten brachte – noch die jüngsten Afrikaner saugen die essentiellen Qualitäten des Cricket auf: Ehrlichkeit und Fair Play gegenüber der anderen Seite. *Illustrated London News, Mai 1906*.

chen worden sein mag. Denn er spricht das an, was auch heute noch ohne Zweifel eine prägende britische Wahrnehmung der imperialen Vergangenheit ist. Immer noch wird der Umgang mit dem Niedergang des Empire, der Rückzug daraus häufig als bemerkenswerte Leistung angesehen oder doch als etwas, das den klassisch britischen gesunden Menschenverstand zeigte. Wie es sich für ein Land der leichten Kompromisse geziemte, hatte die Leichtigkeit seiner paternalistischen und zivilisatorischen Berührung in Übersee ein liberales Weltreich geschaffen, ein ungewöhnlich feines Gewebe formaler und informeller Kontrolle, Einflussnahme und Macht, die Modernität und Tradition auf eine geregelte und ordentliche Weise verknüpfte. So betrachtet war es die feine Balance eines locker und doch gut geführten Weltreichs des Mittelweges, das die Briten in die Lage versetzt hatte, die unzähligen angenehmen Segnungen globaler Macht zu erhalten, während sie ihren drückendsten Lasten auswichen. Sehr bewandert in den Künsten der Angleichung, Anpassung und Annäherung, war es dann auch keine große Überraschung, dass die Briten imstande waren, ihr Empire verhältnismäßig ruhig aufzugeben, als der Druck der Dekolonisierung schließlich zu groß wurde, um ihm standzuhalten. Selbst in der Auflösung wurde das, was an Macht verloren ging, an Prestige gewonnen.

Anders als z. B. Frankreich über Algerien in den 50er und 60er Jahren oder Portugal über Mozambique und Angola in den 70ern wurde Großbritannien wegen der Dekolonisierung nicht von tiefgreifenden nationalen Krisen geschüttelt. Zugegeben, London musste sich mit dem Irland-Problem herumschlagen. Aber davon abgesehen gab es in der heimischen Politik keine hartnäckigen oder mächtigen Interessensgruppen, die bereit gewesen wären, ihren Einfluss geltend zu machen, um das Einholen des Union Jack und die Unabhängigkeit der Kolonien zu verhindern. Das heißt, dass, selbst wenn spätkoloniale Krisen unvermeidlich waren, wie z. B. das Chaos, dass den Rückzug aus Zypern begleitete, ihre Folgen für das Mutterland verglichen mit der französischen Dekolonisierung sehr viel weniger extrem und polarisierend waren. Denn auch wenn all die Gestalten wie Churchill und George VI. nach der indischen Unabhängigkeit so sehr die Nase voll hatten, dass sie nie wirklich über das Schmollen über den nationalen Verlust hinauskamen, zählte ihr langatmiges Bedauern kaum. In dem Drama der imperialen Rückgabe bedeutete dies auch, dass der Rückzug für die meisten Untertanen in den Kolonien weniger langwierig und störend war, als in anderen Fällen der europäischen Dekolonisierung.

All dies sorgte für eine schnelle und elegante Aufgabe des Empire durch die Briten, auch wenn sie die unglücklichen Bewohner Indiens und Palästinas in den späten 40er Jahren einem unaussprechlichen Leid aussetzte. Wenn man dies den blutigen Katastrophen des schwerfälligen französischen Rückzugs aus Indochina oder dem niederländischen aus Ostindien oder dem belgischen aus dem Kongo gegenüber stellt, bewies Großbritannien am Ende eine erstaunlich gelassene und ruhige Hand. Aber wenn dies auch eine bemerkenswerte Leistung war, so war es doch nicht anders zu erwarten von einer Nation mit der ungemein praktischen, ausgeglichenen und robusten Natur eines Pfadfinderleiters.

So gesehen könnte man den Kontrast zwischen der ausgereiften Organisation der britisch-imperialen Angelegenheiten und der schweren Hand, überdramatisierten Macht und indoktrinären Ideologien der primadonnenhaften kontinentaleuropäischen Weltreiche kaum besser unterstreichen. Entscheidend ist, dass dies dafür sorgte, dass die Differenz zwischen Würde und Trauma mit dem Niedergang der nationalen Macht versöhnt wurde. Oder, anders gesagt, selbst wenn trübsinnige Konservative taten, was sie nur konnten, um der Auflösung des Empire nach dem Krieg Widerstand von ganz hinten entgegenzusetzen, fragten sich die scharfsichtigeren unter ihnen bereits, ob das Ganze den Aufwand wirklich noch lohnte. Und nach Suez setzten sie sich hin, um ihre Vorherrschaft über Palmen und Pinien aufzugeben. Kein französischer Politiker, am wenigsten Sozialisten und Kommunisten, hätte Mitte der 50er Jahre über irgendeine Art des Rückzugs der Franzosen aus Algerien auch nur nachdenken können, ein Gebiet, dass immer noch unauflöslich Teil der nationalen Identität Frankreichs war.

Es ist nicht die Absicht dieser heiteren Skizze, selbstgefällige Erinnerungen an die Abwicklung des Empire zu verspotten. Man kann begründeterweise einiges für die Verantwortlichen ins Feld führen, von Louis Mountbatten in Indien bis zu Christopher Soames in Südrhodesien, die ihre Gewissenlosigkeit und ihren Widerwillen beim Einholen der Fahne nicht zeigten und den örtlichen Nationalisten die Macht mit Würde und Gepränge übergaben. Man kann auch etwas Gutes über das illusionistische Theater der wohlwollenden Dekolonisierung sagen, ein verführerisches Gefühl dafür, wie sich das Mutterland selbst versicherte, dass es stets die Unabhängigkeit gewesen war, auf die man sich vorbereitet hatte und dass eine friedliche Abgabe der Macht an die richtigen Leute genau das war, was die Situation erforderte, als verschiedene Anführer der Unabhängigkeitsbewegungen die Lippen schürzten, um ihre Kolonien in loyale Staaten eines multi-kulturellen Britischen Commonwealth zu verwandeln.

Als sich schließlich ein so erfahrener Blick auf die Hauptchance richtete, schien es, als wäre Großbritannien nicht nur in der Lage zu vermeiden, in eine Übergabe der Macht hineingedrängt zu werden, sondern auch, Vorreiter in diesem Spiel zu sein. Tunku Abdul Rahman, der 1957 der erste Präsident des unabhängigen Malaya wurde, erinnerte uns daran in einem Radiointerview, das er Jahre später gab. Er wurde gefragt, warum er seine eher milde Unabhängigkeitsrede nicht kraftvoller gestaltet hatte, um verstärkt radikal-nationalistische Fragen anzusprechen, und dadurch riskiert hatte, den Eindruck zu erwecken, das malaiische Volk habe nicht viel geopfert und nicht erbittert für die Unabhängigkeit gekämpft. Abdul Rahmans Erwiderung darauf war: »Aber das haben wir nicht.«

Letztlich kann sogar in gewisser Weise behauptet werden, dass die Hände der Briten am Ende des Empire weniger blutig waren als die ihrer stümperhaften Rivalen wie Franzosen oder Belgier. Denn war es schließlich nicht lange Zeit so gewesen? Man nehme nur die traurige Berühmtheit Belgiens. König Leopolds Reich hatte den Kongo im späten 19. und frühen 20. Jahrhundert quasi aufgefressen und seine Einwohner einem genozidalen Zwangsarbeitssystem unterworfen, das berüchtigt war für seine Routinepraktiken wie Vergewaltigung, Folter und Mord. Etwa 10 Millionen

Kongolesen starben als Folge der organisierten Gewalt und der Kultur des Sadismus, die von den guten Werken der Internationalen Vereinigung für Philantropie des belgischen Königs nach Zentralafrika getragen wurden. Nicht umsonst bezeichnete Cecil Rhodes, selbst kein Chorknabe, Leopold II. als Teufel.

Zurück im edwardianischen Großbritannien war es Joseph Conrads *Herz der Finsternis*, das dabei half, die Empörung britischer Menschenfreunde über die Sklaverei den Kongo hinaufzutragen. Natürlich und wie vielleicht nicht anders zu erwarten waren diejenigen, die vor Entrüstung über den grausamen Imperialismus der Belgier ganz aufgeregt waren, sich kaum des Verhaltens der Lever Brothers bewusst, die durch ihre Tochtergesellschaft für belgisches Palmöl ebenfalls tief in das Zwangsarbeitssystem im Kongo verstrickt waren. Obgleich kein zweiter Leopold, war William Lever ebenfalls kein Chorknabe, aber es gehörte nun einmal zur Moral des Empire, wegzuschauen.

Jahrzehnte später forderte die französische Weigerung, nach 1945 die Zeichen der Zeit zu erkennen, ihren bitteren Preis. De Gaulles stures Beharren, die Glorie der französischen *mission civilatrice* in Indochina wiederherzustellen, endete in einer blutigen Katastrophe. In einem vergeblichen, neun Jahre dauernden Kampf, Vietnam französisch zu halten, kam mindestens eine halbe Million Zivilisten, vielleicht gar eine Million, ums Leben, während 300 000 Viet-Minh-Kämpfer, die getötet wurden, fast 100 000 französische Kolonialsoldaten mit ins Grab rissen. Der zum Scheitern verurteilte Kolonialkrieg von 1954 bis 1962 darum, dass Algerien so französisch blieb wie das Languedoc, war nicht besser. Es ist wahr, dass die französischen Truppen relativ leicht davonkamen, mit einer Rate an Todesfällen, die den größten Teil des Krieges tatsächlich niedriger war, als diejenige der Verkehrstoten in Frankreich. Aber die Erfahrung der algerischen Muslime in diesem Konflikt war geprägt von einer Million Toten und der Vertreibung und Deportation von 1,8 Millionen Menschen aus ihrer Heimat.

Im Gegensatz dazu bewahrte ein liberaler Kapitalismus des freien Marktes, eine gedeihliche parlamentarische Tradition kritischer Überprüfung des Benehmens, das das Mutterland in Übersee an den Tag legte, und ein reiches christlich-missionarisches Erbe der ethischen Zielsetzung und Verantwortung Großbritanniens Untertanen vor der Zwangsarbeit und ihrem grausamen dunklen Kern. Passenderweise begann Großbritannien kurz nach dem Ende des Zweiten Weltkrieges, statt Blut zu vergießen und Chaos und Zerstörung zu verbreiten, jene kolonialen Territorien loszulassen, die schlicht zu unabhängig geworden waren, um sie zu halten. Anders als die panischen französischen Kolonnen, die 1950 in Indochina eine *Route Coloniale* entlang marschierten, die sie zur schlimmsten Niederlage in Übersee führen sollte, seit Wolfe 1759 Montcalm besiegte, war das Umsichschlagen der Briten, während ihr Empire in den letzten Zügen lag, weit weniger ruinös.

Eine solche Schilderung der imperialen Vergangenheit ist immer noch recht allgemeingültig und neigt oft dazu, eine Art Nostalgiegefühl oder Selbstgefälligkeit über die archetypische britische Mäßigung zu schüren und die lobenswerten Absichten, die sich in der Rhetorik von einer erbaulichen kolonialen Mission, d.h., dem Unterfangen, ein Territorium in einem besseren Zustand zu hinterlassen, widerspiegeln. Sie mag vielleicht nur eine Geschichte präsentieren, über die es sich leichter schreiben lässt, als sie selbst durchlebt zu haben. Denn im Großen und Ganzen bleibt es doch wahr, dass es sehr viel weniger verbreitet war, die Schattenseiten des britischen Imperialismus anzuerkennen, nicht zuletzt in dem berühmten geregelten Übergang zur Unabhängigkeit. Damals war der eitle Mountbatten stolz darauf, die indische Unabhängigkeit als einen großartigen Triumph staatsmännischen Elans darzustellen, bei der man Indien das Geschenk der parlamentarischen Demokratie, die Great East Indian Railway, die blühende kommerzielle und industrielle Infrastruktur Bombays, das Cricket-Ethos vom Fair Play, den richtigen Sinn für Regimentsfarben und ein findiges kommerzielles Verständnis für den Wert von Ersttagsbriefen vom Postamt hinterließ. Aber gleichwie, dies muss der überstürzten Teilung des indischen Subkontinents gegenübergestellt werden, und der rasenden Panik und exzessiven Gewalt, die sie auslöste, und der einen Million Toten, die sie forderte.

Afrika hatte die unglückliche Zentralafrikanische Föderation, die von einer ihrer eigenen Regierungskommissionen als Polizeistaat beurteilt wurde, in dem Dutzende afrikanischer Demonstranten in den frühen 60er Jahren in Njassaland niedergeschossen wurden. Früher, weiter im Norden, wurden etwa 80 000 Kikuyu-Bauern während des Mau-Mau-Aufstandes interniert, Gefangene regelmäßig zu Tode geprügelt. Man kann diese britische Reaktion auf anti-koloniale Erhebungen nicht direkt als wohlmeinend bezeichnen. Auch in Asien nutzte man den mörderischen Spielraum, der durch die Ausrufung des Notstandes gegeben war, bis zum Anschlag aus. Es gab kollektive Ermordungen von kommunistischen Gegnern und Aufrührern in Malaya durch die britische Infanterie, die unerbittliche Jagd auf Rebellen in Perak, die dann allesamt deportiert und als Banditen oder Verbrecher verleumdet wurden, und die flächendeckende Bombardierung malaiischer Dörfer und die Verwüstung ganzer Landschaften.

Die Versuche, den Widerstand in Asien in den späten 40er Jahren zu unterdrücken, führte zu intensiven Bombardements, bei denen Dörfer dem Erdboden gleichgemacht wurden. Im Verlauf der äußerst feinfühlig getauften »Operation Nussknacker« verlegte man sich in den 60ern auf Folter und Massenmord. In harten Zeiten ist es außerdem wichtig, an die Bereitwilligkeit erinnert zu werden, mit der Churchill in den 40er Jahren eine unterdrückerische Wiederbesetzung Indochinas durch die Franzosen abgenickt hatte, weil er fürchtete, dass ein Nachlassen der kolonialen Kontrolle dort sich als epidemisch erweisen könnte und Großbritanniens Gewalt über Indien und sein restliches Kolonialreich in Asien unterhöhlen würde.

Angesichts seiner eigenen ansehnlichen Portion Blutvergießens war die letzte Phase des Empire dann auch kein besonders erbaulicher Anblick. Zugegeben, in einigen Dekolonisierungskriegen in Gebieten wie Kenia oder Zypern attackierten die linksgerichteteren Flügel der britischen Presse die Art und Weise der Operationen gegen Aufstände, die sie als legitime nationalistische Kämpfe für die Unabhängigkeit ansahen. Es gab außerdem die Verurteilung bestimmter verwaltungsmäßiger Fehler, die zu Leid innerhalb der Zivilbevölkerung führten, und von bekannten Zwischenfällen militärischer Gräueltaten. Im Großen und Ganzen jedoch plapperte die Presse die offizielle Haltung Whitehalls nach, die eine Dämonologie der finsteren Umstürzler entwarf und Aufständische in den Kolonien als Verbrecher oder Terroristen kriminalisierte, die stabile und gut regierte Orte in ein bestialisches Chaos stürzten. Die Köpfe derjenigen, die ihn politisch verloren hatten, mussten auch tatsächlich rollen – verbitterte und hasserfüllte Gegner der Kolonialherrschaft konnten nicht erwarten, mit Samthandschuhen angefasst zu werden.

Dieses Bild wird von einigen Historikern durchaus anerkannt, ebenso wie viele andere, auch frühere Beispiele imperialer Grausamkeit, nicht zuletzt der extensive Einsatz von Phosphor- und Schrapnellbomben in den 20er Jahren, um aufrührerische afghanische und irakische Dorfbewohner gefügig zu machen, die man anders für unregierbar hielt. Wie das Hauptquartier der Royal Air Force in Indien in einem Bericht über seine Effizienz im Umgang mit der Nordwest-Grenzprovinz aus dem Jahre 1922 betonte, war es der Verlust von Menschenleben, der auf die Moral der aufsässigen Afghanen die größte Wirkung zeigte.

Diese bitteren Episoden müssen integraler Bestandteil der Geschichte sein, wenn die Erinnerung an den britischen Imperialismus und seine Darstellung nicht wissentlich selektiv sein will. Genauso soll die Tatsache, dass hier eine gründliche Betrachtung der Bombardements irakischer Dörfer in der Zwischenkriegszeit oder auch schon der früheren Leiden der Sklaverei, der Grausamkeiten der Zwangsarbeit, der massiven Täuschungen der Kontraktarbeit oder der faktischen Dezimierung diverser eingeborener Völker nicht implizieren, dass Großbritanniens Weltreich nun als eine Schöpfung des Teufels statt als Werk eines Heiligen gesehen werden sollte. Und sie soll auch keine imperiale Parade der Gräueltaten und Verbrechen der Vorfahren zusammentrommeln, für die das eine oder andere Mitglied des Hauses Windsor oder des britischen Kabinetts sich nun doch noch entschuldigen müsste, quasi eine rituelle Notwendigkeit in der Politik des 21. Jahrhunderts, die eine kleinbürgerliche therapeutische Glaubwürdigkeit hat.

Eine moralische Buße für die Irische Hungersnot, die Toten in den Konzentrationslagern des südafrikanischen Krieges oder das Massaker von Amritsar mag als nationale Palliativmedizin gut und schön sein. Aber es ist schwer, sich vorzustellen, was für einen sinnvollen Effekt eine Entschuldigung für die Geschichte abgesehen von einem flüchtigen, sentimentalen Spektakel um einen geschäftigen Politiker oder einen sich räkelnden Royal, der nach dem nächsten Klischee greift, auf das heutige Leben durchschnittlicher irischer Montagearbeiter, kenianischer Bauern, weißer Bankangestellter in Südafrika, Straßenhändler im Punjab oder Zuckerrohrschneider auf Jamaika hätte.

Schließlich und vielleicht endlich ist der Zweck, eine gründliche Darstellung des Autoritarismus und der brutalen Auswüchse der imperialen Erfahrung, nicht der, historische Achsen zu negieren. Dies kann in der Form geschehen, dass man die Wirkung und den Einfluss des britischen Empire verteufelt oder die unsachliche Frage stellt, ob die moderne Welt ohne jene interventionistische koloniale Epoche nicht besser dran gewesen wäre.

Was den ersten Standpunkt betrifft, so ist es sicher die Aufgabe der Geschichtswissenschaft, tröstliche Vereinfachungen zu meiden. Das bedeutet, sich vor den taufeuchten Kaffeekränzchen-Mythen vom Raj des Friedens und des Fortschritts oder der getrimmten Grünflächen, lustigen Labradore und fügsamen Faktoten des malaiischen Plantagenlebens zu hüten. Es bedeutet auch, Pauschalurteilen misstrauisch gegenüberzustehen, sei es einseitige Kritik oder die Glorifizierung bestimmter Leistungen. Letztere kann manchmal umso idealisierender ausfallen, als, wie in so vielen Teilen des unabhängigen Afrika, Jahrzehnte der politischen Gärung, der gewalttätigen Diktaturen, chronischen Krisen, wuchernden Korruption, Plünderung öffentlicher Gelder und unbeständigen staatlichen Verwaltung folgen.

Um auch den zweiten Standpunkt anzusprechen, können spekulative Fragestellungen, kann jede rückwärts gerichtete Prophezeiung, wie sich die Welt ohne die britische Einmischung entwickelt hätte, nichts anderes sein als Nebel. Sie ist in jedem Falle etwas, das man sich zwar vorstellen, aber niemals wissen kann. Und angesichts der immensen Vielfalt der Bedingungen innerhalb der kolonisierten Welt ist es nicht leicht, zu definitiven Schlussfolgerungen über Fragen von Ursache und Wirkung zu gelangen.

Dies soll jedoch nicht bedeuten, dass man überhaupt keine vernünftigen Mutmaßungen anstellen kann, wenn man die Effekte der imperialen Herrschaft und Einflussnahme bewertet.

Ein grundlegender Faktor ist, dass der britische Imperialismus die Geschichte vieler Länder prägte oder verzerrte und die autonome Fähigkeit der präkolonialen Gesellschaften zerstörte, ihre Form selbst zu bestimmen und ihre eigenen Muster des Wachstums oder der Entwicklung zu gestalten. So brachte die Dominierung von Außen mit ihrer Zerstörung der Souveränität und ihrer Abwertung der einheimischen Völker und Kulturen als primitiv oder unterlegen unweigerlich eine demütigende Unterwerfung und die Untergrabung der Menschenwürde mit sich. Welch größere Erniedrigung kann eine Gesellschaft erleiden, als von einer anmaßenden und rassistischen fremden Macht beherrscht zu werden?

Es ist sicher wichtig, nicht die Möglichkeiten zu übersehen, die diejenigen hatten, die von den Briten beherrscht wurden, die Verwundbarkeit ihrer Herren auszunutzen und die Bedingungen der Herrschaft zu verhandeln. Aber die alltäglichen rassistischen Umstände eines Schwarzen Lochs von

Kalkutta oder des finstersten Afrika hinterließen bestimmten Gruppen kolonisierter Asiaten oder Afrikaner ein Vermächtnis angestauter Unterlegenheit. Erst nach einer gewissen Zeit wurde auf vielerlei Weise ein nationales Gefühl von Stolz, Selbstwert und Unabhängigkeit erlangt, auch über die Vorstellungskraft. Im Jahre 2004 wurde Nelson Mandela, der erste und mittlerweile betagte Präsident Südafrikas nach dem Ende der Apartheid, für den noch älteren Ehrentitel *Lord Warden of the Cinque Ports* nominiert, der ihm die formelle Verantwortung dafür überträgt, dass die Häfen der britischen Südküste Schiffe der Krone versorgen und den Kanal von feindlichen Schiffen frei halten. Auch wenn dieser Akt nicht mehr ist als ein köstliches Stückchen post-kolonialen britischen Barocks, verkündet er doch, dass das geburtsmäßige Recht, zum Protektor des Königreichs zu werden, nun auf die richtige Art von Xhosa-Führer ausgedehnt werden kann. Ein Mann wie Sir Harry Smith hätte sich dieses Ritual wohl niemals vorstellen können.

Einige jedoch quält die alte Bürde einer erzwungenen kolonialen Unterwürfigkeit noch heute, wie ein ererbter Zahnschmerz. Oder sie dient bankrotten Nationalisten als politisch verwendbare Vergangenheit, in der quasi alle gegenwärtigen Übel eines postkolonialen Staates praktischerweise den vergangenen Missetaten der bösen Briten zugeschrieben werden können.

Ernsthafter in seiner Wirkung war insgesamt das Wesen und die Richtung der kapitalistischen Wirtschaftsentwicklung unter der späteren Kolonialherrschaft. Zentraler Aspekt aller Anstrengungen des viktorianischen Großbritannien war die Vertretung seiner internationalen Handels- und Finanzinteressen durch eine manipulative Politik, die für diverse abhängige Ökonomien zerstörerisch waren, da sie diese auf einen niedrigeren Grad und die Produktion nur einer Ware festlegten und parasitär über ihren Märkten schwebten. Ob als breit angelegte Ausbeutung des Kolonialreichs als ein Quell der billigen Rohstoffe und Arbeitskräfte oder als spezifische Blockade des natürlichen Drangs hin zur Industrialisierung in einem Land wie Indien, das einseitige Wachstum unterhalb des Standards, das durch die britische Macht erzwungen wurde, säte jene arge Unterentwicklung, die viele verarmte ehemalige Kolonien heute erleben. Gleichzeitig sollten wir sicher nicht davon ausgehen, dass es in der präkolonialen Vergangenheit keine zermürbende Armut und keine wirtschaftlichen Probleme gegeben hat, ganz gleich, wie die romantischen Visionen derjenigen auch aussehen, die dazu neigen, sie sich als ein überfließendes Eden der

Süße und der egalitären Fülle vorzustellen, bis all dies unter den Hammerschlägen der britischen Besatzung und Geldmacherei zusammenbrach.

Es kann außerdem wohl mit einer gewissen historischen Wahrscheinlichkeit gesagt werden, dass, hätte es nicht das britische Weltreich gegeben, es das eines anderen europäischen Staates gewesen wäre. Im 16. und 17. Jahrhundert war die Wahrscheinlichkeit einer beständigen Epoche der Unabhängigkeit für Weltgegenden wie Asien und Afrika in jedem Falle sehr gering. Die Briten waren nicht die einzigen Europäer, die zu unruhig waren, um sich mit einem bescheidenen Plätzchen im Norden zufrieden zu geben und mit der notwendigen Überlegenheit in Seefahrt, Waffenkunde, Technologie sowie dem wirtschaftlichen Ansporn, etwas dagegen zu unternehmen. Wenn nicht Großbritannien, dann wäre vor dem Ende des 19. Jahrhunderts wahrscheinlich ein anderes dominantes Kolonialsystem oder eine Kombination von Systemen – beginnend mit Frankreich – aufgebrochen, um seine Vormachtstellung über Europa hinauszutragen.

Was bleibt, ist die Bedeutung einer Erklärung oder die Möglichkeit, die britisch-imperiale Vergangenheit in einem angemessenen Licht zu sehen. Das Einfachste, was man sagen kann, ist, dass das Empire auf dem Höhepunkt seiner Macht zweifellos der größte Moment in der Geschichte Großbritanniens war. Aber man muss mit Sicherheit mehr bedenken, als dies. Wie bereits angedeutet gibt es die wohlwollende Sichtweise, dass das Empire, ganz gleich wie unordentlich es begann, gut endete. Blickt man hinter diesen Wandel, wird die britische Herrschaft oder Vorherrschaft zu einem Katalog der Vereinfachungen und Verbesserungen, die man bei Sonnenuntergang zurückließ. Daraus mag man den Anstieg der Alphabetisierung und die Schaffung einer großen Weltsprache auflisten, mit 800 Millionen Menschen, die Englisch als erste oder zweite Sprache lernen, und ihre einflussreiche integrierende Rolle im administrativen, kommerziellen, kulturellen, intellektuellen und sportlichen Leben. Und noch mehr als dies hat die Interaktion unter Verwendung des Englischen eine ganze Bandbreite einheimischer Sprachen und Kulturen bereichert, sodass Menschen, die Hindi, Arabisch oder andere Sprachen sprechen, in ein ausdrucksstarkes englisches Idiom fallen, um ihre Alltagssprache zu würzen.

Es wäre zudem nicht schwer, bestimmte Bereiche zu benennen, wie z. B. die fortgeschrittene Medizin und öffentliche Gesundheitsfürsorge, formale Bildung, Presse, Parlament und öffentlicher Dienst. Man könnte dem

Manchmal ging die Einimpfung des Sportsgeistes über die reinen Rituale des Cricket hinaus. Frei von den Bürden einer Club-Mitgliedschaft probieren junge Afrikaner die Internats-Ideologie des sportlichen Wettkampfes aus. Fort Jameson, Nordrhodesien, Anfang 20. Jahrhundert. *Irene Staunton.*

noch eine moderne Tendenz hin zu Demokratie, universellen Werten von Recht und Verfassungstreue hinzufügen, Literatur und Kunst, die profane Bereicherung durch Fußball, Cricket und Rugby und die spirituellen Einflüsse christlich-religiöser Tugend und Moral. Tatsächlich ist Afrika von kraftvollen christlichen Riten und Ritualen durchdrungen, während sie in Großbritannien immer weniger Geltung haben. Wenn es um aktive Zugehörigkeit zur anglikanischen Kirche geht, ist Westafrika Großbritannien haushoch überlegen.

Zahlreiche ehemalige Kolonien leben heute auf die ein oder andere Weise mit den säkularen Institutionen, Steuern und einer Finanzverwaltung sowie Praktiken und Gewohnheiten, die aus der Zeit der britischen Herrschaft stammen, sogar dort, wo sie nicht lange andauerte. Darüber hinaus gibt es multi-ethnische und multi-linguale Staaten, die recht gut auf der Basis eines erträglichen Kompromisses zwischen örtlichen Ideen von Recht und Ordnung und jenen von den Briten eingeführten leben.

Einige davon zeigen abgesehen davon, dass es schwierig wäre, sie abzu-
schaffen, kaum Anzeichen dafür, dass sich ihr Nutzen dafür, eine ganze
Bandbreite menschlicher Bedürfnisse abzudecken, überholt hätte. Tatsächlich bleibt es sogar dort, wo Auszüge aus britischen Modellen des Regierens und der rechtlichen Verwaltung zu einem tiefen Dilemma geführt
haben oder zum Quell der Unruhe geworden sind, wie z. B. in teilweise
islamischen Staaten wie Nigeria oder dem Sudan, fraglich, ob die Schwierigkeiten der nationalen Einheit und Identität einfach dadurch gelöst werden können, dass man den Einfluss jener kolonialen Vergangenheit aus-
merzt. Wenn überhaupt, kann dort, wo ein modernes Rechtssystem, übrig
geblieben von der Kolonialherrschaft, die übliche Raubtiermentalität traditioneller Stammesführer und anderer gieriger Patriarchen innerhalb
konstitutioneller Schranken hält, ein so aktives Erbe gar nicht hoch genug
eingeschätzt, geschweige denn verworfen werden. Denn im Endeffekt mag
der einzige Schutz vor einer uneingeschränkten Willkürherrschaft der
Mann oder die Frau mit der Perücke sein, ausgebildet nach dem *Cam-
brigde Law Journal*. So war für die entsetzte Swazi-Familie von Zena Mahl-
angu, einer Schülerin im Teenageralter, die 2002 von Handlangern des
Königs entführt wurde, um die zehnte Frau Mswatis III. zu werden, das
einzige Mittel der Selbstverteidigung gegen den royalen Absolutismus ein
ordentliches Gericht im High Court von Swaziland.

Die meisten normalen afrikanischen und asiatischen Männer und
Frauen, in deren Leben Platz ist für ein Diplom aus Cambridge und das
Labola-Ritual, der Brautpreis, oder *Harvey's Bristol Cream* und das Diwali-
Fest, sind nicht zwangsläufig in einer Art Bürgerkrieg des Geistes und des
Herzens gefangen. Sie sind es, die eine kreative Staatsbürgerschaft auf-
bauen, ausgerichtet auf eine postkoloniale Zukunft. Sie sind auch nicht
zwangsläufig so leichtgläubig, wie einige ihrer eher pseudo-traditionellen
Führer vielleicht glauben mögen. Wie die Metaller von Port Elizabeth in
Südafrika und die Hafenarbeiter von Port Harcourt in Nigeria haut sie
nicht der erstbeste beleibte Politiker von den Füßen, der seinen marine-
blauen Blazer gegen eine schicke Ethnomontur eintauscht.

Ähnlich werden die Millionen Inder, die über einen halsbrecherischen
Wicketwurf von Anil Kumble fast in Ohnmacht fallen, sich wohl nicht
beruhigen, bloß weil dieser oder jener Hindu-Chauvinist jammert, dass
die Massenbegeisterung für Cricket auf dem Subkontinent zeigt, wie die
teuflische englische Kultur auch weiterhin die Gemüter der Asiaten
beherrscht. Es ist nur zu verständlich, dass jene assimilierten kolonialen

Vermächtnisse, die mit den Sorgen und den Werten der Menschen korrespondieren – sei es ein Anspruch auf gleiche bürgerliche Rechte, eine Tradition der unabhängigen Gewerkschaften, erweiterte zivile Möglichkeiten für Frauen außerhalb der häuslichen Sphäre oder die inneren Zwänge des Cricket –, auch weiterhin immer wieder neu bestätigt werden. Ihr bevorzugter Platz unter den natürlichen Konditionen des Alltagslebens ist kaum zu bezweifeln.

Wie also sollten wir die Rolle der britischen Langzeitexpansion innerhalb der Entwicklung der Welt bewerten? Die Anwendung des Gesetzes vom Durchschnitt könnte einen durchaus zu dem Schluss führen, dass ein Teil seiner Wirkung positiv, ein anderer negativ und der Rest ambivalent war. Vielleicht ebenso wichtig aber ist die Tatsache, dass die schwere Bürde der imperialen Vergangenheit ihre Geschichte mit dem konstanten Bedürfnis beschwert zu haben scheint, das, was gut war, gegen das, was schlecht war, aufzuwiegen. So war das Empire in den Augen seiner pflichteifrigsten Diener und barmherzigsten Historiker eine überwältigend positive Kraft, die für eine moderner werdende, harmonische und einheitliche Welt stand. Während man britische Ziele in Wirtschaft, Politik und Kultur rigoros verfolgte, sei die koloniale Erfahrung für die meisten weniger entwickelten Völker eine des erhellenden, Ordnung schaffenden und Frieden bringenden Fortschritts gewesen, unter einer Autorität, die eher stark, klar und fair gewesen sei als launisch und blasiert.

Sogar aus einem qualifizierteren Blickwinkel betrachtet kann die Bilanz immer noch günstig ausfallen: Wie autoritär oder paternalistisch auch immer, in ihrem Wesen sei die britische Imperialmacht erfreulicherweise sehr viel weniger unterdrückerisch und verkommen gewesen als ihre russischen, französischen, japanischen oder belgischen Gegenspieler. In den 30er Jahren sei man den schäumenden anti-britischen Aufständen im Nahen Osten und in Indien mit einer befriedenden Royal Commission entgegengetreten, mit rechtlichen Kontrollen statt Schießbefehlen und der mäßigenden Hand eines mühelos selbstsicheren John Glubb, genannt Glubb Pascha, einem brillanten Soldaten, der seine Mission darin sah, arabische Wüstensöhne von ihrer krankhaften Sucht nach Gewalt zu heilen. Was war das schon im Vergleich zu Italiens mutwilligem Einsatz von Flächenbombardements, Giftgas und marodierenden faschistischen Todesschwadronen in Abessinien?

Auf der anderen Seite sieht die klare anti-koloniale Kritik das Empire als eines der übelsten Zwischenspiele in der langen Geschichte eines Kontinents wie Afrika, eine verachtenswerte ausbeuterische Unternehmung, die Versklavung, Plünderung und Elend mit sich brachte und unabhängige Staaten zurückließ, gezwängt in Grenzen, die nach kolonialer Bequemlichkeit gezogen worden waren, und schlecht ausgestattet, um die Folgen kapitalistischer Gier und der vielen gescheiterten Reform- und Entwicklungsexperimente der Kolonialherrschaft zu überwinden.

Letztendlich aber ist es vielleicht fruchtbarer, die Perspektive zu verlagern, weg von der historischen Rechtfertigung oder Verantwortung hin zu einer Darstellung des modernen imperialen Zeitalters als Ganzes. In diesem Kontext betrachtet war die britische Erfahrung unentwirrbar Teil eines bestimmten Zustandes innerhalb der historischen Erfahrung Europas, ganz gleich, wie sehr die liberalen Voraussetzungen des Empire im 19. und 20. Jahrhundert sich von jenen seiner autokratischeren Gegenstücke auf dem Kontinent unterschieden. In der Praxis gab es in allen modernen Weltreichen, nicht nur in jenem König Leopolds vor einem Jahrhundert oder dem Benito Mussolinis vor 70 Jahren oder sogar jenem Charles de Gaulles vor 50 Jahren, trotz all ihrer luftigen Ansprüche größere und kleinere Zwischenfälle von Fehlverwaltung, schlechter Regierung und Härte, ebenso wie militärische Gräuel und Akte des Terrors.

Heute, während sich der Kreis schließt, scheinen neue Anwärter auf Weltreiche nur wenig aus dem Straucheln jener zu lernen, die ihnen vorausgingen. Auf ihre Weise hallen in der Weitergabe eines Credo von Freiheit und Demokratie – Marke Walt Disney und Coca-Cola – grob jene Intentionen der viktorianischen Christlichkeit wider, gottverlassene Gegenden der Welt für die rechte Zivilisation eines Gladstone oder Disraeli zu retten.

Als das Weiße Haus den Irak 2003 auf sowohl moralisierende als auch erbarmungslose Weise der Tyrannei des Diktators Saddam Hussein und gleichzeitig seiner Mineralölvorkommen entledigt, klingt dies wie ein unheimliches Echo aus der Downing Street des Jahres 1956. Genau wie heute war auch damals das erklärte Ziel nicht das arabische Volk und seine Interessen, sondern ein Schurkenregime, nämlich das von General Gamal Abdel Nasser. In seiner Hast, eine trotzige Diktatur des Mittleren Ostens zu beseitigen, verwandelte sich George W. Bush Junior in eine Art Anthony Eden zweiter Klasse, ohne ein Einserexamen in Orientalischen Sprachen von der Universität Oxford. Es gibt noch eine weitere – militärische – Ironie. In den 50er Jahren gelang es dem britischen Empire nicht, von den undiplomatischen Amerikanern militärische Unterstützung für seine katastrophale Suez-Kampagne zu bekommen. Jüngst konnten diese sich darauf verlassen, dass das kleiner gewordene Großbritannien seine Truppen einmal mehr in den Mittleren Osten senden würde, geradezu unterwürfig in seinem Festhalten an der anglo-amerikanischen Allianz, komme was wolle.

Als unvermeidliche Konsequenz der imperialen Expansion spielte mutwillig eingesetzte Brutalität ebenso ihre Rolle wie Angst und Panik unter den Menschen vor Ort als unbeabsichtigte Folge. Dennoch sucht man die Erklärung wohl am Besten nicht in den Bereichen menschlichen Versagens, katastrophaler Fehler, blinder Gier oder über die Maßen bösartigen Rasssismus. Sie liegt hier vermutlich ebenso wenig wie in der Definition von Imperium mit Hilfe der Romantik zäher Pioniere wie William Mackinnon in Ostafrika oder der flatternden Banner der Bengal Lancers entlang der Nordostgrenze Britisch-Indiens. Ja, es stimmt: General Dyer ließ 1921 schonungslos auf die Menge in Amritsar feuern; Massenarmut auf dem Land und verantwortungslose Fahrlässigkeit trugen dazu bei, dass in Indien bei Hungersnöten im 19. und 20. Jahrhundert Millionen dahinstarben; Rhodes erreichte im südlichen Afrika in den 90er Jahren des 19. Jahrhunderts ganz neue Höhen an skrupellosem und böswilligem Verhalten; und Rancher in Queensland vergifteten im selben Jahrhundert Mais und Brunnen, um die Aborigines auszurotten, die sie als subhumane Pestilenz betrachteten, die es verdiente, ausgemerzt zu werden.

Aber die Frage ist eine größere als die nach der gefühllosen oder hässlichen Natur von Menschen oder einem Missverhältniss von guten Absichten, Mitteln und Zielen, als dass noch gesagt werden kann, das Britische Empire sei daran gescheitert, seine ethischen und visionären Vorgaben zu erfüllen. Die Antwort muss dann jenes arrogante Gefühl von Macht und Überlegenheit sein, das mit dem Imperialismus assoziiert wird. Unweigerlich kam es zu einer zersetzenden Wirkung, nichts anderes als die »Folgen der Folgen«, oder, mit den Worten des großen russischen Schriftstellers Boris Pasternak, die »Früchte der Früchte«. In dieser Interpretation würden sich die Briten nicht grundsätzlich von den selbstbewussten Spaniern vor ihnen und den Franzosen neben ihnen unterscheiden.

Ein resoluter Glaube an das Christentum, den Kapitalismus, die Aufklärung, Investitionsgelegenheiten und an Telegraphenleitungen ermutigte die Briten, sich selbst über eine lange Zeit als Musterbeispiel westlicher Zivilisation für niedrigere Völker rund um den Globus zu sehen. Dieser kommerzielle und kolonialistische Appetit erreichte sein größtes Ausmaß an Einmischung in die Angelegenheiten anderer im späten Viktorianischen Zeitalter. Dann überrascht es kaum – ganz gleich, wie beunruhigend die Realitäten hinter dem Bild von der *Pax Britannica* auch aussahen und wie umstritten die steigenden Kosten für Dinge wie die imperiale Verteidigung auch waren –, dass die Menschen von all den Insignien der Macht bei Queen Victorias diamantenem Thronjubiläum 1897 so nachhaltig geblendet waren.

Die nationale Macht und die Mischung aus Greifbarem und Ungreifbarem, die sein zentrales Nervensystem bildete – militärische Macht, Prestige, Sorglosigkeit, Glaubwürdigkeit, rassistische Arroganz und Furcht –, schienen ihre Form spontan angenommen zu haben, genau wie die schäumenden kommerziellen Raubzüge, die ihnen vorausgingen, sich scheinbar ohne eine englische Strategie oder einen absichtsvollen Plan vollzogen hatten. Auf diese Weise war das, was die britischen Herrschaftsklassen laut manchen Darstellungen des nationalen Selbstbildes definierte, ein dünner werdender Hauch von protestantischer Selbstverleugnung oder Selbstbeschränkung. Indem sie eine Art eingeschränkten Minimalismus aufrechterhielten, führten sie als Imperialisten wider Willen den Vorsitz über die Welt.

In diesem Licht betrachtet entstand ein Großteil des Empire quasi als Nebenprodukt der ökonomischen und strategischen Kräfte der weltweiten Marktexpansion Großbritanniens. Anstatt ihr Empire zu besitzen, waren die Briten also eigentlich sein Nachtwächter. London war demzufolge zufrieden damit, seinen Handel, seine Investitionen und Besiedlungsinteressen zu überwachen, während es sich auf das bequeme Einvernehmen der Dominions-Autonomie, milde liberale Vernachlässigung der Kronkolonien, selbstbegrenzte indirekte Kolonialherrschaft und das juwelenbesetzte Zeremoniell des Raj verließ. Zwar waren an Land stets Streitkräfte stationiert, aber doch eher als großer braver Hofhund, der über Ruhe und Frieden wachte, ganz, wie es dem Bild von einer kleinen und unabhängigen Handelsnation, die sich selbst als prinzipiell friedliebend betrachtete, entsprach. Die gleiche Militärdoktrin galt auch für die Navy, deren Aufgabe es war, strategisch wichtige Küsten und Häfen frei von allem Fremden zu halten, das einen zuverlässigen Warenaustausch bedrohte.

So betrachtet wird die allgemeine Idee von Großbritanniens Weltreich in eine vollkommen friedliche Veranstaltung verwandelt, weit entfernt von allen habgierigen Reflexen oder ruppigen Zurschaustellungen nationaler Macht. In stilistischen Begriffen ausgedrückt erscheint der britische Imperialismus hier als eine Art Antiklimax, betrieben wie ein Kartenspiel. Die eine Seite hielt ein kleines, aber starkes Blatt an Bürokraten des Colonial Office und Wucherer der City, die ein paar Asse in Form von Anteilen an der Union Pacific oder dem Sisalgeschäft von Consol Tanganyika im Ärmel hatten. Die andere hielt ihre Klientengesellschaften und spielte meist mit gleicher Karte zurück; ihre Trümpfe sind die Gewinne aus Gold, Kupfer und Baumwolle, Handelskonzessionen, Stapelkapazitäten, gutem Land, das Emigranten aufnehmen konnte und dergleichen mehr.

So ein Blickwinkel mag seine interessanten Aspekte haben, obgleich nur wenige, die sozusagen das Personal des Empire stellten, geneigt waren, es als ein solches Zufallsprodukt zu betrachten, als wäre es gleichsam ein Keuschheitsgürtel aus viktorianischer Zurückhaltung. Man könnte hier den Schriftsteller Joyce Cary anführen, für den es bei der britischen Expansion immer darum ging, Länder, die dringend eines Frühjahrsputzes bedurften, auf Vordermann zu bringen – und zwar gründlich. Vor etwa sechzig Jahren brachte Cary eine Abhandlung über die Politik des britischen Kolonialismus in Afrika heraus, *The Case for African Freedom*. »Mit all ihren Fehlern«, schloss er fröhlich im Jahre 1941, »hat die [britische] Eroberung unvergleichlich mehr Nutzen als Schaden nach Afrika gebracht.« Der Nutzen waren modernes Schulwesen, soziale Einrichtungen, eine moderne Infrastruktur und das humanitäre Engagement gebildeter und unbestechlicher Beamter, eine öffentliche Ordnung und die Herrschaft von Recht und Gesetz. Ganz zuoberst kam die Kultivierung der englischen Sprache als wahrer Segen für örtliche Eliten, die soeben des Lesens und Schreibens mächtig geworden waren und sich nun geschäftig der Politik, Juristerei und Verwaltung widmeten, und für gesellige afrikanische Unternehmer mit ambitionierten Hoffnungen in Handel und Gewerbe.

Es war eine fantastische Welt, die sich da in Carys klassischem Roman über das koloniale Nigeria, *Mr Johnson*, widerspiegelte, in dem der chamäleongleiche Johnson, ein Charakter, dessen Geist mehr auf England ausgerichtet ist, als ihm guttut, von der Macht der vordringenden Fada-Straße singt, den Dschungel dem Erdboden gleichzumachen:

Out of our way, this is the king road.
Where he flies, the great trees fall.
The sun and moon are walking on our road.

(Aus dem Weg, hier kommt der König der Straßen.
Wohin er fliegt, fallen die mächtigen Bäume.
Die Sonne und der Mond wandern auf unserer Straße).

Indem sie einen anständigeren Weg freimachten, wie die Dinge zu hand-
haben waren, brachten Carys Briten eine schützende Emanzipation, die
bei der Befreiung von Westafrikanern aus der Verlogenheit arabischer
Sklavenhändler und der schlechten Amtsführung götzendienerischer und
skrupelloser Stammesoberhäupter begann und bei Distriktskrankenhäu-
sern und Entwässerungssystemen endete.

George Orwell schrieb ein typisch bissiges Vorwort für die erste Auflage
von Carys Buch und pries es als Gegengift für den konfusen Anti-Kolonia-
lismus und die Sentimentalität der Linken, die sich vorstellte, dass afrikanische Völker durch den Strich eines Füllers »befreit« werden könnten
und dass ihre »Beschwernisse darauf hin beendet werden«. Dies mag auch
heute noch eine Saite zum Klingen bringen, wenngleich nicht ganz in der
Weise, die Orwell sich vorstellte. Wenn auch die Masse der afrikanischen
Völker die verschiedenen Beschwernisse, die der autoritäre Brite mit sich
brachte, nicht verdienten, so haben alle Arten von anderen bedrückenden
Problemen doch noch lange fortbestanden, nachdem er verschwunden
war. Und für diese können Alec Cook und die anderen Kadetten vom Imperial Service College, Windsor, nicht fortwährend vollständig verantwortlich gemacht werden.

Schließlich bleibt es wichtig, beim Verwenden einer Phrase, die in einem
Satz den gesamten britischen Imperialismus beschreiben will, vorsichtig
zu sein. Einfach gesagt war das Empire zu groß, zu vielschichtig und zu
verstreut, als dass es eine universelle Erfahrung für die Herrschenden und
Beherrschten hätte geben können.

Gleichzeitig muss dies nicht bedeuten, sich aller Verallgemeinerungen
zu enthalten. Zuerst mag es nicht zuviel sein, darauf hinzuweisen, dass die
Briten die Idee einer europäischen Weltmission auf die Spitze trieben und
mehr als jedes andere Imperium dafür taten, die Welt zusammenzubrin-
gen. Dies ging über den Fluss von Geldern und Handelskreisläufen hinaus.

Die Einwanderung in transozeanische Bestimmungsorte wie Australien und Neuseeland brachte eine britische Diaspora hervor, die durch Familie sowie berufliche, sportliche, religiöse, bildungsmäßige und diverse andere Arten von Verbindungen verwoben war. Wie groß die Unterschiede in der weißen Commonwealth-Kultur zwischen dem Australien der 20er Jahre, einer Art Groß-Großbritannien, und jener Nation, die in den 90ern eine Volksabstimmung über die Umwandlung in eine Republik abhielt, auch sein mögen, die Identität einer abgestuften Britishness hat bei der internationalen Integration Australiens eine große Rolle gespielt.

Zweitens wussten die Briten, obwohl ihr Weltreich zum größten aller Zeiten wurde, immer noch eine wichtige Sache: dass sie nicht die ganze Welt dominieren oder unter Druck setzen konnten. Die *Pax Britannica* des 19. Jahrhunderts war für jene rosaroten Teile auf der Karte gedacht. Mit ihr wollte man nie Südamerika herumkommandieren. Und sie sollte auch nie einen Anspruch auf ein Supremat in Europa selbst stellen. Hier war alles, was Großbritannien benötigte, ein Anteil am internationalen Austausch und eine stabile Machtbalance.

Drittens sollte man die afrikanischen und asiatischen Gesellschaften nicht als hilflose Geprellte oder Opfer imperialistischen Zwangs und Rassismus betrachten. Die Einwohner kolonisierter Länder hatten das Wissen und die Fähigkeit, die Form und die Bedingungen der britischen Herrschaft auf viele, komplexe Arten zu beeinflussen und endlos um die Grenzen ihrer Beherrschung zu ringen. Überall war eine Kolonialherrschaft über längere Zeit unhaltbar ohne die Billigung und die Mithilfe afrikanischer und asiatischer Kollaborateure und ihre Beteiligung an einer Portion der Dividende. Gleichzeitig waren Unsicherheit, Unbehagen und Unheilsahnungen das Los all jener, denen die Verantwortung für die zivilisierte Ordnung von Handel und Besteuerung auferlegt war, Briten genauso wie jene, die sie von der Macht ausschlossen oder in ein Amt einsetzten.

Tatsächlich war die offizielle Kolonialmacht vor allem zumeist fein ausbalanciert, knapp an Ressourcen, unfähig, ihre Widersprüche jemals vollständig aufzulösen und ihre akuten Dilemmata der Regierung zu überwinden – welches zentralafrikanische Stammesoberhaupt sollte ein Distriktspräsident anerkennen und auf welcher hierarchischen Grundlage, die seine Autorität rechtfertigte? Wenn seine administrative Anerkennung sich als anfechtbar erwies, war das, was vor ihm lag, vielleicht ein Minenfeld endloser Streitereien und Kopfschmerzen. Höchster Eigenglaube an die kolonialen Leistungen von einem pensionierten Admiral aus Cheltenham in den 30er Jahren waren eine Sache. Die Frustrationen, die der Veterinärdienst in der Zwischenkriegszeit erlebte, der darum kämpfte, den Widerstand ostafrikanischer Hirten zu überwinden, die Quarantänemaßnahmen für Lebendvieh skeptisch gegenüberstanden, war eine ganz andere. Ein vierter Punkt ist, einmal mehr, relativ. Verglichen mit trägeren, langsam durchsickernden Weltreichen, den schwunglosen Jahren zum Beispiel des frühen Byzantinischen Reiches oder der Osmanenherrschaft, war das, was Großbritannien brachte, besser ausgebildete koloniale Bürokratien, die radikalen Umwälzungen des Industriekapitalismus, erstaunliche technologische Entwicklungen in Kontrolle und Zerstörung und ein riesiges Volumen an Langstreckenmigration. In dieser Hinsicht war das Bemerkenswerte an diesem Imperialismus nicht so sehr seine anhaltende Macht, noch nicht einmal deren große Reichweite, sondern die Glut seiner Entschlossenheit, vielversprechende Territorien der Ausbeutung zu öffnen und jene Teile der Welt an die Leine zu legen, die für Sicherheit und Kontrolle essentiell waren.

In der Folge wurden neue Welten geformt, ein Prozess, der sowohl Kosten als auch Gewinne brachte. Manchmal gehörte dazu auch die blutige Fragmentierung und Zerstückelung verwundbarer Gesellschaften, die schon vorher dort gewesen waren, wie im Nordamerika oder Australien der Ureinwohner. Zu anderen Zeiten geschah dies durch nervöse Anpassung an und in Abhängigkeit von den robusten überlieferten Mächten einheimischer Einrichtungen und Kulturen. Die Herrschaft des Marktkapitalismus musste mit dem Stammesgesetz und traditionellen Praktiken koexistieren, die danach strebten, tief eingegrabene Interessen zu bewahren, wie z. B. in Ost- und Westafrika. Die Steuerverwaltung unter der indirekten Herrschaft war überhaupt nur durch die Kooperation zwischen Kolonialbeamten und traditionellen Autoritäten möglich. Das Ergebnis war für die Krone regelmäßig frustrierend und manchmal sogar komisch. Gleichermaßen entfesselten viele Fälle kolonialer »Zivilisierung« auch jene historischen Schlüsselelemente von Zwang und Ausbeutung, die die effektiven Bausteine faktisch jeder modernen Nationwerdung und wirtschaftlichen Entwicklung sind.

Der Kern der Sache ist, dass das imperiale Verhalten der Briten immer unweigerlich janusköpfig war und zwei entgegengesetzte Seiten derselben Medaille des Königreiches widerspiegelte. In der einen Verkleidung konnte es unflätig, brutal und seeräuberisch daherkommen. Im Gegensatz dazu konnte seine Erscheinung steif, prüde und matronenhaft ausfallen, eher ein Manuale schwingend als ein Entermesser und sich gewissenhaft seiner Pflicht zuwendend. In einem weiteren dieser Bilder konnte es als Zuchtmeister in Khaki auftreten, der beim kleinsten Anzeichen kolonialer Anmaßung wutschnaubend nach Vergeltung brüllte. Oder die Gestalt konnte die eines Missionsarztes sein, der die Bürden des dörflichen Wohlergehens ohne viel Federlesens schulterte und den Kampf der Impfungen und Mullbinden gegen das austrug, was als sture ländliche Ignoranz und versklavender Aberglaube betrachtet wurde. Das Ausmalen dieser verschiedenen imperialen Schöpfungen ließe sich wohl noch endlos fortsetzen. Ein weiterer Strich könnte einen rücksichtslosen, schamlos ausbeuterischen karibischen Pflanzer hervorbringen, dessen degenerierte Gier nach Reichtum und bodenlose Lasterhaftigkeit ihn zu einer Art Caligula aus Kent machten. Oder der Prüfstein könnte eine prüde, nimmermüde Schreibkraft im Büro eines Eisenbahnknotenpunktes sein, die den Kindern der Dienerschaft gegenüber eine maternalistische Anständigkeit an den Tag legt und ausreichend Malay oder Swahili spricht, um »Koch« dazu zu bringen, für das Damenkränzchen etwas Besonderes zu backen.

Natürlich war der Mythos von einem phlegmatischen Weltreich des gesunden Menschenverstandes und der leichten Blässe eine Idee, die gut zu der liberalen Vorstellung der Engländer passte, nationaler Erfolg speise sich aus beispielhaften Institutionen, Ideen und Gewohnheiten, die ein Modell für eine sich entwickelnde Welt bereitstellten. Darüber hinaus hatte es, besonders in seiner aufgeblähtesten viktorianischen Version, das richtige Temperament, um loszuziehen und Kolonien durch Sterlingqualitäten des Befehlens zu regieren – Qualitäten, die in ihrer besten Form Männer besaßen, die kalte Schulduschen überlebt und schon einmal sechs der besonders harten Stockhiebe abbekommen hatten, ohne zurückzuzucken, und die sich Respekt verschaffen und eine glaubwürdige moralische Autorität darstellen konnten, den Wert des guten Willens der Eingeborenen und seiner Kultivierung kannten und Längen- und Breitengrade nicht verwechselten.

Zudem ist es fast banal, daheim auf jenen feuchten Inseln festzustellen, dass das Empire eine durchdringende Wirkung auf das Leben im Mutterland hatte, sowohl als bewusste Propaganda als auch als selbstverständlich hingenommene Realität. Die Menschen der viktorianischen Zeit hatten eine Königin, die Kaiserin von Indien war, Söhne, die beim Heer in Ägypten oder bei der Marine in Singapur dienten, Töchter, die Ehefrauen, Lehrerinnen und Missionsarbeiterinnen in den Kolonien wurden, Männer, die Anteile an großen imperialen Firmen kauften oder in Land in den Kolonien investierten, Frauen, die Seide aus dem Osten trugen, und Industriearbeiter, die auf Gummireifen aus Malaya daherradelten, Tee aus Indien und China tranken und Zigaretten aus Tabak rauchten, der aus Trinidad oder Südrhodesien stammte.

Durch eine weite Migration schlugen Familienzweige Wurzeln eine halbe Welt entfernt, und eine Londoner Rente stellte den Lebensunterhalt von jemandem in Tasmanien oder Ontario sicher. Sogar englische Standardromane fanden ein Plätzchen für die Kolonien, meist als ein Ort, an den man ausgebrannte Charaktere verschicken konnte oder aus dem leicht dubiose männliche Figuren stammten, deren verwegene Anwesenheit anzüglich-skandalös nach Tropen oder nach dem Bankrott durch Landspekulationen roch. Für die Briten der Zwischenkriegszeit gab es das Empire als ein flexibles Fest der Ideologien, eine ernste Welt des Glaubenmachens, die durch das Kino, Radio, durch Ausstellungen, Dioramas und Reklametafeln verkauft wurde und britische Konsumenten dazu mahnte, Kolonialwaren, Gedenktage, populäre Jugendbücher, die Monarchie und abgöttische Verehrung der etablierten Religion zu kaufen. Von Lambeth bis Litchfield, von der Konzerthalle bis zum Studententreff stolzierte das Empire als symbolischer Beweis dafür, dass Großbritannien die Welt durch seine Qualitäten des Mutes und des Einfallsreichtums errungen hatte, Begabungen, auf denen seine kommerzielle und moralische Überlegenheit letztlich beruhte.

Trotzdem bleibt es leichter, von der Attraktivität einer nationalen imperialen Vergangenheit oder ausgewählten mythologisierenden Versionen dieser Vergangenheit zu sprechen, als zu wissen, was das Empire für eine breitere britische Öffentlichkeit tatsächlich bedeutete. Selbst kurz vor dem Zweiten Weltkrieg bleibt es recht schwierig zu verstehen, welchen Nerv der Imperialismus abseits überlieferter allgemeiner Reaktionen auf das vielschichtige Schauspiel, Spektakel und Treiben in den alltäglichen Empfindungen und Einstellungen traf.

An der Oberfläche betraf das Wachstum, die Dauer und fortgesetzte Bekräftigung des Empire alle Klassen und Institutionen, während die antiimperialistische Haltung ebenfalls einige beeinflusste. Dennoch scheint sein Platz innerhalb der eher beschränkten Empfindungen der täglichen Routine, sei es die des Haushalts, des Arbeitsplatzes, dem Pub oder der Schlange vor dem Sozialamt, offen dafür, diskutiert zu werden. Ob es ein

Industrieller war, dessen Begriff vom Empire darin bestand, billig zu kaufen und teuer zu verkaufen, oder eine hohe Tory-Größe, für die es die Spekulation in ein überseeisches Minenunternehmen war, die Erfahrung kolonialer Angelegenheiten blieb zu einem Großteil die eines weit entfernten Zigarettenkartenaspekts britischen Lebens. Obgleich man auch in Zukunft viel aus der Macht des Empire im britischen Bewusstsein machen kann, muss dies kein Grund sein, es über das hinaus aufzubauschen, was es tatsächlich war. Wenn es darum ging, etwas über die Welt der Kolonien zu wissen, war der Durchschnittsbewohner von Englefield Green oder Sutton Goldfield kein George Orwell.

Das Leben der 20er Jahre in einem Ambiente bunter Empire-Reklametafeln, königliche Besuche bei flehenden Stämmen draußen in den Kolonien während der 30er und Warnungen für die Kinder beim Abendessen in den 50ern, dass Mau Mau sie holen käme, wenn sie ihr Essen nicht aufäßen, sollte einen nicht dazu führen, automatisch anzunehmen, dass die allgemeine britische Öffentlichkeit sich in einem tieferen Sinne dessen bewusst war, was das Faktum Empire bedeutete. Unter diesem Aspekt ist H. G. Wells' berühmte ablehnende, achselzuckende Feststellung vielleicht noch immer aktuell, nach der 19 von 20 Engländern soviel über das Empire wüssten wie über die italienische Renaissance.

Es spricht auch einiges für die Sicht, dass das Empire abgesehen von chauvinistischen Anfällen militanten Imperialismus, sensationellen Episoden in den Kolonien oder Händeringen über schändliches britisches Verhalten in Übersee zumeist als selbstverständlich hingenommen oder als Nebenschauplatz wahrgenommen wurde, eine weit entfernte Reflexion der Errungenschaften nationaler Macht. Im Allgemeinen gehörte es für die Leute einfach dazu. Wenn überhaupt, dann mögen die überseeische Abgelegenheit des Empire und die Unkenntnis seiner wahren Umstände von Anfang an Teil seines delegierenden Charakters gewesen sein, als äußere Versilberung einer praktisch veranlagten Zivilisation fahrender Ritter. Als der Union Jack in den frühen 80er Jahren des 20. Jahrhunderts ein wenig frischen Wind benötigte, standen sogar noch Gurkha-Truppen für den Falklandkrieg zur Verfügung.

Solange Großbritannien ganz von der Krone und von der Verwegenheit regiert wurde, konnte es seine Flotte zu im Grunde jedem Teil seiner Küstenterritorien entsenden, um Unruhestifter unter Beschuss zu nehmen, seine Armeen, die nach kontinentalen Maßstäben stets klein waren, in diversen kleineren Konflikten rund um die Welt schicken und im 20. Jahrhundert Luftangriffe fliegen, um Dörfer im Nahen Osten zu bombardieren. Der bemerkenswerteste Aspekt hiervon war nicht die Organisation einer immensen logistischen Leistung, sondern die Tatsache, dass sie bewältigt werden konnte, ohne dass man der Gesellschaft zu Hause etwas dem autoritären Militarismus auf dem europäischen Festland Vergleichbares hätte aufzwingen müssen.

Dementsprechend konnten diverse grimmige und brutale Kolonialkriege ohne weiteres von einer Gesellschaft geführt werden, die stets eine zutiefst zivile blieb, zusammengehalten von einem geräumigen, liberaldemokratischen parlamentarischen System freier Bürger.

Im 19. Jahrhundert waren regelmäßige Aussetzungen der Habeas-Corpus-Akte und absolutistische Herrschaftsausübung primär für den Export bestimmt, um an schwierigen Orten in Übersee mit Bedrohungen von Recht und Ordnung umzugehen und den Frieden zu sichern. Auch in anderen Wirkungskreisen wurden unter dem formalen Empire antiquierte, altmodische oder im Niedergang begriffene Institutionen des Mutterlandes funktional eingesetzt, die ansonsten das Zeitliche gesegnet hätten. Die erzwungenen Steuerabgaben und Bürgerwehr-Listen, die es im Großbritannien des späten 18. Jahrhunderts gegeben hatte, lebten über Jahrhunderte weiter, um die Kolonien von Krisen zu erlösen. Auf ähnliche Weise konnten alte und unterdrückerische Klassengesetze wie zum Beispiel die Master-and-Servant-Gesetzgebung, die in den Home Counties politisch ungenießbar geworden war, in das Reich der Kolonien transferiert werden, um dort für das Leben im 20. Jahrhundert neu gepachtet zu werden, wie zum Beispiel die britische Zwangsdisziplinierung von Arbeitskräften unter der Sonne Ostafrikas in der Zwischenkriegszeit.

Auf der anderen Seite konnte man zu Hause oder auf Londons Türschwelle bisweilen die trotzige Seite der *Pax Britannica* fühlen. In den 80er Jahren des 19. Jahrhunderts ging Charles Warren, der bissige Präsident der Metropolitan Police, der viel Erfahrung im Zertrümmern afrikanischer und asiatischer Schädel gesammelt hatte, radikale Protestler in London an, ohne besondere Rücksicht auf Leib und Leben. Und weniger als ein Jahrhundert später brachten erneute Probleme mit der IRA in Irland polizeiliche Überwachung und ein Ausdünnen der bürgerlichen Freiheiten. Das liberale Ethos hatte sich an vielen Orten fern der Heimat schon immer schwer getan, und die Erfahrung rauer Kolonialbeamter, die dies verstanden, war von unschätzbarem Wert, wann immer es so aussah, als könnten britische Straßen nicht länger durch Beschränkungen allein kontrolliert werden. Nichtsdestoweniger blieb – zumindest bis zum frühen 20. Jahrhundert – die Gesellschaft des Mutterlandes weitestgehend von dem abgeschirmt, was das Empire für widerständige Einwohner der Kolonien zu Zeiten in petto hatte.

Dort war das Empire die metallgespickte, unfreie Unterseite, das Gegenstück zum konstitutionellen Zauber des freien Westminster, wo die Nagelschuhe unter Dinner-Tafeln tappten. Dies wiederum entbehrt nicht einer gewissen Ironie. Wenn auch das nicht-europäische Empire für die Briten das wahre Weltreich darstellte, stammte doch das wenigste Wissen über seine menschliche Realität aus persönlicher Erfahrung, bis auf ein paar versprengte oder episodenhafte Ablagerungen. Dies konnten die pfeffrigen Siedlungen schwarzer Untertanen aus den Kolonien in Städten wie Bristol, Cardiff und Liverpool sein, die Aufnahme asiatischer und afrikanischer Studenten in Internate, Schulen und Universitäten während des 19. und 20. Jahrhunderts, die Kommandierung west-indischer Besatzungen in Bombergeschwader während des Zweiten Weltkriegs und gelegentlich ein afrikanischer Nationalist, wie Jomo Kenyatta, der inmitten britischer anti-kolonialistischer Sympathisanten in Hochburgen wie Hampstead sein Lager aufschlug.

Erst, als seine Paraden im Grunde schon vorüber waren und die britische Macht in gewisser Weise damit begann, sich nach dem Zweiten Weltkrieg zu de-imperialisieren, wurde das Empire eine allgemein bekanntere und lebendigere Realität. Um es präziser auszudrücken: Anstatt zurückzuschlagen, schwappte das Imperium auf einer menschlichen Welle alter Bande, bestehender Verbindungen und gemischter Annahmen und Erwartungen herein. Die Iren, die natürlicherweise schon immer nach England gekommen waren und dies auch weiterhin taten, bildeten die weitaus größte Einwanderergruppe nach 1945. Was das insulare Aussehen der Gesellschaft des Mutterlandes wirklich veränderte, war jedoch die Immigration und Ansiedlung aus dem sogenannten New Commonwealth nach dem Krieg. Einwanderer aus der Karibik, aus Afrika und Asien brachten nicht nur ihre Arbeitskraft für die Industrien, ihren Geschäftssinn und berufliches Können mit, sondern auch ein reiches und überdauerndes kulturelles und soziales Inventar von Sitten, Künsten, Religion, Essen, Musik und Engagement im Sport.

Das Wachstum »nicht-europäischer« britischer Gemeinschaften bringt uns auch auf eine andere jener Paradoxien des Empire. Jahrhundertelang, bis in die frühen Jahrzehnte des 20. Jahrhunderts, hatten sich Afrikaner, Asiaten oder Araber aus britischen Gebieten, die stetig, aber tröpfchenweise nach Großbritannien gekommen waren, im Allgemeinen keinerlei statuarischen Hindernissen gegenübergesehen, dort als koloniale Untertanen einzureisen. Es war der Zusammenbruch des schwarzen und braunen Weltreichs, mit dem ab den 60er Jahren die Vervielfältigung der Barrieren einherging. Heute sind die einzigen Untertanen aus einer Kolonie, die noch als britische Vollbürger mit freien Rechten der Einreise und des Aufenthaltes definiert sind, der seltsame Kropf loyaler Inselbewohner, besonders die der Falklandinseln und Gibraltars. Sie haben zufälligerweise auch zum größten Teil weiße britische Vorfahren. Von ihrer praktischen Zugehörigkeit zur weißen Rasse abgesehen ist es zudem unwahrscheinlich, dass sie sich jemals in Scharen in die Schlangen der Einwanderungswilligen am Flughafen von Heathrow einreihen werden.

Und dennoch: Obwohl es seit Beginn der 60er Jahre keinen Mangel an scharfen Einwanderungskontrollen, Abschiebebefehlen und rigiden Staatsbürgerschaftsgesetzen gegeben hat, die dazu gedacht waren, es Untertanen aus den ehemaligen Kolonien mit der falschen Hautfarbe so schwer wie möglich zu machen, sich niederzulassen und die volle Staatsangehörigkeit zu erlangen, hat sich Großbritannien weiterentwickelt, um die Saat einer vielschichtigen, dauerhaft multi-kulturellen Gesellschaft aufzunehmen. Während ein feuchtes Klima und eine allgemeine Grauheit sich auch über die Jahrhunderte kaum verändert haben mögen, haben die »anderen« Briten fast jeden anderen vorstellbaren Lebensbereich beeinflusst. Ob zerstreut und assimiliert oder konzentriert und ausgegrenzt, Einwandererkommunitäten ethnischer Minderheiten haben einen Beitrag zum »Mutterland« geleistet, der ausreicht, um als integraler Bestandteil der britischen Geschichte der Neuzeit zu gelten.

Kurz gesagt sind die Geschichten der europäischen Briten und der ehemals kolonisierten Nichteuropäer zu gemeinsamen, fast voneinander abhängigen Geschichten geworden. Genau wie ein Teil der Küste, die den Te-Atiawa-Maoris gehörte, im frühen 19. Jahrhundert in Wellington »getauft« wurde, fanden sich Londoner dabei wieder, wie sie an Geschäftshäusern in Southall vorbeigingen, die im späten 20. Jahrhundert unter dem Namen *Dhansay* hinduisiert worden waren. Dieses Mal sind die Briten die Eingeborenen, die sich an eine Umgebung anpassen, die übersetzt worden ist, um eine andere Identität widerzuspiegeln.

Natürlich ist die Anerkennung all dessen weit von den frühen 50er Jahren entfernt, als ungefähr die Hälfte der einheimischen Bevölkerung noch nie einen schwarzen Menschen gesehen hatte, als man die Haut eines Westinders berührte, damit dies »Glück« oder »Wohlergehen« brachte, und als viele schwarze und asiatische Einwanderer sich schlimmer rassistischer Feindseligkeit gegenübersahen und eine Wiederholung des Schicksals irischer Arbeiter des vorangegangenen Jahrhunderts durchlebten. Während das heutige Großbritannien keinesfalls frei ist von seinem Anteil an hässlichem Rassismus und Fremdenangst, fluktuieren die Niveaus des öffentlichen Empfindens, was »Immigration« und »Fremde« angeht, gemäß den sich wandelnden politischen und ökonomischen Umständen. Insgesamt ist es wahrscheinlich zutreffend zu behaupten, dass die nationalistische Intoleranz weniger offensichtlich in Erscheinung tritt, verglichen mit nur wenigen Jahrzehnten zuvor.

Politisch gesehen hat das molekulare Wachstum einer breiteren Gesellschaft auch zu einer Erweiterung der Vorstellung dessen geführt, was nun die Britishness ausmacht. Denn das beschränkte ideengeschichtliche Konstrukt einer nationalen Gemeinschaft auf einer Insel, auf der schon die Vorfahren gelebt haben, die sicher gehalten wird von alten Blutsbanden und der erwünschten Aufnahme weißen Kind und Kegels aus dem Commonwealth, hat tiefe Risse bekommen, was ein altes, rassistisch geprägtes Mutterland dazu zwingt, auf die sich wandelnde Bedeutung von Nation zu reagieren und auf die deutliche Beziehung, in der solche Faktoren wie Abstammung, Kultur und Identität dazu stehen. Ein Teil dieser post-kolonialen Fortsetzungsgeschichte ist die sich abzeichnende Tendenz für viele schwarze und farbige Einwanderer aus dem Commonwealth, sich selbst stolz als Briten zu bezeichnen, wohingegen echte Insulaner sich instinktiv vielleicht eher als Engländer, Waliser oder Schotten sehen würden.

Auf eine Weise ist die langsame Einfügung von Minderheiten in eine nationale, britische Gemeinschaft zu einer späten Herausforderung für jene alten Selbstbedienungsmythen von einer liberalen Nation der grundsätzlichen Anständigkeit und des Fair-Play geworden. Die früheren Landimperien, die meist durch dynastische Loyalität oder religiöse Gefühle zusammengehalten wurden, hatten die Integration kultureller oder anderer Minoritäten die meiste Zeit ihrer Existenz mit weniger Umstand und auf eine Art mehr Toleranz bewerkstelligt. Auf der anderen Seite hätten die zügellosen Habsburger vielleicht ebenfalls eine leidenschaftlichere und obsessivere Sippenmentalität gehabt, wären sie mit der nationalen Strahlkraft eines König Artus oder eines Wellington durchdrungen worden, von der Spanischen Armada und Agincourt gar nicht zu reden.

In diesem Licht sind Großbritanniens drängende Probleme mit der Anpassung an die Europäische Union und deren eher laue Demonstration einer gemeinsamen europäischen Identität vollkommen verständlich, ganz gleich, wie sehr seine Zukunft auch in einer wachsenden europäischen Integration liegen mag. Es ist nicht allein die Schwierigkeit, mit einem Machtverlust zurechtzukommen, und dies eher langsam – schließlich ist nichts Ungewöhnliches daran, wenn eine zu groß gewordene Nation den Abstieg entwürdigend und schwer zu bewältigen findet. Und es ist auch nicht allein der fortgesetzte Widerwille aufeinander folgender Regierungen, ob Tory oder Labour, die lächerliche Pose einer Weltmachtrolle aufzugeben, wenn die Handhabung eines Großteils der britischen Außenpolitik seit Jahrzehnten fast ganz den Launen des Weißen Hauses unterworfen ist.

Zudem ist es schwer, einen weiteren Vorrat an emotionalem Restkapital der Briten zu übersehen. Dies ist das archaische, höchst greifbare Element vom Rotrock und Red Duster, der britischen Handelsflagge. Unheilbar englisch-imperial und phantasieanregend, bilden diese ein fast unermessliches historisches Selbstbildnis. Auf dieser tieferen Stufe liegt die insulare Unabhängigkeit der Briten auch im Gewicht der Jahrhunderte der Geschichte, die sie von Kontinentaleuropa fortzog und im Überdauern verstaubter ozeanischer Gefühlslagen, einer Orientierung hin zu einer maritimen Globalökonomie und Gesellschaften, die das Gefühl des Ruders kannten, aus Tilbury, Bristol, Portsmouth oder Liverpool. In einem alten Land, das sich so lange von der Anziehungskraft der Flut, Windstärke vier oder fünf, Seeleuten und der Navy genährt hatte, kommt es nicht von ungefähr, dass so viele öffentliche Gebäude noch heute *Lord Nelson, Krone und Anker, Die Meerjungfrau* und *Admiral Drake* heißen, oder dass betrunkene Menschenmengen bei internationalen Cricket-Spielen im Oval *Britannia rules the waves* auf den Lippen haben. In Zeiten der Unsicherheit hatte das Empire stets seine Hüter in Khaki und Blau, jene bewaffneten Reihen regulärer Streitkräfte, Bürgerwehren, Polizei- und Expeditionstruppen. Dennoch war seine primäre Sicherung der Verteidigung immer die geschickte Kontrolle und Beherrschung der Meere. Gibraltar, Malta, die Falklands, die Cook-Inseln, St. Helena, Ascension, Bermuda, Singapur und andere Hochsee-Stützpunkte waren die arteriellen Verlängerungen, die Großbritannien mit dem notwendigen strategischen Sauerstoff versorgten.

Die Einheit seines Hochseeimperiums beruhte auf der hoch effektiven Kontrolle der Seerouten und der Besetzung verstreuter Stücke von Küstenterritorium, um die Royal Navy, die Royal Marines und die Telegraphenterminals am Laufen zu halten. Es war eine nahtlose dauerhafte Strategie, deren Wahrscheinlichkeit, Bestand zu haben, stets höher war, als die jeder Alternative, wobei es davon ohnehin nicht viele gab. Die vielleicht am wenigsten aussichtsreiche war ein schwacher Traum vom Fliegen in den Zwischenkriegsjahren, der auf der Idee von Luftschiffen beruhte, die durch ein Imperium der Lüfte schweben und Croydon, Kairo und Kapstadt in einer Art Helium-Soufflée miteinander verbinden sollten. In diesem überseeischen Rest liegt viel von dem verborgen, was hoffnungslos uneuropäisch bleibt an den britischen Einwohnern eines postkolonialen Landes, das immer noch auf der Hälfte zwischen der Realität des Niedergangs und der ständigen Hoffnung auf Erneuerung zu leben scheint.

Es ist verständlich, dass tief verborgen noch andere eingefleischte und recht feurige Reflexe liegen. Einen Hauch ihres gepanzerten Humors konnte man in der Falkland-Krise 1982 erahnen, die als Großbritanniens letzter wahrhaft unabhängiger Akt als Empire bezeichnet werden kann. Sie lief wieder einmal auf die überlegene Rolle der Royal Navy hinaus. In einem symbolisch kraftvollen Entscheidungskampf mit Argentinien wurde die maritime Romantik eines Palmerston oder Portsmouth in das Königreich der volkstümlichen Phantasie zurückgezerrt, mit einer Flotte, die in See sticht, um das Land der Krone zurückzuerobern und von einem Sturm des öffentlichen Hurra-Patriotismus auf den Südatlantik hinausgeblasen wird. Wäre es der Royal Navy noch möglich gewesen, an Simon's Town zu Apartheidzeiten vorbeizukommen, die Illusion einer unangefochtenen Rückeroberung der Meere hätte fast vollkommen ausgesehen.

In einer halb-komischen, aber großartig euphorischen Beurteilung dessen, was der Falkland-Krieg dargestellt hatte, drehte Margaret Thatcher die Uhr weit genug zurück, um im Vorbeigehen frühere »Untergang-des-Empire«-Szenarien zu streifen, wie z. B. die Suezkrise. Alle unverschämten Ausländer, die versuchten, Großbritannien kaputt zu machen, täten dies auf eigene Gefahr. Und was die ehrlosen Feigherzen zu Hause betraf, die dachten, wir könnten nicht länger jene großen Dinge tun, die wir einst vollbrachten, sie, die glaubten, dass unser Niedergang unumkehrbar sei, dass wir niemals mehr sein könnten, was wir waren, dass Großbritannien nicht länger die Nation sei, die ein Weltreich erschaffen und ein Viertel der Welt regiert hat – nun, sie lagen falsch.

Man könnte einwenden, dass der Erfolg auf den Falklands wenig dieser Art bewies und nur dazu diente, das urwüchsige Überleben eines imperialen Nervs innerhalb der britischen Gesellschaft zu sichern sowie den Rückhalt der Öffentlichkeit für Kriege gegen einen feindlichen Angreifer. Nachdem die Welle nach dem ganzen Lärm um eine Expedition zur See, die den klassischen Stempel von Kanonenbooten und Kolonien trug, abgeebbt war, konnte man sie als das sehen, was sie war. Es war ein flüchtiges Entschädigungsspektakel gewesen, von Meeren, über die man wieder herrschte, in dem Menschen vom Teekochen herauskommen konnten, um der Wiederbelebung eines verwegenen Britannien zu applaudieren, das wahrhaft groß war. In bester palmerstonscher Marine-Manier hatten die ausgefahrenen Krallen des britischen Löwen einen dreisten ausländischen Despoten blutend zurückgelassen.

Aber durch die Aufgabe Hongkongs scheint es wie eine historische Anomalie, dass man kleine, ausgediente Inseln wie die Falklands behält. Im Laufe der Zeit wird es sich wohl nicht vermeiden lassen, dass auch sie abgestoßen werden. Tatsächlich hat dieses Schicksal einige der verstreuten Relikte getroffen, die nur noch dem Namen nach Schutzgebiete der Krone sind. Seit Mitte der 60er Jahre steht Diego Garcia, in den Hoheitsgewässern der Chagos-Inseln oder des British Indian Ocean Territory, als Marine- und Luftwaffenbasis zur freien Verfügung der Vereinigten Staaten. Um der Standardforderung des Pentagon nach freiem Gelände entgegenzukommen, hat das britische Außenministerium die einheimische Bevölkerung von Ilios-Insulanern zwischen 1965 und 1973 pflichtschuldig eingesammelt und sie auf Mauritius und den Seychellen abgeladen, jedoch nicht ohne die Zensur einiger liberaler Parlamentarier und der Presse. Die Untertanen britischer Kronkolonien wurden zwangsexiliert, sodass das U.S. State Department seine Version von Gibraltar im Indischen Ozean kreieren konnte. Heute gibt es dort noch immer einen an Don Quichotte erinnernden Inselverwalter mit einem feinen Bonzenhut. Aber nun, wo der Stützpunkt Diego Garcia unter dem Kommando irgendeines Admirals im fernen Honululu steht, ist es nicht mehr der »Frieden der Königin«, der dort aufrechterhalten wird.

Nun, im beginnenden 21. Jahrhundert, ist leicht zu erkennen, weshalb kaum etwas anderes übrig zu bleiben scheint, als hinter einem wohlbeleibten Amerika her zu traben und in seinem exorzierenden »Krieg gegen den Terror«, der den Angriffen auf New York und Washington im September 2001 folgte, bei seinen neuesten Strafinvasionen Afghanistans und des Irak den Sekundanten zu geben. Für ein Whitehall ohne Empire liegt schon mehr als ein Hauch von Ironie darin, dem Gestern der 70er und 80er Jahre des 19. Jahrhunderts in Kabul oder des Jahres 1917 in Bagdad erneut einen Besuch abzustatten. Es ist nicht länger das Großbritannien von General Stanley Maudes anglo-indischer Armee der Tiger, selbst wenn dies der Aufmerksamkeit der meisten Sensationsblätter entgangen sein sollte. Was für diese Seite der anglo-amerikanischen Allianz übrig zu bleiben scheint, ist Verantwortung ohne Macht. Und die Verkennung der fatalen Lektionen der eigenen zweifelhaften Geschichte über das Bringen von Frieden und Wohlstand zu den Völkern des Mittleren Ostens durch Militärinvasionen und Besatzung.

Es stellt sich die abschließende Frage, was uns über Großbritannien hinaus heute übrigbleibt, jener Punkt, mit dem dieses Buch begann. Ihm gehören noch einige seiner abgelegensten Inseln wie St. Helena und Ascension, felsige Überbleibsel aus einer Zeit, als Seemacht und brummende Telegraphenstationen sich gut hielten. Gewiss gibt es den Commonwealth und sein nützliches Labyrinth von partnerschaftlichen Einrichtungen und Entwicklungsorganisationen, aber als einfaches Mitgliedsland genießt Großbritannien nicht direkt einen Status erster Klasse. In internationalen Beziehungen ist die politische Loyalität der meisten Commonwealth-Staaten zu London bestenfalls lauwarm. Natürlich bleibt die Krone in den Konstitutionen der meisten Mitglieder des alten Clubs der weißen Dominions fest verankert. Auch aus diesem Grund bleibt die Queen das Oberhaupt des Commonwealth, aber sie ist wahrscheinlich auch die letzte mystische Große Weiße Mutter, die man noch bekommen wird.

In jedem Falle kann die anachronistische Monarchie, die nichts so sehr gleicht wie einem imperialen Kater, nur herzlich wenig Bedeutung haben für die meisten Gesellschaften der Dritten Welt oder auch republikanisch gesonnene Australier, Südafrikaner, Kanadier und vielleicht sogar ein oder zwei Neuseeländer. Die Weihnachtsansprache der Krone an ihre britischen Untertanen und die Bürger des Commonwealth mag vielleicht in Wiltshire, Gloucestershire und Sussex auch weiterhin an gespitzte Ohren dringen, aber man kann nicht erwarten, dass sie in Wazirabad, Khartum oder Sydney für große Unterhaltung sorgt.

Viele Einwohner der ehemaligen amerikanischen Kolonien haben immer noch eine nostalgische Vorliebe für alles Englische, nicht zuletzt Produkte seiner feinen Handwerks- und Manufakturtradition. Ihre konservativen Politiker haben, so scheint es, ebenfalls eine endemische Schwäche für die Aussprüche Winston Churchills. Dies ist eine Angewohnheit, die sich sogar auf den gegenwärtigen Bewohner des Weißen Hauses ausdehnt, von dessen üblichen literarischen Instinkten man annehmen kann, dass sie sich nicht viel weiter bewegen als bis zu den Westernromanen von Louis L'Amour. Aber Amerika ist zu lange zu protzig republikanisch gewesen und zu besorgt um seine eigene immense Machtbasis, als dass seine Postkarten-Anglophilie irgendwelche ernsten kulturellen Konsequenzen haben könnte. Jene wie Cornwallis, die den Unabhängigkeitskrieg vermurksten und einer frühreifen kolonialen Freiheit die Tür öffneten, haben einiges zu verantworten.

Nach einem nüchternen und aussagekräftigen Vermächtnis muss man anderswo suchen. Es ist einsichtig, dass viele ganz normale Briten heute in anglophone Länder reisen, dort arbeiten, studieren oder eine Sportart ausüben, frei von dem alten Ballast nationaler Macht und Einflussnahme. Sie begegnen unweigerlich der freundlichen Aufnahme von Bürgern ehemals abhängiger Territorien, wo es erstaunlich wenig bittere Gefühle zu geben scheint, von rituellen Anfällen australischen Tommy-Klatschens einmal abgesehen.

Eine größere britische Welt, die sich in den ehemaligen weißen Dominions konzentriert, aber keinesfalls auf diese beschränkt ist, hat die Bürde des Empire aufs Angenehmste überlebt. Ihre gemeinsamen, clubähnlichen Kulturen von Sprache, Architektur, den Künsten, Sport, den Räderwerken der Industrie und der Grammatik des Finanzwesens, bezeugen das lebendige Erbe der britischen Übersee-Expansion. Großbritannien selbst ist stets ein Flickenteppich der Kulturen gewesen. Der Magensaft seiner imperialen Erfahrung hat daraus unermesslich mehr gemacht als Moriskentanz, Baumstammwerfen oder Erbspüree. Durch ihre Beherrschung des Englischen und eine englisch geprägte Bildung haben Afrikaner und Asiaten dem eine Zweisprachigkeit und eine doppelte Identität hinzugefügt.

Und dennoch, wenn man über die lebendigen Einflüsse der Britishness im Ausland nachdenkt, lässt uns eine lange Sicht mit einem abschließenden Gedanken zurück. Genau wie der Hochsee-Imperialismus des 19. Jahrhunderts eine bestimmte Art der aristokratischen oder herrschenden Klasse mit ihrem traditionalistischen Charakter und ihrer steifen Art bewahrte und schützte, wurde diese Elite mit ihrem Ethos zu einem großen Exportschlager. Ausgewanderte Gentlemen und Ladies und jüngere Söhne und Töchter, die eine Stelle in der Kolonialverwaltung oder einem anderen Dienst im Ausland antraten, zogen los, um die Polizei, die Kaserne, die Firma, das Krankenhaus, die Schule, das Gericht, die Anwaltschaft, die Tierarztpraxis, die Börse, die anglikanische Gemeinschaft und den Teepflanzer im Wortsinne zu verkörpern.

Es war vielleicht unvermeidlich, dass das vorherrschende Bild der Briten (oder Engländer) im Ausland, welches das moderne Empire einem Großteil seiner großen globalen »Familie« vermittelte, das einer fröhlichen, konservativen, besitzenden Gemeinschaft war, eifrig auf die Pflichten ihrer Stellung bedacht – militärisch, gesetzestreu, wohlhabend, philanthropisch, religiös – und mit einem vornehmen Selbstvertrauen, das gegenüber denen, die als rassenmäßig und kulturell minderwertig betrachtet wurden, stets hochmütig, wenn auch nicht immer großmütig war. Zusammengehalten durch einen gebieterischen Tonfall und eine Unnahbarkeit erhielt es zudem eine starke Würze »charakterlicher« Spleens und Seltsamkeiten, die durch Gestalten wie die unerschrockene philantropische Eleanor Rathbone verkörpert wurden. In ihrer Mission, die Reinheit indischer Frauen vor den Verderbnissen indischer Männer zu schützen, wandte sie sich bemerkenswerter Weise an gut betuchte Britinnen als die »natürlichen Trägerinnen« jenes »Anteils der imperialen Bürde«. Über die Kreation dieses weitverbreiteten Stereotyps vom imperialen Briten lässt sich wohl sagen, dass nur selten in der modernen Geschichte eine so bekannte Rolle von einer so kleinen Anzahl von Männern und Frauen gespielt worden ist.

Lange nach dem Verlust ihrer diversen Autoritätspositionen und dem Rückzug jener blassen Herren Prokonsuln, die in ihrer Phantasie wie Fürsten einherzuleiten pflegten, hält ein Wurf Glücksritter, Forscher, patrizischer Gesetzeshüter, gerissener Geschäftsleute, Kreuzfahrer der guten Sache, hochgelobte Literaten und Musiker des Empire und kolonialer Exzentriker, allesamt steif wie die Ladestöcke, die allgemeine Imagination noch immer gefangen. Tatsächlich mag es in mancherlei Hinsicht einfacher sein, das Empire als Lumpensack verschiedener Territorien abzutun, als all die schönen Bilder fallen zu lassen, die es schmücken. Denn auch wenn das Leben des Bengalischen Lancers lange vorbei ist, ist es höchstens halb vergessen, nicht mehr als nostalgische Ansichten, die die britisch-imperiale Erfahrung als ein munteres, absurdes Heldentum herausdestillieren, das große Expeditionen in die tapfere Niederlage oder zum brillanten

Indien, Heimat dieses großen
Kriegers: Der robuste, muskulöse
und aufs Wunderbarste
gekleidete englische Kommandant
der 18. Bengal Lancers.
Navy and Army Illustrated,
März 1897.

Erfolg führte, oder als sentimentale väterliche Treuhandschaft, unter der
sich der koloniale Afrikaner erst entwickeln konnte und für eine selbstbe-
stimmte Zukunft ausgebildet wurde.

Was ist die Geschichte von der erbärmlichen burmesischen Kuli-Arbeit
in den dampfbetriebenen Reismühlen Ranguns gegen die von einem irre-
geführten »chinesischen« Gordon – christlich-fundamentalistische Geißel
der Heiden, deren Schicksal es war, von jenen islamischen Mahdisten des
Sudan zum Märtyrer gemacht zu werden, den Taliban ihrer Zeit? Welche
Geschichte in der wechselvollen arabischen Historie könnte an die vom
eisernen Willen des überheblichen T. E. Lawrence heranreichen? Selbst Geschichten von einer planerischen Begeisterung, die in glückloser Niederlage
endete, wie das *Tanganyika-Ground-Nut-Scheme* [Projekt zum Mahlen von
Nüssen] der 40er Jahre, können zu einer in Ehren gehaltenen historischen
Erinnerung werden.

Dennoch war der britische Geist, der hinaus in eine koloniale Welt auf-
brach, nicht nur der eines Ancien Regime vom Bristol Channel, der diese
Welt zu seinen Füßen liegen sehen wollte. Es gab auch, fast immer, einen
Schleichhandel der einen oder anderen Art. Im 16. und 17. Jahrhundert

waren es die »Weißen Moguln«, eigenwillige Engländer, die, anstatt sich um die Bürde des Weißen Mannes zu scheren, mit dem indischen Leben verschmolzen und in hinduistische oder muslimische Lebensformen eintauchten, Welten überbrückten und die Toleranz förderten. Im späteren 18. Jahrhundert waren es die regierungskritischen demokratischen und republikanischen Instinkte des britischen Jakobitentums, des Radikalismus von Briten, die sich selbst als geistige Amerikaner betrachteten. Bekannt unter ihnen war Thomas Paine, dessen Einfluss den Atlantik überquerte und für den das Jahr 1776 das Ende einer korrupten imperialistischen Herrschaft und den Beginn eines Frühlings der Freiheit bedeutete.

Im 19. Jahrhundert war es die Emigration englischer, walisischer und schottischer Berg- und Textilarbeiter in Siedlergesellschaften, die eine ausstrahlende, städtische Tradition der Gewerkschaftsorganisation und des industriellen Arbeitskampfes pflanzten. Anderswo war es das glühend kreuzfahrerische Wesen einiger der beeindruckenderen Engländerinnen der viktorianischen Zeit in Afrika, die den Kampf gegen die kolonialistische Ungerechtigkeit und imperialistische Ausbeutung als leidenschaftliche, öffentliche Verpflichtung aufnahmen. Im frühen 20. Jahrhundert war es die marxistische Färbung der Kampagnen der Dockarbeiter Londons, die ihre Sache gegen den imperialistischen Krieg und die Gier kapitalistischer Waffenhändler in weitabgelegene Industriestädte und Häfen wie Johannesburg und Sydney trugen.

Jahrzehnte später, in den 60er Jahren, waren es die radikalen Kritiker des Kolonialismus, die den Commonwealth kreuz und quer bereisten und für seine Entwicklung nach egalitären oder sogar sozialistischen Prinzipien in eine multi-kulturelle Körperschaft freier Gleicher eintraten, befreit von jeder Vorstellung, dass er den britischen Commonwealth repräsentierte. Einem leidenschaftlichen Autoren wie Colin MacInnes war es wichtig sicherzustellen, dass die Idee vom Commonwealth nicht zu einem heimeligen, tröstlichen Ersatz für verletzte imperialistische Gefühle wurde. In seiner Wochenzeitschrift *The New Statesman* spürte MacInnes dem nach, was, wie er glaubte, eine breitere britische Öffentlichkeit hören wollte, nämlich, dass die Schaffung des Commonwealth eine gerissene und geniale Form sei, durch die ihr Land weiterhin den Nutzen der großen Macht imperialen Einflusses behalten konnte, aber ohne ihre lästigen oder schändlichen Unannehmlichkeiten. Das, so schnaubte er, sei »idiotische Eitelkeit«. Wie hart es auch zu verdauen sei, die Menschen würden einsehen müssen, dass Großbritannien seine Macht verloren hatte.

Das bedeute auch, dass das Empire abgelöst würde und nicht als etwas anderes wiederhergestellt. Der Handel jedoch würde weitergehen. Und indem man dann einen etwas bescheideneren Ort in der Welt fände, als der historische Cousin bevölkerungsreicherer und viel größerer Länder wie Indien und Kanada, möchten die Briten mit ihren Begrenzungen vielleicht leichter zurechtkommen und über ihre Rolle in der Welt ebenso realistisch denken wie über die Fähigkeiten des englischen Cricket-Teams. Immerhin sei sich der imperialistische Brite des späteren 19. Jahrhunderts der relativen Grenzen ihrer Überlegenheit mehr als bewusst gewesen: Stark, nie aber stark genug, die ganze Welt zu beanspruchen. Am Ende seien sie dafür vielleicht um so wirkungsvoller gewesen.

Für MacInnes, vor etwa 40 Jahren, folgte aus der Tatsache, dass die Briten als ein vorzeitig geeintes europäisches Volk die Welt umspannt hatten, dass sie nun das Vermächtnis einer größeren ethnischen Diversität annahmen, sich Rassismus und Diskriminierung entgegenstellten und wegen der brutalen Nachlässe des Kolonialismus einer Zukunft der unruhigen Beziehungen mit der Dritten Welt entgegensahen. Daraus folgte auch, dass sich die Briten auf eine Wirklichkeit als Überlebensgesellschaft einrichteten, was sicher ein weniger hartes und unbequemes Leben war, als in den meisten ihrer ehemaligen Kolonien.

Diese einheimischen Wahrheiten gelten zum Teil vielleicht auch heute noch, wenn Großbritannien sich noch näher an den Kontinent heranbewegt, aber gleichzeitig ein doch recht leiser Chor auf dem Festwagen der europäischen Einheit bleibt. Und wenn man hier immer noch die Fahne des Labour-Premierministers Clement Attlee hochhält, der in den 40er Jahren erklärte, Großbritanniens Zukunft liege »getrennt von Amerika und jenseits eines Empire«, so läuft man in mancherlei Hinsicht weiterhin Gefahr, an der Aufgabe zu scheitern.

Anthony Burgess war ein weiterer, gefeierter britischer Schriftsteller, der es nicht nötig hatte, solche Dinge erst gesagt zu bekommen. Er hatte die Zeichen früh und gut erkannt, nicht zuletzt in dem entscheidenden letzten Band seiner malaiischen Trilogie *The Long Day Wanes*. Darin wirft Sayed Omar, ein arthritisches Faktotum der Kolonialzeit, schließlich die Selbsttäuschungen von Stand und Empire ab, um einem ungehobelten neuen Herrn zu dienen, dem US Information Service. Dies war eine kluge Wandlung, die viele Nachahmer fand. Nichts ist für immer, nicht einmal in einem alten Land.

Dies ist normalerweise nicht die Art von Bild, die einem sofort in den Sinn kommt, wenn man das britische Empire auf die übliche Weise bewertet. Dennoch ist all das, was über ein frommes und blumiges imperiales Repertoire gesagt worden ist, umso mehr ein Grund, den schmutzigeren Aspekten der Überseeexpansion die gebührende Aufmerksamkeit zu schenken. Schließlich sollten die Menschen nicht eine wählerische, alles erdrückende Nostalgie der Fahnen schwingenden Welt elisabethanischer Unternehmungen, eines aktiven und aggressiven viktorianischen Marktes und des »Friedens des Königs« über den Kolonien und Protektoraten, die einst »unser« waren, als Preis für Erinnerungen an die imperiale Vergangenheit bezahlen.

Wenn man dies angemessen in die Betrachtung einbezieht, so ist es ebenso gut, andere weltliche Umstände genauso zu betrachten. Von vielen der nationalen Herren und Herrinnen, die an die Stelle der Briten getreten sind, kann kaum behauptet werden, sie repräsentierten ein humanitäres postkoloniales Zeitalter der Emanzipation von Arbeitskräften. Indem sie ihr Gepäck an pekuniärer Macht und Geltung hinter sich herschleppen, haben einige der reichen Eliten Afrikas und Asiens mehr als eine flüchtige Ähnlichkeit mit den alten Sahibs der Tee- und Gummiplantagen mit ihren versnobten Clubs und ihrem unablässigen Gejammer über die Faulheit und Nutzlosigkeit der Eingeboren. Es ist bestenfalls fraglich, ob die Bedingungen für Teepflücker oder Minenarbeiter heutzutage wesentlich besser sind, nur weil Kapitalisten und Manager zufälligerweise nun ebenfalls Eingeborene sind.

Was die Überreste des Empire betrifft, so werden seine ausgestorbenen Forts und Gefängnisse, seine ungenutzten Häfen und Zuckermühlen, auch weiterhin von der ins Kraut schießenden Denkmals-Industrie in Beschlag genommen werden. Und natürlich können seine Geschichten auch lange nach dem letzten Vorhang immer wieder neu aufgeführt werden. Viele Gelehrtenmeinungen unterstreichen nun die ambivalente Wirkung oder widersprüchlichen Konsequenzen des Kolonialismus an vielen Orten, wo die Entfaltung britischer Einflussnahmen und Praktiken den Menschen nicht nur Unfreiheit und Zwang brachten, sondern auch neue Möglichkeiten der Weiterentwicklung und Chancen, Ressourcen für die Gestaltung ihres Lebensunterhaltes zu nutzen. Aber wie die Versionen der Geschichte des Empire auch aussehen, das, was sich damit befasst, sie zusammenzuführen, ist es, was zählt. Eine Art Stichwort mag von Churchill entlehnt werden, der 1942 zu der Ansicht kam, dass die Imperien der Zukunft die Imperien des Geistes sein würden. Und dann gibt es da noch die etwas prosaischere Vision des hintergründigen Dramatikers Edward Bond. Für ihn »schickten die Engländer all ihre Langeweiler ins Ausland und bekamen das Empire als Strafe.« Heute scheinen ihre Finanzdienstleister und Technologiefirmen viele ihrer Jobs ins Ausland zu schicken, wo sie in ehemaligen Teilen des Empire wie Indien billigere Arbeitskräfte finden. Dort mag dann eine solide, moderne englische Bildung einen Bankkunden in Surrey davon überzeugen, dass er mit jemandem in einem Call-Center in Croydon spricht, während der in Wirklichkeit in Kalkutta sitzt. Dies ist vielleicht eine der eigenartigeren Hinterlassenschaften, die die East India Company der großen globalen Kluft zwischen Norden und Süden hinterlassen hat.

Was auch sonst über sie gesagt werden kann, es ist unwahrscheinlich, dass Menschen vom Schlage eines Drake oder Raleigh oder Wolfe oder Clive diese Anmerkung von Edward Bond besonders geschätzt hätten. Und Tony Blair wohl auch nicht, ein Staatsmann, der die Fahne mag und Zurschaustellungen wackerer Militärkraft und ein tröstliches Urteil über die Geschichte. In diesem gegenwärtigen Fall eines weiteren britischen Politikers, der sich selbst bedient und hofft, die Welt durch eine Wiedergeburt des langen Arms des moralischen Imperialismus gerade zu rücken, mögen die Geschworenen noch beraten. Wäre Gladstone der Richter, so würde es wahrscheinlich nicht allzu lange dauern.

Wie lange wir auch warten müssen, als Grußgedanken können die Überlegungen eines scharfsinnigen Amerikaners aus einem früheren Zeitalter dienen. In einem Brief an eine New Yorker Zeitung aus dem Jahre 1900 kritisierte Mark Twain den anglo-amerikanischen Ansturm auf China durch einen »Gruß des 19. an das 20. Jahrhundert«. Er präsentierte

den Fürstenstaat namens Christenheit, der verdreckt, besudelt und in Unehre von Piratenüberfallen auf Kiao-Chou, die Mandschurei, Südafrika und die Philippinen zurückkehrt, die Seele so voller Niedertracht, die Taschen voller Schmiergeld und den Mund voller Scheinheiligkeit. Gebt ihr Seife und Handtuch, aber versteckt den Spiegel.

Lawrence von Arabien könnte für solche Gefühle durchaus Sympathie gehegt haben. Er hätte vielleicht auch noch die Seife versteckt.

ANHANG

CHRONOLOGIE

1776	Amerikanische Unabhängigkeitserklärung
1784	Loyalistische Niederlassungen in Kanada; der *India Act* bringt den Briten die Regierungsgewalt in Südasien
1786	Malaiische Küstensiedlung in Penang
1787	Gründung Sierra Leones als Siedlung ohne Sklaverei
1788	Gründung der Strafkolonie von New South Wales
1791	Etablierung der Kolonien Ober- und Unterkanadas durch den *Canada Act*
1795	Besetzung des Kaps der Guten Hoffnung
1799	Eroberung Mysores
1807	Abschaffung des Sklavenhandels
1813	Eröffnung des Indien-Handels der East India Company
1819	Einnahme Singapurs
1824	Anerkennung der Unabhängigkeit Lateinamerikas
1829	Australien wird zu britischem Territorium erklärt
1833	Abschaffung der Sklaverei auf den Falkland-Inseln
1837	Abschaffung des Monopols auf den China-Handel der East India Company
1839	Beginn des Opium-Kriegs mit China
1840	Neuseeland wird zur britischen Kolonie erklärt
1844	Etablierung der Kolonialherrschaft über die Goldküste
1849	Widerruf der *Navigation Acts*
1857	Ausbruch des Großen Aufstandes in Indien
1858	Ende des Großen Aufstandes und Beginn der Herrschaft der britischen Regierung
1860	Beginn der Maori-Kriege
1867	Schaffung der Kanadischen Konföderation
1874	Eröffnung des Suezkanals; Annexion der Fidschi-Inseln
1876	Königin Victoria wird zur Kaiserin von Indien ausgerufen
1881	Charta der British North Borneo Company
1882	Besetzung Ägyptens
1884	John Seeleys *The Expansion of England* erscheint
1884-85	Konferenz von Berlin umreißt die Einflusssphären des Europäischen Wettlaufs und der Teilung Afrikas
1885	Bildung des Colonial Defence Committee; Gründung des Indischen Nationalkongresses
1886	Umriss der englischen und deutschen Einflussgebiete in Ostafrika; Annexion Burmas

1888	Charta der British East Africa Company; Konsolidierung Nordborneos, Bruneis und Sarawaks als Protektorate
1889	Charta der British South Africa Company
1895	Jameson-Überfall auf Transvaal; Etablierung des Ostafrikanischen Protektorats
1899	Beginn des Burenkriegs/Südafrikanischen Kriegs (1899–1902)
1901	Schaffung des Federal Commonwealth of Australia
1902	Einsetzung von Vorzugshandelstarifen mit Australien, Neuseeland und Kanada; endgültige Vervollständigung des globalen britischen Telegraphen-Netzwerkes
1906	Gründung der Muslim-Liga in Indien
1907	Definition sich selbst verwaltender Siedlerkolonien als Empire-Dominions und Bildung des Dominions Department innerhalb des Colonial Office
1910	Einheit Südafrikas nach dem Krieg durch die Einrichtung der Südafrikanischen Union
1912	Gründung des South African Natives National Congress (ANC)
1914	Ausbruch des Ersten Weltkriegs unter Einbindung des gesamten Empire; Einheit von Nord- und Südnigeria; Ägypten wird Protektorat
1917	Balfour-Deklaration schlägt einen Staat für das zionistische Judentum vor
1919	Versailler Vertrag; Völkerbund, imperiales Mandatssystem; Massaker von Amritsar
1922	Bildung des National Congress of British West Africa; eingeschränkte Anerkennung der Unabhängigkeit Ägyptens (unter Beibehaltung der Kontrolle über den Suezkanal)
1929	Verabschiedung des *Colonial Development Act* (Gesetz zur kolonialen Entwicklung)
1930	Mahatma Gandhi führt die Kampagne des zivilen Ungehorsams an
1931	Unabhängigkeit der Dominions wird durch das Westminster-Statut bewilligt
1932	Einrichtung des Vorzugszollsystems der Imperial Preference auf der Ottawa-Konferenz
1936	Palästinenser-Aufstand
1939	Ausbruch des Zweiten Weltkriegs, die Dominions unterstützen das Empire im Krieg

1942	Singapur fällt an Japan
1947	Teilung Indiens und Unabhängigkeit Indiens und Pakistans
1948	Hinwendung zur Apartheid in Südafrika; Gandhi wird ermordet; Beginn des Ausnahmezustands in Malaya; Rückzug aus Palästina
1952	Mau-Mau-Aufstand in Kenia
1956	Suezkrise
1957	Unabhängigkeit Ghanas und Malayas
1960	Unabhängigkeit Nigerias und Zyperns; Premierminister Macmillans »Wind-of-Change«-Reise nach Afrika
1961	Unabhängigkeit Tanganyikas (Tansanias) und Sierra Leones; Südafrika wird Republik und verlässt den Commonwealth
1962	Uganda, Jamaika, Trinidad und Tobago sowie Westsamoa werden unabhängig
1963	Unabhängigkeit Sansibars, bildet mit Tanganyika Tansania; Unabhängigkeit Kenias; Sarawak und Borneo werden unabhängig und bilden mit Malaya Malaysia; Unabhängigkeit Singapurs
1964	Njassaland (Malawi), Nordrhodesien (Sambia) und Malta werden unabhängig
1965	Unabhängigkeit Gambias und der Cook-Inseln; Schaffung des Commonwealth-Ministeriums in London; Bildung des British Indian Ocean Territory
1966	Britisch-Guayana, Barbados, Basutoland (Lesotho) und Betschuanaland (Botswana) werden unabhängig
1967	Die Inseln unter dem Winde, die Inseln über dem Winde und Aden (Südjemen) werden unabhängig
1968	Unabhängigkeit von Swaziland und Mauritius
1970	Unabhängigkeit der Fidschis
1973	Großbritannien tritt in die Europäische Wirtschaftsgemeinschaft (EWG) ein
1979	Unabhängigkeit der Gilbert-Inseln (Kiribati)
1980	Unabhängigkeit Rhodesiens (Zimbabwe)
1982	Falkland-Krieg mit Argentinien
1994	Südafrika kehrt nach der Einführung des Mehrheitswahlrechts in den Commonwealth zurück
1997	Übergabe Hongkongs an China
2002	Tod Königin Elizabeths, der Königinmutter (»Queen Mum«, ehemalige Kaiserin von Indien)

2003	Amerikanisch-britische Invasion des Irak
2004	Die noch existierenden Kolonien der britischen Krone bestehen aus rund 200 kleinen Inseln, Felsen und verstreuten Vorsprüngen in den Ozean. Neben Gibraltar und den Falkland-Inseln gehören zu den bewohnten Besitzungen die Isle Parasole, Inaccessible, Barren, Candlemas, Junk und die Coronation Islands.

WEITERFÜHRENDE LITERATUR

Armitage, David: The ideological origins of the British Empire. Cambridge 2002.

Colley, Linda: Captives. The Story of Britain's Pursuit of Empire and How Its Soldiers and Civilians were held captive by the Dream of Global Supremacy. 1600-1850. New York 2002.

Etherington, Norman (Hg.): Missions and Empire. Oxford 2005.

Ferguson, Niall: Empire. How Britain made the Modern World. London 2003.

Holland, Robert F.: The Pursuit of Greatness. Britain and the World Role. 1900-1970. London 1991.

Howe, Stephen: Empire: A Very Short Introduction. Oxford 2002.

Ingram, Edward: The British Empire as a World Power. London u.a. 2001.

Jansen, Hans-Heinrich/Lehmkuhl, Ursual: Großbritannien, das Empire und die Welt: britische Außenpolitik zwischen »Größe« und »Selbstbehauptung«. Bochum 1995.

Judd, Denis: Empire. The British Imperial Experience, from 1765 to the present. New York 1998.

Kitchen, Martin: The British Empire and Commonwealth: A Short History. New York 1996.

Lawrence, James: The Rise and Fall of the British Empire. London 1994.

Lloyd, Trevor Owen.: The British Empire 1558-1983. Oxford 1983.

Louis, William Roger (Hg.): The Oxford History of the British Empire. 5 Bde. Oxford 1998-2001.

Marshall, Peter J.: The Cambridge Illustrated History of the British Empire. Cambridge 1996.

Osterhammel, Jürgen (Hrsg.): Britische Übersee-Expansion und britisches Empire vor 1840. Bochum 1987.

Porter, Bernhard: The Lion's Share. A Short History of British Imperialism, 1850-1995. 4. Aufl., London 2004.

Porter, Andrew: Atlas of British Overseas Expansion. London 1991.

Porter, Bernhard: The Lion's Share. A Short History of British Imperialism, 1850-1995 4. Aufl., London 2004.

Samson, Jane (Hg.): The British Empire. Oxford 2001.

Schnurmann, Claudia: Vom Inselreich zur Weltmacht. Die Entwicklung des englischen Weltreichs vom Mittelalter bis ins 20. Jahrhundert. Stuttgart 2001.

WEITERFÜHRENDE LITERATUR

REGISTER